U0892936

本书系国家社科基金教育学青年课题“政府治理转型背景下民族地区教育发展机制优化研究”（CMA150132）最终研究成果

民族文化与教育发展丛书

MINZUDIQU JIAOYUFAZHAN JIZHI YOUHUA YANJIU

民族地区教育发展机制优化研究

李祥 韦心勤 著

民族出版社

图书在版编目(CIP)数据

民族地区教育发展机制优化研究/李祥,韦心勤著.
—北京:民族出版社,2019.12
(民族文化与教育发展丛书/李祥主编)
ISBN 978-7-105-16007-5

Ⅰ.①民… Ⅱ.①李… ②韦… Ⅲ.①民族地区—地方教育—发展—研究—中国 Ⅳ.①G522.3

中国版本图书馆 CIP 数据核字(2019)第 302090 号

策划编辑:康厚桥
责任编辑:康厚桥
封面设计:金 潇
出版发行:民族出版社
地　　址:北京市和平里北街 14 号
邮　　编:100013
网　　址:http://www.mzpub.com
印　　刷:北京中石油彩色印刷有限责任公司
经　　销:各地新华书店
版　　次:2020 年 2 月第 1 版　2020 年 2 月北京第 1 次印刷
开　　本:880 毫米×1230 毫米　1/32　字数:300 千字
印　　张:9
定　　价:42.00 元
ISBN 978-7-105-16007-5/G・2152(汉 1038)

该书如有印装质量问题,请与本社发行部联系退换
汉文编辑一室电话:010-64271909　　发行部电话:010-64224782

目　录

导 论

一、民族地区教育发展问题研究的视角变迁

2013 年，党的十八届三中全会提出全面深化改革的总目标是："完善和发展中国特色社会主义制度，推进国家治理体系和治理能力现代化。"党的十九大报告中，习近平同志从战略高度出发，基于国家治理体系和治理能力有待加强的现实，对国家治理体系和治理能力现代化提出了一系列新的要求。国家治理体系和治理能力现代化进程的不断推进，也为政府治理转型提出了更为急迫的挑战。实践证明，政府治理转型不是简单的政府放权抑或某个领域的体制机制孤立变革，而是政府治理体系和治理能力的全方位改革。习近平总书记指出："全面深化改革，这项工程极为宏大，零敲碎打的调整不行，碎片化修补也不行，必须是全面的系统的改革和改进，是各领域改革和改进的联动和集成，在国家治理体系和治理能力现代化上形成总体效应、取得总体效果。"社会发展的各系统要素之间亦是相互联系、互相影响的有机整体，推动社会变革的政府力量难以从片面的视角去看待政治、经济、文化等某个单方面问题，政府治理转型涉及政治、经济、文化、教育等方方面面，而教育因其基础性、先导性的重要价值，在社会发展中扮演着特殊而极为重要

的关键作用，因而也成为政府治理转型的重要着力点。

从教育系统内部看，民族地区教育发展是教育系统各构成要素的相互制约、相互作用的矛盾运动，民族地区教育发展有着自身的演变规律，虽不以人的主观意志为转移，但推动民族地区教育发展的主体是各族人民群众，民族地区教育发展的受益者也是各族人民群众。事物的发展是在对立、转化、统一的矛盾运动中提升自己的环境适应力，民族地区教育发展亦是通过不断变革和创新，优化教育与其他社会子系统的结构、关系，进而提升自己的民族地区环境适应力。这有利于增强自身的民族地区社会经济发展服务能力，以及彰显教育在少数民族个体及群体发展中的影响与作用，这是民族地区教育发展的价值所在，亦是长期以来民族地区教育发展问题研究的关键切入点。从教育系统外部看，教育改革越深入，越要注意与其他要素的协同，共同朝着全面深化改革总目标发力。我国是统一的多民族国家，少数民族人口一亿多，民族自治地方占国土总面积的64%，绝大多数边疆地区和西部地区均是少数民族聚居区，这就意味着民族地区教育发展是我国教育发展中极为关键的一环。当前，民族地区社会经济发展面临转型升级，民族地区推进教育改革发展需要正视这一外部要求，通过发展机制的优化实现与民族地区社会经济的协同发展。

在学界，我国学者对民族地区教育发展研究更倾向于对民族地区教育发展结果平等的关注，主要呈现出研究的实践性、阶段性、前瞻性等特点，然而存在不重视对教育发展机制的实施和实效问题进行深层次探讨和挖掘的问题，研究目标碎片化。笔者曾对政府治理转型背景下民族地区教育发展的新特征进行过系统梳理①，但如

① 李祥、胡雪芳：《论民族地区教育优先发展政策的转型及其实现》，载《西北民族大学学报（哲学社会科学版）》，2015（4），177~183页。

何应对这些新呈现的特征尚需系统思考。从纵向上看，民族地区教育发展问题研究经历了“追赶”“跨越”“差异”三种不同阶段的研究定位。

第一，在“追赶”阶段，缩小与非民族地区尤其是东部地区的教育发展差距是民族地区教育发展的首要议题。在该阶段，民族地区教育发展被视为我国教育发展的短板问题，民族地区教育发展水平远落后于非民族地区，民族地区教育发展的根本任务是缩小与非民族地区尤其是东部地区的发展差距。即使是谈及民族地区教育发展对地方社会经济发展的基础性先导性作用，也主要是基于民族地区社会经济发展与非民族地区社会经济发展的差距而思考的，提出教育追赶先于经济追赶的现实意义和客观要求。有学者提出，我国民族教育传统的发展战略是追赶模式，即“模仿或照搬内地发达地区的教育发展模式”①。正因为有“差距”所以需要“追赶”，在“追赶”阶段，民族地区教育发展向东部地区看齐，东部地区依托优质而丰富的教育资源对民族地区进行对口帮扶和教育支援。由于发展指标的一致性也带来了教育发展结果的同质化，这在民族地区教育发展条件普遍较差的历史背景下，利用较短时间提升办学质量的做法值得肯定，但同质化的发展路径也带来了许多问题。值得一提的是，尽管也有学者提出新世纪应实施“以人为本，社会发展优先”的新追赶战略，但对民族地区与非民族地区包括知识发展差距和社会发展差距的认识是没有改变的。②

第二，在“跨越”阶段，提升民族地区政府发展教育的主动性与积极性，增强民族地区教育发展的本土贡献是跨越式教育发展战

① 王鉴：《我国少数民族教育跨越式发展战略研究》，载《西北师大学报（社会科学版）》，2004（1），102~107页。

② 胡鞍钢、温军：《社会发展优先：西部民族地区新的追赶战略》，载《民族研究》，2001（3），12~23页。

略推进的着力点。在这一阶段，民族地区教育发展同质化的问题受到关注，政策也做出了相应调整。民族地区教育跨越式发展问题提出的现实背景是，经过长期努力，民族地区教育发展水平得到较大提升的同时，西部大开发战略、科教兴国战略、全面建设小康社会等社会发展大环境对民族地区教育发展提出了更高要求，民族教育传统的发展战略开始向“以人为本和特色化发展的跨越式发展战略转变”①。跨越式发展也多被理解为“超常规发展”，虽然民族地区教育发展的内外部环境仍然存在诸多需要解决的问题，但民族教育发展具有相对独立性，不能受制于民族地区发展的现实条件。要对民族地区社会经济发展起到基础性作用，民族地区教育发展就必须是引领性、先导性的发展。这可以理解为“要在西部地区民族教育严重落后的情况下，逐步建立起一个具有民族和地区特色，适应民族地区经济和社会发展需要的社会主义民族教育新体系和新的运行机制”②。学界关于民族地区教育跨越式发展研究在许多基本理念上与教育追赶的目标诉求是一致的，目标都是为了缩小民族地区与非民族地区特别是东部地区的教育发展差距，如提出实现民族地区教育跨越式发展，是“民族教育尽快改变落后现状，缩小同发达地区教育发展差距，维护民族团结的必然选择”③；但在路径上，民族地区教育跨越式发展理念更强调在充分借鉴其他教育发达地区教育发展经验基础之上，准确把握民族地区社会经济发展与人民群众教育需要的根本诉求，在政府主导跨越式发展的战略中，提升民族

---

① 王鉴：《我国少数民族教育跨越式发展战略研究》，载《西北师大学报（社会科学版）》，2004（1），102~107页。

② 王勤、谢仁权：《西部地区民族教育跨越式发展的思考》，载《贵州民族研究》，2006（4），140~146页。

③ 吴仕民：《民族教育的跨越式发展论略》，载《中国民族教育》，2002（6），11~13页。

地区政府发展教育的主动性与积极性，增强民族地区教育发展的本土贡献。

第三，在“差异”阶段，何为发展、为谁发展成为民族地区教育发展的新议题，民族地区教育发展质量的评价标准出现了新的变化。在该阶段，民族地区教育差异发展的观念受到社会发展理念的影响，由于社会生产论的社会发展理念受到质疑，发展等于增长的经济发展思维已不适合于评价教育发展水平问题，传统意义上的基于受教育程度、教育投入、师生比等教育增长评价指标已难以全面衡量民族地区教育发展的质量，民族地区教育发展质量评价需要构建符合民族地区实际的差异化评价标准。从民族地区教育发展差距到教育发展差异的认识，是民族地区教育发展研究的重要转变，民族地区教育发展不再被视为“弱者”以博取社会的“同情”，民族地区教育发展与其他地区存在的许多区别不再被理解为差距而被解读为差异，民族教育的自身价值得到平等的看待。甚至有学者认为，“民族教育的最大特点就是文化的多元性与差异性”，并强调环境和文化对教育的作用，主张承认差异、尊重差异，实行差异教学。[①] 近年来，少数民族理科教育、民族文化进课堂等相关问题研究也反映出学界对民族教育差异问题的关注。在多元化发展观念下，学界一般认为，民族地区教育发展受制于民族地区自身的社会、经济、地理和人文环境，构建适应民族地区发展环境需要的差异化教育发展路径，以及探索与不同民族地区教育发展水平相适应的梯度发展方式，是民族地区教育发展缩小差距、凸显特色、彰显功能的最终出路。

笔者认为，民族地区教育发展目标是一个复杂的系统性问题，

① 陈慧：《生态观下的民族教育研究——差异教学之诉求》，载《黑龙江民族丛刊》，2008（5），161~164页。

难以通过某种发展观念或者角度的转换得以实现。长期以来，我国学界对相关机制建设的路径思考都是围绕着政府主导这一逻辑前提开展的。由于政府承担着民族地区教育发展的主要责任，民族地区教育发展机制的选择与我国政府治理模式的变迁紧密相连。在计划经济时代这一思路具有可行性，但随着计划经济时代的管制型政府、改革开放初期的发展型政府向21世纪以来服务型政府治理模式的转型，国家治理体系和治理能力现代化目标日趋具体和明细，政府在民族地区教育发展中家长管理式的机制构建模式已不适应时代发展需要。我国政府治理模式面临转型，民族地区教育发展机制也逐渐发生了较大变革，伴随政府角色转变、政府职能调整、政府体制变迁以及政府工作机制优化，民族地区教育发展过程中如何形成新的机制，突破当前政府在民族地区教育发展中的制度瓶颈，推动民族地区公共教育服务提供模式和政府服务创新，激发社会力量参与的活力，实现教育发展的规模、结构、质量和效益优化，从而实现民族地区人民群众的发展需要和适应当地社会经济发展需要，成为当前亟待深入研究的新课题。

二、民族地区教育发展机制研究的时代价值

党的十九大提出的“铸牢中华民族共同体意识”，这是包括民族教育在内的民族工作进入新时代的宏大课题。民族地区教育发展更要立足于区位战略的特殊性、文化环境的多元性、社会经济发展的复杂性等现实状况，牢牢把握民族地区教育发展不平衡不充分的根本性问题，为共建全面小康、让各族群众共享发展成果提供有力的智力支撑。当前，民族地区因其地理、历史、文化等的复杂性和差异性，教育发展诉求依然具有特殊性，发展民族地区教育事业，要求我们切实贯彻新发展理念，激活多元活力，团结不同力量，凸

显多方优势，走民主化、科学化、法治化的教育发展道路。着眼于当代中国政府转型与国家治理体系现代化的历史脉络可以发现，当前政府治理转型既重视向社会领域的有序赋权，也强调通过制度创新推动政府各级的合理分权，更致力于整合各种优势资源，推进公共教育事务管理的民主化、法治化、科学化。与此相比，民族地区教育发展的旧有模式已经难以适应时代需要，民族地区教育发展机制与民族地区教育发展现实诉求之间的矛盾日益凸显。基于政府治理转型，进一步探究民族地区教育发展机制优化问题，其价值体现在以下两个方面。

在学术价值方面，民族地区教育发展问题具有自身的特殊性，这是由教育的相对独立性、前瞻性特征，以及民族地区教育为社会经济服务、民族文化传承及促进民族地区受教育者全面而自由的发展多重目标等决定的。以往民族地区教育发展机制的相关研究，较少关注到政府治理转型这一背景，对政府分权、赋权行为关注不够，对其他社会组织、人民群众自身在民族地区教育发展中的作用认识不足。本书一是基于政府治理转型背景对民族地区教育发展机制优化理论的深入讨论，较为全面和系统地涉及当前民族地区自我教育发展能力提升的重大实际问题，这些问题是新时期民族地区教育发展机制变革必须面对的，因此具有相当的前瞻性和开拓性；二是立足于对民族地区教育发展机制建设相关问题进行梳理、总结和反思，力图构建符合民族地区教育新期待、新需求，顺应民族地区教育治理现代化的教育内生发展理论创新框架，为政府治理转型背景下民族地区教育发展机制优化提供理论依据。

在应用价值方面，以往的民族地区教育发展机制因对政府角色定位、职能调整、体制变革缺乏应有的关注，在具体实践中存在诸多问题，已难以适应新时期政府治理转型背景下民族地区教育发展的时代需要。十九大报告提出“铸牢中华民族共同体意识”，这要求我们打牢中华民族共同体思想基础，通过多方主体在民族教育发展中共同努力方能得以实现。在当前，我们强调政府治理转型，更应充分意识到政府角色定位是前提，政府职能调整是基础，政府体制变迁是保障，运行机制整合是核心。只有顺应政府治理转型的时代要求，充分考虑到民族地区发展进程中呈现的地理空间的复杂性与多样性、现代技术对民族地区教育变革的影响、城镇化背景下少数民族人口流动加快、少数民族教育权利诉求增加且教育目标多元化等问题，才能把握民族地区教育发展中的核心问题，构建出适应民族地区教育发展的促进机制。本书根据对民族地区教育发展机制内涵的认识，勾勒出民族地区教育发展机制问题研究需要关切的三个基本要素：主体（动力）、过程（协调）、结果（导引），并围绕这三个基本要素延伸出复杂的民族地区教育发展机制优化问题，最终提出优化教育发展机制来推进民族地区的教育内生发展。这对实现各民族平等、团结、共同繁荣，促进社会和谐及政治稳定，以及实现民族文化传承与社会经济发展双重契合等诸多方面而言，均具有重大的现实意义。

三、研究思路与分析框架

教育发展机制作为民族地区教育发展理论研究的新视角，不同于以往对民族地区教育发展问题“追赶”“跨越”“差异”的发展定位，而是从民族地区教育发展问题的关联性、系统性、综合性出发，探究民族地区教育发展的“综合效应”。民族地区教育发展的“综合效应”意味着在民族教育发展基本方向、基本原则不变的情况下，应集聚多方合力、采取多元路径、追寻适切的发展目标。而要完成这一要求，从主体上看，难以仅仅依靠政府主体实施，难以依靠经济激励或道德激励促进，也难以依靠统一的同质化发展标准加以影响。从当前民族地区教育发展价值定位来看，在社会主义办学方向引领下，如何实现民族地区教育发展与教育发达地区同频共振、人民群众共享现代化教育发展成果是新时期的重要命题，只有通过教育实现不同民族文化间的交流融合、共享共传，增进民族教育的地方服务功能，提升民族地区教育发展的人民满意度，才能从中凝练出中华民族共同体的认同意识，铸牢中华民族共同体认同的思想基础。基于此，笔者从民族地区教育发展问题的关联性、系统性、综合性出发，形成对民族地区教育发展主体、过程、目的等多角度的整体认识，探究优化民族教育发展机制及合力的形成。本书基于政府治理转型时代背景，紧紧围绕民族地区教育发展机制优化这一核心命题，框架设计如下。

第一部分，民族地区教育发展机制的基本内涵与优化趋向。这一部分我们将民族地区教育发展机制内涵界定为：教育发展主体在民族教育发展内在规律的支配下，通过自觉动力协调教育发展各要素相互作用的特定联系，实现综合性的教育发展目标的作用形式。进而勾勒出民族地区教育发展机制问题研究需要关切的三个基本要素：主体（动力）、过程（协调）、结果（导引）。基于内涵认识笔者认为，中华人民共和国成立以来我国民族地区教育发展机制变迁可以分为三个部分，即动力机制的变迁从要我发展到我要发展，协调机制的变迁从援助发展到共生发展，导引机制的变迁从同质发展到差异发展。最后，通过分析政府治理转型对民族地区教育发展机制优化的挑战，提出政府治理转型背景下民族地区教育发展机制的优化趋向，包括关注新时代民族地区教育发展主要矛盾、从平衡利益转向推动民族地区教育发展利益增值、从关键突破转向实现民族地区教育发展整体推进等基本问题。

第二部分，民族地区优化教育发展机制的实践探索。这一部分通过文献分析、田野考察、访谈法等，主要探讨了五个问题。一是提出提升资源配置效率是民族地区优化教育发展机制的根本动因；二是民族地区优化教育发展机制存在外援模式、内生模式和发展外部性模式三种；三是优化民族地区教育发展动力机制的地方实践，包括优化政府民族教育治理公共权力结构、规范民族教育发展中社会组织参与制度、明确市场机制参与民族教育发展的权责边界、认可民族教育发展中学校主体地位等基本问题；四是优化民族地区教育发展协调机制的地方实践，重点探讨了民族地区教育利益协调的法治机制，同时分析了其他利益协调机制；五是优化民族地区教育发展导引机制的地方实践，提出政治导引、经济导引、文化导引和教育导引的地方实践措施。

第三部分，当前民族地区教育发展机制运行的实效分析。这一部分我们从民族地区教育发展机制运行实效评估理论、民族地区教育发展水平及评价、民族地区教育发展机制运行满意度三个方面探讨了这一问题。提出优化民族地区教育发展机制有三个维度的目标：一是契合政府治理民主化的需要，增强不同主体的参与动力；二是契合政府治理法治化的需要，增强发展秩序的稳定性和可预期性；三是契合政府治理科学化的需要，提升民族地区教育发展的效率和质量，并从动力机制、协调机制、导引机制三个维度设计了机制运行实效的评价体系。在此基础上，这一部分通过文献分析、问卷调查、访谈法等，分析了民族地区教育对经济发展的贡献率、民族地区教育对文化传承的效果、民族地区教育对少数民族受教育权保障实效、民族地区教育发展机制满意度等四个问题。

第四部分，民族地区教育发展机制优化的问题反思。这一部分内容涉及三方面：一是分析民族地区教育发展机制运行的现实困境，提出民族地区教育治理现代化的推进涉及动力机制的激发困境、协调机制的公平困境、导引机制的增值困境；二是制约民族地区教育发展机制运行的因素分析，笔者认为制度供给缺失造成的制度障碍、经济基础薄弱造成的物质障碍、教育服务地方能力不足造成的功能障碍、教育观念滞后造成的思想障碍是制约发展机制运行的关键原因；三是提出政府治理转型背景下民族地区教育发展机制优化的三条线索，即实现民族教育内生发展是优化民族地区教育发展机制的基本目标、政府在公共教育服务中角色位移是发展机制优化的现实要求、教育治理现代化进程推进是发展机制优化的条件保障。

第五部分，民族地区教育发展机制优化的路径思考。这一部分我们提出内生发展是优化民族地区教育发展机制的切入点，并分析以提升民族地区自身教育发展能力为核心的发展路径，必须充分尊重民族教育发展基本规律，并立足于民族地区文化、经济、政治和法律等诸多本土背景，方能寻求到推进民族地区教育内生发展的实践智慧。研究进而提出民族地区教育内生发展机制优化的法治、特色、科学和效率等基本原则，并基于此思考了民族地区教育内生发展机制优化的主要路径，包括民主参与优化民族地区教育内生发展的动力机制，法治路径优化民族地区教育内生发展的利益协调机制，科学评价优化民族地区教育内生发展的导引机制。

第一章　民族地区教育发展机制的基本内涵与优化趋向

民族地区教育发展机制研究不同于其他民族地区教育发展问题研究视角，是从整体上探究民族地区教育发展各要素的结构关系和运行方式，思考民族地区教育发展的“综合效应”。从根本上说，民族地区教育发展机制研究要回应的是从提升民族地区教育自我发展能力提升教育发展可持续性的问题。因此，要优化民族地区教育发展机制，首先是要探究民族地区教育发展机制是什么、为什么的基本内涵问题。在本章，笔者从主体、过程、结果三个维度进行思考，提出民族地区教育发展机制的基本内涵，进而从纵向梳理民族地区教育发展机制的变迁脉络，深入思考当前民族地区教育发展的现实挑战，提出民族地区教育发展机制在功能更新、矛盾转变、利益增值、整体推进四方面的优化趋向，这是探讨民族地区教育发展机制优化的理论基础。

一、民族地区教育发展机制的基本内涵

在“追赶”“跨越”“差异”等不同教育发展理念的统领下，民族地区教育发展问题的研究，依据不同视角和方法还可以对其做多种类型的划分。特别是从微观内容上进行划分，民族地区教育发

展问题涉及教师队伍建设、办学条件改善、少数民族人才培养、民族双语教育、民族教育信息化等诸多方面，这体现出民族地区教育发展问题既重要又复杂。也正因为如此，笔者认为，民族地区教育发展问题是一个复杂的系统性问题，无法通过对教育发展过程中某个具体阶段、某个具体要素的深入分析得以解决。经费问题、师资问题是民族地区教育发展的棘手问题，文化问题、制度变迁同样是民族地区教育发展不容忽视的问题。揭示隐藏在民族地区教育发展过程中的内在支配机制及其运行方式，是从根本上剖析民族地区教育发展深层次问题、寻求破解出路的关键路径。教育发展机制作为我们认识民族地区教育发展的新分析范式，和其他社会发展机制分析方法一样，是“集哲学方法、系统方法和其他科学方法于一体”的具有相对独立性的方法论形态。①

（一）机制视角思考民族地区教育发展问题的特性

本书开篇提出，教育发展机制作为民族地区教育发展理论研究的新视角，不同于以往对民族地区教育发展问题“追赶”“跨越”“差异”的发展定位，而是从民族地区教育发展问题的关联性、系统性、综合性出发，探究民族地区教育发展的“综合效应”。因此，关联性、系统性、综合性是机制视角思考民族地区教育发展问题的特性所在，具体表现在以下方面。

第一，民族地区教育发展问题是关联性问题，需要从发展主体层面关注动力机制问题。民族地区教育发展涉及的发展主体问题，从根本上说是谁来发展和为谁发展的问题，尽管我们认为民族地区教育发展不以人的主观意志为转移，但人民群众的意志在民族地区教育发展中发挥关联性的作用。这种关联性作用表现在两方面：一方面，在人与物的外部关联上，人民群众愿不愿意参与、能不能参

① 王晓林：《社会发展机制优化论》，31页，北京，中央民族大学出版社，2007。

与推动民族地区教育发展，是受到民族地区社会经济、文化、制度、宗教、地理等诸多环境及自身教育理念制约的内生动力问题，人的意志必须是在与民族地区教育发展各种复杂环境紧密联系中发挥作用。只有从民族地区教育发展环境改善入手，方能解决人民群众参与教育发展的意愿及能力问题。矛盾是推动事物发展的动力源泉，当前，我国社会主要矛盾已经转化为人民日益增长的美好生活需要和不平衡不充分的发展之间的矛盾。这反映在民族地区教育发展问题上，就是民族地区人民群众日益增长的高质量、多元化教育诉求与教育发展不平衡、不充分之间的矛盾。客观的物质条件制约着民族地区教育发展的平衡和充分，民族地区教育发展不平衡与不充分又影响着人民群众高质量多元化教育诉求的达成，这种结果最终影响到人民群众参与教育发展的意愿和能力。因此，提升民族地区人民群众教育发展的动力需要正视人与物的外部关联，从根本上改善民族地区教育发展的外部条件，搭建民族地区人民群众参与教育发展的实践平台。

另一方面，在人与人的内部关联上，民族地区教育发展具有较强的外部性，民族地区教育为谁发展更多关注到其发展的外部动力问题。民族地区教育发展绝不是民族地区自己的事，缘由有三：其一，实践表明，民族地区教育发展要依靠民族地区内外部的各种力量合力推动，改革开放四十年来民族地区教育发展所取得的巨大成就，离不开东部地区的教育帮扶和中央的教育优惠政策倾斜；其二，民族地区教育发展的方式和内容选择受到外部社会经济发展宏观环境的影响，无论是中央层面的西部大开发战略、乡村振兴战略，还是东部教育发达省份的教育改革走向、教育信息技术革新，均会对民族地区教育发展的目标、方式、内容产生较大影响，衍生出诸如民族地区教育精准扶贫、信息技术缩小教育鸿沟等具体的民族教育发展特殊性问题；其三，民族地区教育发展收益也反映出典型的外部性，其受益者也不局限于民族地区本身，民族地区教育质量的提升，有利于民族团结、社会稳定、同步小康以及人力资源强国战略的实现。

第二，民族地区教育发展问题是系统性问题，需要从发展过程层面关注协调机制问题。系统是若干要素构成的相互影响和作用的有机整体，一般意义上，教育被纳入社会构成的子系统之一用以理解教育与社会发展其他要素之间的关系。我们可以从两个维度看待教育子系统这一概念，即一方面教育本身是一个系统，内部包含着人力资源、物质条件、组织架构、教育信息等诸多要素；另一方面教育也是社会子系统之一，教育发展也受到社会其他要素如经济、文化、政治等的影响。当前民族地区教育发展的系统性问题，集中反映在民族地区教育发展处于转型升级的关键阶段。从宏观来看，民族地区社会发展转型的现实背景影响着教育发展方式变革、内容选择和目标定位，民族地区教育系统与其他社会子系统发生交互作用相互影响，只有教育发展机制与其他社会发展机制如经济发展机制、文化发展机制等有机联系，才能最优化发挥社会系统运作的整体功能。从这个意义来讲，教育系统是在与其他社会子系统不断发生联系和交互作用的过程中得以发展，若不能有效处理教育发展过程中其他系统的机制关系则可能难以达成系统功能的最优化，甚至可能破坏教育系统功能的发挥。从微观来看，民族地区教育发展自身自成系统，人力资源、物质条件、组织架构、教育信息等均是教育内部系统需要协调的问题。面对民族地区社会发展的复杂环境，教育发展过程本身唯有更新自身内部系统、建构发展自觉、提升教育发展能力，方能实现教育发展目标。民族地区教育发展尤其要注意教育过程公平的实现，这是延续教育起点公平、推动教育结果公平的核心环节，教育过程公平本身就是对民族地区教育发展自身系统的变革，通过有效的协调机制对教育内部系统各要素的有机安排，适应不同学生的教育差异，挖掘不同民族学生的可教育潜能，实现学生的自由而全面的发展。

第三，民族地区教育发展问题是综合性问题，需要从发展目的层面关注导引机制问题。长期以来，无论是理论领域还是实践领域，对民族地区教育发展水平的评价均缺乏针对性、特殊性的评价标准，民族地区教育发展水平“落后”的评价结论多是基于“发展=增长”的经济思维，在与非民族地区教育发展同指标比较下得出的。民族地区教育长期处于追赶教育发展阶段。导引机制对地方政府和人民群众教育发展认知形成、行为规范具有指挥棒的作用，“导引机制具体由发展价值、发展观念和发展理论三大要素构成，是它们发挥作用的机理和方式”。[①] 民族地区教育发展是复杂性的综合问题，发展目的不仅仅是为了某个个体受教育权的实现，也不仅仅是为了某个地方的社会经济发展。总的来说，民族地区教育发展的综合性集中反映在其发展目的上所呈现出的政治性、文化性、教育性、经济性，传统导引机制只对某个视角的片面关注造成民族地区教育发展不平衡不充分与人民群众高质量多样性的教育需求之间的矛盾难以缓解，其表现为发展评价理念的偏差、均衡与特色关系摇摆、教育发展覆盖范围不全面、政府在教育发展中责任缺位或权力越位问题时有发生、管理制度碎片化条例化倾向明显、教育服务地方发展功能较弱等。如前所述，教育作为社会子系统的组成部分，本身的发展都会受制于内外部各项条件，导引机制不从教育发展多样性目的出发，仅仅关注入学率、升学率等可比性、量化的评价指标，难以关切到民族地区教育发展的实际需要，进而阻滞导引机制在推动民族地区教育发展中的指导作用。

① 邱耕田、唐爱军：《论社会发展的三种机制》，载《北京大学学报（哲学社会科学版）》，2016（6），5~18 页。

（二）民族地区教育发展机制的含义及核心要素

从民族地区教育发展机制视角看待民族地区教育发展问题，既要充分借鉴以往“追赶”“跨越”“差异”发展定位经验，更要从民族地区教育发展问题的关联性、系统性、综合性出发，形成对民族地区教育发展主体、过程、目的等多角度的整体认识，破解民族地区教育发展的动力不足、协调乏力、导引偏差等现实难题。

机制概念学界并无共识，但机制理论是建立在系统论基础之上的，受社会学中功能主义社会形态观的影响，功能主义者认为社会也像机器一般，是一个既有分工协作也会相互影响的复杂系统。因此对机制的理解学界多认同其作为系统内部各构成要素间的影响、联系方式，这种影响、联系方式可能对系统运行本身产生推动、阻碍、维持等三种类型的作用。教育作为社会子系统的重要组成部分，教育发展机制理论同样受到社会发展机制理论的影响。所谓社会发展机制，即“在社会发展主体自觉建构和社会系统自身演进内在规律的支配下，社会有机体各构成要素有机结合、互相连接、互为因果而形成的特定联系”①。学界对社会发展机制的认识是多样的，可以为本书分析民族地区教育发展机制提供借鉴。学界的观点主要有：将社会发展机制看做动力机制和整合机制构成的机制群②，提出社会发展过程中的五种主要机制即社会发展的驱动机制、整合机制、协调机制、控制机制、防护机制③，提出社会发展机制中动力机制与平衡机制是最根本、最基础、最普遍的机制④，提出社会

① 王晓林：《社会发展机制优化论》，21 页，北京，中央民族大学出版社，2007。

② 王晓林：《社会发展机制优化论》，27 页，北京，中央民族大学出版社，2007。

③ 贾高建：《社会发展过程中的五种主要机制探析》，载《中共中央党校学报》，2001（3），23~29 页。

④ 李忠杰：《论社会发展的动力与平衡机制》，载《中国社会科学》，2007（1），4~15 页。

发展存在着动力机制、平衡机制和导引机制三种机制[①]等。关于教育发展机制，除了黄林芳（2006）《教育发展机制论》、王长乐（2001）《教育机制论》等进行了专门论述外，孙绵涛教授将教育机制细分为教育的层次机制、教育的形式机制和教育的功能机制三种基本类型，其中功能机制包括激励机制、保障机制和制约机制。[②]教育学界探讨的教育发展机制多可以纳入其功能机制分类中。从相关研究看，对民族地区教育发展机制在学界多着力于动力机制、均衡发展机制、协调机制、发展长效机制等问题的研究，一些学者还关注到“文化—教育—经济共生机制”“教育经费保障机制”“教育扶贫机制”“文化传承教育机制”等具体问题，这些研究为我们讨论民族地区教育发展机制奠定了扎实的基础。实际上，民族地区教育发展机制问题也受到政策的积极响应，2017 年 9 月，中共中央办公厅、国务院办公厅印发《关于深化教育体制机制改革的意见》，明确提出“要完善民族教育加快发展机制”，该意见关于教育体制机制改革的目标清晰地表达为到 2020 年形成“充满活力、富有效率、更加开放、有利于科学发展的教育体制机制”，实现“政府依法宏观管理、学校依法自主办学、社会有序参与、各方合力推进”的教育发展格局。

基于学界和实践领域对教育发展机制的认识经验及不足，笔者认为若要对教育发展机制内涵进行界定，必须体现出民族地区教育发展问题的关联性、系统性、综合性，这要求我们从具体的民族地区教育发展问题如经费投入、师资培养、文化传承等问题中脱离出来，从整体综合的角度全方位把握民族地区教育发展的核心问题。

---

① 邱耕田、唐爱军：《论社会发展的三种机制》，载《北京大学学报（哲学社会科学版）》，2016（6），5~18 页。

② 孙绵涛、康翠萍：《教育机制理论的新诠释》，载《教育研究》，2006（12），22~28 页。

首先，民族地区教育发展归根到底是人的发展，谁来发展、为谁发展都是回答人的问题，民族地区人民群众愿不愿意发展、有没有感觉到发展受到社会政治经济文化等诸多复杂因素影响，民族地区教育发展无法成为学校系统孤立的内部问题；其次，教育发展机制本身是教育各要素之间联系、作用的工作运行方式，单独关注师资问题、经费问题等难以解决教育发展机制的根本性问题，实践中针对教育投入、师资培养、基础设施改善等诸多问题的一个又一个政策响应本身是碎片化的政策回应方式，这种孤立看待民族地区教育发展问题的做法难以形成推动民族地区教育可持续发展的长期效果；第三，从目标看，教育发展本身是教育系统的规律性上升运动，教育系统是社会子系统的组成部分，教育对社会其他子系统发展的影响也应纳入考虑范围。

基于以上认识，本书将民族地区教育发展机制内涵界定为：教育发展主体在民族教育发展内在规律的支配下，通过自觉动力协调教育发展各要素相互作用的特定联系，实现综合性的教育发展目标的作用形式。

根据对民族地区教育发展机制内涵的认识，可以勾勒出民族地区教育发展机制问题研究需要关切的三个基本要素：主体（动力）、过程（协调）、结果（导引），并由该三个基本要素延伸出复杂的民族地区教育发展问题（如图 1-1 所示）。

文化、教育、经济、政治

主体（动力）=========》过程（协调）=========》结果（导引）

政府、社会组织、市场、学校、教育者、受教育者

||　　||　　||

发展能动力　　教育多元化利益　　教育收益增值

图 1-1　民族地区教育发展机制基本要素关系图

第一，动力机制反映出民族地区教育发展的主体需要。民族地区教育发展的动力是什么？这是研究民族地区教育发展的首要问题，也是民族地区内生发展的关键议题。缺乏发展动力，民族地区就只能依托外界输血，走“等靠要”的外援发展模式。从图 1-1 可见，民族地区教育发展动力是多重的，既有发展主体本身的动力，也有基于民族地区教育实际反映出来的教育力、文化力、经济力、政治力等，但最核心的问题依然是民族地区教育发展主体的动力问题。发展主体的动力来自需要，因此动力机制直接反映的是民族地区教育发展主体的教育需要问题。此外，由于民族地区教育发展主体的教育需要是多样性多层次的，涵盖了教育力、文化力、经济力、政治力等复杂动力问题，从民族地区教育发展的主体需要入手讨论动力机制问题是可行的。需要强调的是，强调民族地区教育发展中发展主体动力激发，并不否定历史唯物主义主张的“社会发展不以人的意志为转移”这一论点，民族地区教育发展主体的动力激发本身是源自民族地区社会发展诉求、依靠地区教育发展环境，是发展主体与民族地区内外部复杂环境综合影响的结果。动力机制涉及三个基本问题：其一，谁的动力。由上图可知，民族地区教育发展的主体是多元的，一般包括政府、社会组织、市场、学校、教育者、受教育者等，要想让不同主体积极参与进来，发挥各自优势，前提条件就是定位目标群体，激发这些主体的动力。其二，什么动力。动力本身受到民族地区教育发展内外部环境影响，体现为教育发展主体参与教育发展的教育力、文化力、经济力、政治力等，需要基于不同要素进一步细化讨论，在后续章节我们将具体讨论这一复杂问题。其三，动力机制优化的目标是什么。从民族地区教育发展存在的困境和转型诉求来看，我们认为优化动力机制本身是激发教育发展主体参与教育发展的意愿与提升教育发展主体参与教育发展的能力，关于机制优化的具体问题，下一节我们将重点讨论。

第二，协调机制建构出民族地区教育发展的合理秩序。协调机制是调控教育系统各要素关系，从而缓解教育利益冲突、实现教育有序发展的机理方式，协调机制优化目的在于建立合理秩序，其内核包括民族地区教育发展的公平发展和有序发展。民族地区教育发展协调机制建构的特殊性在于民族地区教育的多样性与差异性，教育差异性的产生同样是如图 1-1 所示的教育、文化、政治、经济等多重因素的综合结果，教育差异性是适应民族地区教育发展需要的必然结果，但教育差异性带来了利益分歧风险的增加；同时，任由教育差异的扩大会加深民族地区教育发展的矛盾，导致社会离心力的产生。构建协调机制就是要在允许民族地区教育发展参与主体多元化、参与过程民主化的基础上，通过教育发展利益分配合理化，实现民族地区教育的可持续发展。

协调机制构建的落脚点在于合理秩序，因为合理秩序是破解当前民族地区教育发展过程中利益冲突的必然选择。合理秩序强调和谐发展、有序发展，实际上就是教育发展法治化过程，教育治理法治化是教育治理现代化的核心指标之一，协调机制本身就是通过法治化路径构建合理秩序。协调机制着力于发展过程，在承认教育发展利益多元化的基础上，一方面要考虑到民族历史传统、民族文化心理、民族教育价值观念、民族生计方式、地方社会经济状况、教育制度、教育信息技术等复杂影响因素；另一方面要准确划分政府、社会组织、市场、学校、教育者、受教育者在教育发展过程中的责权利关系，尤其是政府治理转型的背景下，政府教育权力出现了下移和分化的改革趋向，如何优化协调不同利益主体利益的法治机制，是协调机制优化的核心议题。

第三，导引机制规范着民族地区教育发展的目标向度。相比动力机制侧重参与主体、协调机制侧重参与过程，导引机制主要聚焦参与结果。民族地区教育发展的结果会反馈给参与主体，影响其参与动力和参与过程。民族地区教育发展存在的同质化等问题，一定程度上说，是发展目的本身的导引功能没有得到很好发挥。从应然层面讲，民族地区教育发展目的具有特殊性，涵盖了地区发展、民族发展和个体发展在内的内在发展诉求。但从导引机制看，由于在实践中对民族地区教育是否取得发展的评价指标更多聚焦于外在的功利层面，升学率、普及率等指标成为主导民族地区教育发展质量评价的核心标准，教育发展适切性问题没有得到较好关注，因此在实然层面民族地区教育发展的目标向度有所偏离。导引机制规范民族地区教育发展的目标向度主要依靠科学评价体系的构建，有学者就认为，既定社会经济条件下，实现教育目的的关键是把外在的教育目的转化为内在的教育目的，而“社会主体意义上的教育评价”则是实现这种转化的基本方式①，所以实际上关于教育机制问题很多学者还直接提及了评价机制，评价机制是导引机制的核心问题。

民族地区教育发展导引机制的构建需要考虑三个基本问题。其一是导引的目的是什么？本书认为，民族地区教育发展不同主体既有共同的教育利益，在多数问题上能达成共识；但也有教育利益的分歧，在资源有限条件下，利益分歧的调和难度增加。导引机制构建一方面要让这种利益分歧得到调和，增强教育发展利益分配的合法性；另一方面要推动教育发展的转型升级，实现教育利益的增值，做大蛋糕是解决利益分歧最有效的办法。当然这两个目的是与协调机制、动力机制合作的结果，分配合法性与协调机制目的诉求一致，利益增值与动力机制目的诉求一致。其二是作为导引机制的核心部分，评价机制如何构建？评价结果会给不同主体带来不同的利益收益，如升学率的评价导向会让高考成绩较好的学校获得更好

① 赵必华：《建立教育目的导引机制初探》，载《安徽师范大学学报（人文社会科学版）》，2001（3），443~447页。

的办学名声。民族地区教育发展评价应秉持发展性评价理念，从评价方式着手。促进民族地区教育内生发展是评价机制变革的切入点，这一方面强调理解性、发展性、差异性的民族教育发展理念，另一方面重视评价主体、过程、内容、结果运用等方面的机制建设核心问题。其三是不同教育利益主体导引重难点的把握。不同利益主体参与民族地区教育发展的优势不同，利益诉求也不一致，我们无法构建一个完全一致的导引机制吸引多元化主体的积极参与，我们只能基于不同利益主体的现实需要，针对性地制定激励保障措施。以政府主体为例，民族地区教育发展中政府主体责任主要在办学方向把控、教育规范管理和教育投入保障三个基本问题上，但政府主体动力能不能进一步激发，需要构建专门的教育政绩评价体系和利益引导机制。例如民族地区职业教育与精准扶贫问题结合起来后，由于扶贫政绩的评价压力，民族地区职业教育中经济效益明显的教育内容得到了广泛重视，而许多不具备商品开发价值、无法带来经济收益的民族文化产业却处于弱势地位。

二、民族地区教育发展机制的变迁脉络

本书提出从教育发展机制角度研究民族教育发展问题，是因为发展机制更聚焦民族教育发展的综合性、系统性、关联性，能较好地回答民族教育与民族地区社会各系统发展之间的关系，从整体上科学把握民族地区教育发展的核心问题。民族地区教育发展机制并不是我们自己创造出来的一个概念，其长期存在，只是不同时期的民族地区教育发展机制着力点和特征存在差别，以下将基于历史演进角度对民族地区教育发展机制变迁脉络做出合理梳理。

从历史演进角度看，民族地区教育发展政策的变迁集中反映在发展机制变迁这一线索上，其背后深层次原因是民族地区教育发展

利益主体多元化和民族教育利益需求多样性推动的结果，实质上也反映出各级政府为了适应民族地区教育发展不同时期的阶段性需要，探寻政府教育治理转型，实现教育治理现代化的基本思路。但与其他教育发展历程不同，民族地区教育发展的特殊性反映在无论机制如何变迁，政府始终肩负起较为艰巨的教育责任。有学者就直言，我国发展少数民族教育的主要经验是中央政府在少数民族教育发展中发挥了主导作用，承担了主要责任，实施倾斜政策、给予特殊支持，通过实施重大项目促进少数民族教育发展，全国大力支持。[①] 因此中华人民共和国成立以来民族地区教育发展机制变迁的历史，本身也是政府教育治理模式变迁的历史，本书把中华人民共和国成立以来我国民族地区教育发展机制变迁分为三个部分。

（一）动力机制的变迁：从要我发展到我要发展

中华人民共和国成立以来到改革开放以前的政府治理定位，可以概括为政府全能管理。这一时期国家与社会高度融合，政府对全社会各项事务进行包办管理，实施自上而下的全面控制，中央的一元治理结构将教育发展的方向、内容等嵌入到国家权力结构之中，教育资源由国家控制和安排。这一时期民族地区教育发展得到了中央政策的较大倾斜，中央政府成为推动民族地区教育发展的核心主体，其发展动力源自建设社会主义的崇高理想信念，无论是中央还是民族地区，加强民族团结、维护祖国统一、共有的社会主义现代化建设愿景成为推动民族地区教育发展的根本动力，政治力是这一时期动力机制的核心要素。

改革开放初期，我国国家治理结构最初在经济发展领域得以率先变革，政府全能治理逐渐演变为政府主导治理。民族地区教育治

① 孙百才、张善鑫：《我国发展少数民族教育的重大举措与主要经验》，载《西北师大学报（社会科学版）》，2009（1），79~85页。

理出现了两个较为明显的变化趋势：一是民族地区政府获得了更多的教育管理权力，民族教育权力出现了下移的倾向，民族地区教育行政部门因权力的扩大，参与教育发展的动力得到提升，尤其是《中华人民共和国民族区域自治法》赋予民族自治地方的自治机关“自主地发展民族教育”的权力，给民族地区自主探索民族教育发展道路提供了法律依据；二是基于改革开放初期，民族地区教育发展条件十分艰苦、政府对民族地区教育资源的倾斜也有限，民族地区依靠自身社会力量发展教育尤其是基础教育，是较为普遍的做法，许多地方结合自身条件开展复式班教学、民办公助学校等教育变革，提升了教育发展的地方适应性。这一时期，各方参与主体的发展动力除了理想信念的感召外，基于自身社会经济发展实际、急切希望改变贫穷落后的状况也成为教育发展中的动力因素。因此，除了政治动力外，经济力也成为这一时期民族地区教育发展动力机制的要素之一。

20 世纪 90 年代，民族地区教育发展虽然取得巨大成效，但与非民族地区教育发展水平仍然存在较大差距，缩小民族地区与非民族地区教育差距成为这一时期的民族教育发展首要任务。这一时期出台了许多关于民族地区教育发展的重要政策，如 1992 年《国家教委、国家民委关于加强民族教育工作若干问题的意见》、1992 年《全国民族教育发展与改革指导纲要（试行）》等。一些地区还进行了专门的民族教育立法，如《云南省楚雄彝族自治州民族教育条例》（1992）、《云南省西双版纳傣族自治州民族教育条例》（1993）、《黑龙江省民族教育条例》（1997）等。依靠中央政策倾斜、其他地区外援帮扶和民族地区自主发展成为这一时期民族教育发展的三条基本线索。除了中央政府、民族地区政府和群众在参与发展中呈现出的政治动力、经济动力，非民族地区的教育援助动力也值得我们反思。如果说中华人民共和国成立后四十年其他非民族地区对民族地区教育支援主要源自民族团结、边疆稳定、祖国统一的政治动力，那么20世纪90年代的教育支援呈现出包含非民族地区经济动力因素的特点。与以往存在的内地西藏学校、新疆班、高校对口支援等教育支援方式不同，90年代是我国市场经济体制逐渐确立的重要阶段。随着改革开放的深入，东部沿海地区经济迅猛发展，这就带来了高素质劳动力的短缺问题，如何把我们的人口大国条件转换为人力资源强国优势，成为教育发展的重要任务。民族地区人口素质的提高，可以为其他地区提供高素质的劳动力，民族地区教育发展收益的外部性效果得到体现，非民族地区支持民族地区教育发展的动力得到极大增强。最典型的例子就是许多东部沿海职业院校向民族地区招生倾斜，既解决了自身的招生问题，也为地方社会经济发展提供了源源不竭的人才资源。值得一提的是，尽管20世纪90年代是我国市场经济体制得以逐步建立的关键阶段，但市场主体参与教育的氛围并未形成，即使1997年国务院《社会力量办学条例》颁布后，也少见市场机制参与民族地区教育发展的情况。说明这一时期市场机制参与民族教育合理回报的机制没有形成，市场主体参与动力不足。

21世纪初至十八大前，民族地区教育发展动力机制变得更为复杂，主要原因是这一时期民族地区教育发展参与主体增多，历史上从来没有哪个时期像这一阶段一样诸多主体积极主动的参与到民族地区教育发展中来。从内部动力来看，随着民族地区教育的快速发展，一是人民群众的教育诉求从要上学转向上好学，通过教育改变个体和族群社会境遇的愿望越发强烈，教育动力明显增强；二是民族地区社会经济发展过程中，人民群众文化需求的差异性问题逐渐体现出来，不同民族对自身民族文化的传承创新有了强烈愿望，文化动力也成为民族地区教育发展的动力要素。由此可见，21世纪初至十八大前这一阶段的动力机制，是由中央政府、地方政府、学校及教师、学生及监护人、市场主体、社会公益组织等多元复杂主体，基于政治动力、经济动力、教育动力、文化动力形成的复杂动力机制，民族地区教育治理从一元逐渐走向多元，这对政府主导民族地区教育发展的治理结构提出了更高要求，民族地区教育治理面临转型挑战。

十八大后，伴随政府治理现代化进程的推进，民族地区教育治理机制也在逐渐发生转化，教育发展动力结构有所调整。民族地区教育发展动力结构调整是政府治理现代化进程推进的结果，政府治理现代化本身追求的是政府、社会、市场等多方主体的新型协同互动，本质上是对政府职能边界的优化。有学者指出，政府治理现代化的推进，政府的目标模式是构建公民、市场与社会共同参与的治理型政府，强调多元治理主体间的协作共治。① 教育治理现代化是政府治理现代化的重要组成部分，是深化教育领域综合改革的总要求。从动力机制角度看，民族地区教育治理现代化的推进，一方面要从外部协调好在民族地区教育发展过程中政府与市场、社会等主体的关系问题。例如 2016 年以来，贵州省启动了民族教育“双百工程”，通过政府购买服务方式确定了多家民族教育服务商，服务领域主要涉及名师培养、发展规划、管理团队培训、课程改革等内容。另一方面要从内部解决民族地区教育自我发展的动力问题，这是更为重要的一方面。纵观民族地区教育发展的历程，我们发现，民族地区教育发展的客观需要并不是一定能转化为发展的实际行动，例如民族地区教育发展中长期外部输血的援助模式，使得个别地区形成了“等靠要”的依赖思想，民族地区教育发展所成长起来的人才往往选择“东南飞”的发展途径，这些思想和人才流动趋势

① 唐兴军、齐卫平：《治理现代化中的政府职能转变：价值取向与现实路径》，载《社会主义研究》，2014（3），83~90 页。

逐渐引发学界关注，也使得政府的相应政策进行了及时调整。[①] 可以说，十八大后民族地区教育发展的动力机制主要在拉动民族地区内部自身发展动力上着力，实现民族地区“我要发展”的自觉发展意识成为当前民族地区教育发展动力机制需要解决的关键问题。与此同时，十九大提出，我国社会主要矛盾已经转化为人民日益增长的美好生活需要和不平衡不充分的发展之间的矛盾，这反映在民族教育领域就是民族地区人民群众日益增长的优质多元的教育需要与教育资源不平衡不充分的发展矛盾，这也成为民族地区教育发展各主体着力解决民族地区教育发展问题的教育动力因素，民族地区教育发展在教育均衡和教育质量提升两个问题上开始共同着力。

（二）协调机制的变迁：从援助发展到共生发展

民族共生发展是指多民族国家内各民族通过政治、经济、文化的密切合作而形成的民族共同繁荣、共同发展、共同优化的民族发展模式。[②] 民族地区教育共生发展从主体上而言是实现不同发展主体的利益增值，从内容上而言是政治利益、经济利益、文化利益、教育利益等多元利益的共同实现，从路径上而言是民主化、科学化、法治化的教育发展路径的推进。民族地区教育发展协调机制目的是实现不同主体不同发展利益的共存共赢，但这一协调机制的变迁本身是从援助发展逐渐向共生发展转变的，民族地区教育发展的外部性发展效益、多元化发展利益、现代化的发展路径本身也是机制变迁发展的结果。

中华人民共和国成立后前四十年，民族地区教育发展的外部性

---

① 例如2013年起，少数民族高层次人才骨干计划就取消了毕业后的违约规定和“定向招生、定向培养、定向就业”原则，直接变成“骨干计划学生毕业后，必须履行协议回定向地区和单位就业，不得违约”的刚性条款。

② 袁年兴：《民族共生发展的形成理路及运作机制》，载《学术探索》，2009（2），76~81页。

作用主要体现在民族团结、边疆稳定和祖国统一等政治问题领域。根据中央政策的安排，非民族地区对民族地区进行了大量的教育援助，这从相关的政策文本中可以管窥一二。例如《教育部关于内地支援边疆地区小学师资问题的通知》（1956）、《中华人民共和国教育部关于高等学校优先录取少数民族学生的通知》（1962）、《教育部关于切实做好援藏教师选调、轮换工作的通知》（1978），卫生部、国家民委、教育部印发《关于加强少数民族地区医学教育工作的意见》和《关于内地省市对口支援少数民族地区发展医学教育试行方案》的通知（1980），《教育部关于内地十九省、市为西藏办学的几项具体规定》（1985）、《国家教育委员会、国家民族事务委员会关于召开内地与边远少数民族地区高等院校支援协作会议的通知》（1987）、《关于内地与边远民族地区高等院校支援协作会议纪要》（1987）、《关于内地对口支援西藏教育实施计划》（1987），等等。这一时期由于缺乏其他主体的参与，民族地区教育发展利益协调主要反映在民族地区与非民族地区之间。非民族地区在民族地区教育发展中通常被视为支援方，其利益的协调机制来自两方面：一是中央政府的强制机制，以计划、命令的方式要求非民族地区支援民族地区教育发展；二是非民族地区自身的包容机制，从体谅、同情民族地区教育发展境遇出发参与到民族地区教育发展过程中来。但无论是哪种协调机制，非民族地区均被视为教育资源的优势占有者和贡献者。除了政治意义，民族地区教育发展对非民族地区的利益分享被忽略，但也因为参与主体单一，民族地区教育发展协调机制也并不复杂。

20 世纪 90 年代，改革开放带来的沿海经济快速腾飞有目共睹，由于经济发展同时产生了人力资源匮乏的窘境。中华人民共和国成立后相当长一段时期，我国城乡人口流动都与户籍管理制度紧密联系，属于严格限制的范畴，只有在改革开放后经济不断发展后，人口流动政策才逐渐放开。从对盲目流动的控制到合法流动的放开，既体现了国家法治的发展进步，也为非民族地区认识民族地区人力资源的价值意义提供了契机。这一时期，民族地区教育发展所带来的人口素质提升，因其向非民族地区特别是东部沿海地区流动，为其社会经济发展提供了重要支持，在经济利益上民族地区与非民族地区初步找到了利益共同点。

进入 21 世纪后，民族地区社会经济发展迅速，随着教育条件的提高，民族地区人民群众教育发展利益出现了新的增长点和冲突可能，一是教育中的文化利益，二是个体间的教育利益。从文化利益角度看，2001 年 6 月，《基础教育课程改革纲要（试行）》出台意味着新一轮基础教育课程改革全面启动，这被学界称之为“第八次基础教育课程改革”，对民族地区教育发展产生了十分重要的影响。十八年过去了，无论这次课程改革成效如何，但就民族地区教育发展而言，重视教育发展与民族地区文化发展的适切性成为共识，地方课程和校本课程成为民族地区教育活动中展现民族文化的重要载体，体现出鲜明的地域性、民族性和文化性特征。这一时期协调机制更多是在如何构建适应地方社会发展的课程体系着力，尤其是职业教育发展从外向型的借鉴、人才输出转向内向型的地方适应、本土就业转变，职业教育服务地方社会经济发展功能明显增强，民族文化因职业教育的发展获得新生。从个体间的教育利益看，尽管民族地区教育发展的整体利益出现增值，但存在于人民群众个体间的教育利益始终难以协调。由于优质教育资源在区域间尤其是城乡间配置不均衡，人民群众上好学的难题始终无法解决，城乡间“大班额”与“空心校”的矛盾、校内外补课热与减负的矛盾、地区间就近入学与择校热的矛盾等，同样成为民族地区人民群众关心的重点难点问题。不仅如此，本属于对民族地区和少数民族教育优惠的高考倾斜政策也在教育利益冲突中被极少数人钻了空子，媒体曾报道了多起伪造少数民族身份获得高考加分、通过高考移民挤占民族地区高考资源的案例。建立健全相关法律，保障民族地区人民群众教育利益成为这一时期教育政策、法律的重要议题。许多地区也进一步完善了民族教育条例，呼吁制定《中华人民共和国少数民族教育法》的声音逐渐加强，法治协调机制成为民族地区教育发展协调机制的重要抓手，引起了教育法律实践领域的重视。

十八大以来，民族地区教育发展的协调机制一方面要考虑多元主体之间的参与权责关系，另一方面还要考虑不同利益诉求间的平衡关系。政府治理现代化本身就是治理分权化、民主化、法治化、科学化的过程，民族地区教育发展协调机制也多从这几个角度着力。一是分权化的协调机制构建，政府通过权力下移和分化，实现教育治理分权的目的。一方面，原属于中央政府的教育权力部分下移至地方政府；另一方面，原属于政府的教育权力分化到其他主体，如一些地区高校职称评审权力分化到学校，分权化的协调机制目的是明晰不同发展主体的责权利关系。二是民主化的协调机制构建。面对教育发展利益冲突，平等协商成为民族地区教育治理的重要手段，无论在教育决策，还是政策执行中，充分听取不同利益群体的意见成为民族地区教育治理的必要程序。民主化的协调机制弥补了强制利益协调机制的不足，在人本化教育治理上更体现出自己的独特价值，提升了民族地区教育发展的地方适切能力和人民群众自我教育发展的意识。三是法治化的协调机制构建。法治机制在民族地区教育发展中因其可预见性、稳定性、强制性等特征，彰显出不一样的协调作用，以《云南省少数民族教育促进条例》（2013）为代表的一批民族教育法律的颁布和许多地区民族教育条例的修订完成，为法治机制成为民族地区教育发展协调机制提供了充分的制度保障。四是科学化的协调机制构建。当前民族地区教育发展利益复杂性增加，政府主体在协调各项利益冲突中的责任和难度加大，不仅要运用到行政管理手段、法治协调手段，还包括教育突发事件的应急处理手段、人民群众心理疏导手段等。同时，教育信息技术在促进民族地区教育均衡发展中的作用增强，民族地区教育发展协调机制成为一个具有技术性的科学化问题。

（三）导引机制的变迁：从同质发展到差异发展

有学者提出，社会发展的导引机制，是在实践的基础上形成的人们认知、指导、规范社会发展的精神观念型的机制。[①] 的确，在民族地区教育发展过程中，不同参与主体的参与目的和意志始终指导着其参与行为，成为教育发展的导引机制。但这种能够指导、规范其参与行为的因素并非只来自精神层面，笔者认为，民族地区教育发展中的经济、文化、政治、教育因素均对其参与行为起到规范、引导作用，导引机制的变迁也是受这些因素的产生、发展和变化影响的结果。民族地区教育发展的特殊性正是由于政治、经济、文化等问题的差异性产生的，从同质发展逐渐转向差异发展。

民族地区教育发展长期以来在与非民族地区进行比较的过程中，被贴上了“落后”的标签，通过追赶缩小教育差距成为中华人民共和国成立后直至20世纪末民族地区教育发展的主要目的。由于将教育发达地区提供的发展样本作为“先进的”教育发展典型，追赶的目的即达到相应水平，在这样的目标引领下，同质发展成为相当长一段时期民族地区教育发展的首要导引机制。有学者提出，我国民族教育传统的发展战略是“追赶汉族模式”，即“模仿或照搬内地发达地区的教育发展模式”[②]。在民族地区社会经济发展条件不佳、教育发展条件短期难以改善的情况下，将东部教育发达地

① 邱耕田、唐爱军：《论社会发展的三种机制》，载《北京大学学报（哲学社会科学版）》，2016（6），5~18页。

② 王鉴：《我国少数民族教育跨越式发展战略研究》，载《西北师大学报（社会科学版）》，2004（1），102~107页。

区的教育发展成功案例作为学习模板，有着特殊的作用。其表现在一是民族地区在没有其他发展路径可参照的条件下，形成了较为明晰的发展目标和实践路径；二是东部教育发达地区能基于自身教育发展优势给予民族地区教育发展相应援助；三是在教育资源不足的条件下，能集中力量解决民族地区教育发展中受教育程度不高、教育条件较落后、教育制度不完善、教育方法不得当等一系列具体的教育难题。客观地说，民族地区教育发展与非民族地区具有共性特征和共同的教育目标，人为割裂两者之间联系是不可取的，东部教育发达地区的教育成功样本，在相当长一段时间内的的确确成为民族地区教育发展的导引方向。这一时期民族地区教育发展的导引机制主要体现为三个方面：第一是以教育发达地区为参照的教育评价机制。重视人口受教育程度、办学条件改善、师资队伍建设、升学率等共性问题。第二是政府主体依托理想信念和个体觉悟形成的纠偏机制。民族地区教育如何发展，主要受国家宏观政策调控影响，政府对民族地区教育发展状况的认识主导其相关决策的形成。由于政府决策尤其是中央层级决策具有权威性、强制性等特征，在民族教育资源配置问题上拥有绝对的话语权，民族地区教育发展的方向出现偏差，多需要政府主体自身基于政治信仰和个体觉悟进行纠偏，社会其他主体参与力量微弱。第三是受教育个体通过自我反思形成的参与激励机制。尽管受教育者个体对民族地区教育发展内容、方向缺乏主导作用，但其通过自我反思产生对相关行动的接纳或者排斥，进而形成相应的激励机制。总体来说，中华人民共和国成立后的四十年，政治导引机制是民族地区教育发展导引机制的核心要素，分配教育权力、规范社会主义办学方向、推动社会政治利益整合成为政治导引机制的主要内容。

进入 21 世纪后，民族教育传统的发展战略开始向“以人为本和特色化发展”的跨越式发展战略转变[①]，民族地区教育发展导引机制发生了较大变化，导引因素多样性、导引主体多元化、导引目标复杂化是这一时期的特点。一是经济导引机制的出现。尽管在20世纪90年代我国社会主义市场经济体制逐渐建立，但市场机制介入民族教育较晚。经济导引机制的形成原因在于，民族地区人民群众认识到接受教育对个体成长发展的重要意义，民族地区政府主体认识到发展教育与社会经济可持续发展的密切关系，市场主体从民族教育发展中挖掘出经济利益点等，经济导引机制更多体现为自利性和选择性。二是文化导引机制的形成。文化因素成为民族地区教育发展的导引因素，虽然长期在不同政策层面被提及，但真正成为现实的实践力量，是在民族地区教育发展进入新阶段后。该阶段出现两个方面的新问题，一方面，民族地区多数处于生态脆弱、经济滞后的状态，资源型经济增长是其经济发展的主力，要调整产业结构就必须依靠民族文化资源的潜在优势。另一方面，随着社会经济发展，文化诉求成为少数民族日渐增强的精神诉求，制约着其参与发展的内生动力。有学者就认为内源性发展是一种尊重民族文化个性，在人民的广泛参与下并且强调民族文化特色的发展观。[②]

十八大后，民族地区教育治理面临转型，民主、法治、科学等成为教育治理现代化所追求的精神内核，在这一时期，民族地区教育发展引导机制的关键点体现在教育发展环境、法律制度约束、政府政策导向、市场机制信号、人民群众自我发展能动力、学校主体自觉发展意愿等诸多方面。教育发展环境方面，改革开放三十多年来民族地区教育发展取得了巨大进步，人民群众对高位均衡的教育

---

① 王鉴：《我国少数民族教育跨越式发展战略研究》，载《西北师大学报（社会科学版）》，2004（1），102~107页。

② 钱宁：《文化建设与西部民族地区的内源发展》，载《云南大学学报（社会科学版）》，2004（1），38~46页。

诉求增加。虽然教育基础设施得到改善，但师资力量等软件问题依然存在，城乡教育差距问题尚未解决，同时民族地区社会经济发展对人力资源的需求加大，这引导着民族地区教育发展的着力方向。

法律制度方面，尽管中央层面的少数民族教育法并未颁布，但其他国家层级的相关法律法规也为民族地区教育发展提供了制度保障，尤其是国务院《关于加快发展民族教育的决定》（2015）对新时期民族教育发展的目标定位在相当长时间内将成为民族教育发展实践的重要指导文件。在民族地区，教育法律制度逐渐完善，民族教育发展被纳入法治化轨道。

政府政策导向方面，民族地区教育发展中政府治理角色开始转型，政府正在积极探索和优化自身的教育管理运行机制，厘清自身与学校、市场、社会的责权利关系。政府教育治理现代化进程的推进，成为其在民族地区教育发展中职能优化的导引。

市场机制信号方面，民族地区教育发展逐渐注入诸多市场活力，政府通过购买教育服务方式将市场机制纳入民族地区教育发展轨道中来。反过来，市场对资源配置的效率优势和教育发展重点问题的敏感度给予政府推动民族教育发展极大启发。尤其是 2017 年新《中华人民共和国民办教育促进法》开始实施后，民办教育实行分类管理，市场机制在民族地区教育发展中将有更多的活动空间。

人民群众自我发展能动力方面，注重民族地区人民群众自我发展的能力和动力成为新时期民族教育发展问题的核心议题。受教育水平是人民群众教育自我发展能力最重要的方面，教育发展收益（包括政治、经济、文化等多方面的收益）是人民群众教育自我发展的内在动力。通过提高人民群众受教育年限提升其发展能力，通过提升人民群众教育获得感提升其教育发展动力成为这一时期的人民群众参与教育发展的引导力量。

学校主体自觉发展意愿方面，尽管唯分数论的教育评价体系对学校办学定位有较深层次的影响，但学校主体对自身办学的理性认识逐渐增加，凸显民族教育办学特色是许多学校主体自觉发展的导引力量。在调研中我们发现，一些学校在课间操、体育课、美术课等课程中加入地域性、民族性的教育元素，提升了课程的吸引力和适切性。

当前，民族地区教育发展的导引机制已从最初的政治导引逐渐转向经济导引、文化导引等多元导引机制，我们应秉承教育治理现代化的基本精神，构建以法律保障为基础，政治引导、经济引导、文化引导、教育引导等为切入点的长效引导机制，实现民族地区教育发展引导机制的法治化、民主化和科学化。

三、政府治理转型对民族地区教育发展机制优化的挑战

通过对民族地区教育发展机制变迁的脉络梳理可以发现，民族地区教育发展是内外部各种力量共同推动的复杂结果，民族地区教育发展机制变迁的落脚点始终与社会经济发展、个体教育发展、教育发展规律演进等密切联系，体现出自身的变迁特点。在新的历史时期，民族地区教育发展迎来了机遇和挑战，尤其是十八大后政府治理现代化进程的推进，给政府教育治理方式带来了深层次变革和影响，我国的教育发展改革路径已经从“摸着石头过河”的探索期进入无石头可摸的“深水区”，教育发展需要凝聚多方力量。党的十九大后，我国教育现代化的发展目的和地位更加清晰，因为教育的基础性和先导性特点，教育现代化成为整个社会主义现代化的根基被超前部署，通过顶层设计实现教育治理体系和治理能力的现代化成为教育现代化的关键问题。民族地区教育发展有着自身的特殊性需求，长期以来，民族地区教育发展基础条件薄弱，尤其是处于高寒山区、边境地区、牧区的少数民族文化教育非常落后，当前的

民族地区教育发展又与科教兴国、同步小康、乡村振兴等重大战略联系起来，成为各项重大战略推进的短板，急需破解。无论是民族地区教育发展的过去还是现在，我们不难发现，虽然发展机制在不断变化演进，但其目标定位始终围绕着为民族地区社会经济发展和人才培养展开，机制变迁特征明显、问题也较多，更为重要的是当前民族地区教育发展机制还需要放在政府治理转型的宏观语境下思考如何优化的问题。

（一）民族地区教育发展机制变迁的特点

首先，民族地区教育发展机制变迁在动因上体现出民族教育的开放性。

民族地区教育发展机制变迁有内外部的推动力量。在内部力量角度，民族地区教育发展机制变迁是遵循民族教育发展规律的演进结果，这个发展规律是客观存在的，民族地区教育发展机制变迁在不断地调适自身的内在要素及构成，逐渐适应这一规律的发展要求。这一规律体现在政治、经济、文化和教育多个方面。从政治方面来讲，民族平等与民族团结制度是民族地区教育平等发展的重要基础，是确保民族教育社会主义办学方向的制度保障，民族地区教育发展机制变迁要推动发展过程的民主性和平等性；从经济方面来讲，社会生产力的发展决定了民族地区教育发展的规模和层次，经济条件的改善成为教育发展机制变迁的物质保障；从文化方面来讲，文化作为一个民族的重要呈现特征，是民族教育的重要着力点，但任何民族文化本身都是在与其他民族文化的交往过程中不断融合发展的，本身并不是封闭的，他们都是光辉璀璨的中华民族文化重要组成部分；从教育方面来讲，民族地区教育的发展带来人口素质的提升，能缓解文化、宗教矛盾冲突，这种教育发展收益对整个社会稳定、推动非民族地区社会经济发展也是有极大好处的，收益本身是开放性的。

从外部力量角度，民族地区教育发展机制变迁是外部发展环境变化的影响结果。以职业教育为例，民族地区职业教育政策发展的不同阶段，都与我国社会主义市场经济体制建立和改革发展紧密相连，反映的是不同时期民族地区职业教育发展的现实需要。在20世纪80年代，民族地区教育文化发展较为落后，职业教育发展重点放在了中等职业教育；20世纪末，企业下岗职工就业问题的出现促进了民族地区职业培训的快速发展，基于扩大内需的需要，高等职业教育得到蓬勃发展；21世纪的前10年，我国经济增长方式向集约型转变，加之我国加入WTO、沿海一带的技工荒出现，民族地区职业教育政策呈现出明显的外部性，既重视外部的帮扶，也重视职业教育人才培养契合发达地区技能型人才的标准；近年来，随着我国人力资源强国战略的推进，以及“工业4.0”“中国制造2025”等的提出，民族地区职业教育政策更加强调对创新型人才的培养，尤其在涉及民族文化问题上，不仅强调“传承”，还强调“创新”，更加凸显民族文化在地方社会经济发展和帮助少数民族精准脱贫中的作用。①

其次，民族地区教育发展内容变化体现出发展适应性和利益多元化。

一方面，民族地区教育发展机制建设长期注重对民族地区社会经济发展的契合，因地制宜、结合地方实际成为相关政策文本的常见要求。民族地区教育发展的地方适应性是与民族地区的社会经济条件、地理区域位置、民族文化资源等问题交织在一起的，是地方性、民族性问题的结合。十八大以来，民族地区教育发展的地方适应性问题越发受到关注，如2013年教育部、国家发改委、扶贫办

① 李祥、刘莉：《民族地区职业教育政策四十年：历程回顾与趋势展望》，载《终身教育研究》，2018（3），11~16页。

等共同发布《关于实施教育扶贫工程意见的通知》，提出“将民族文化、民族技艺传承创新纳入职业教育体系”；2015年国务院发布《关于加快发展民族教育的决定》，提出民族地区办“优质特色学校”等。另一方面，随着民族地区社会经济的发展进步，不同教育主体的发展利益问题差异性凸显，如何适应不同利益群体教育发展需要，涉及民族教育办学模式、民族师资建设、民族文化课程开发、民族地区教育经费保障、教育质量提升等诸多方面。如果说早期的民族地区教育发展相关政策可以用“重视”“加大”“提高”等政策语言表明自身立场，当前民族地区教育发展政策定位更加强调精准性，民族地区城乡之间的教育利益、不同民族间的教育利益、不同组织间的教育利益都成为机制建设的着力点。在发展动力上如何形成合力，在发展过程中如何协调利益，在发展结果上如何实现共赢等，都是新时期民族地区教育发展机制优化需要考量的问题。从近年来相关政策演进看，法治化、民主化成为民族地区教育发展利益多元问题解决的重要路径。

最后，民族地区教育发展机制变迁重视民族地区人民群众教育发展能力的提升，过程越发强调内生力。

尽管从提升民族地区人民群众自我教育发展能力入手促进民族地区教育发展是长期以来社会各界的共识，但在政策层面，一直以来，民族地区教育发展更依靠外界的教育援助和中央政府的政策倾斜。伴随着民族地区教育事业的不断发展和深化，近年来，学界在认可民族地区教育发展取得巨大成效的同时，也对民族地区教育发展进程中存在的特殊性问题进行了反思，这主要聚焦在两个方面。一方面，大力倡导外源式的民族地区教育发展助力路径使得民族地区一些群众产生了“等、靠、要”的落后教育观念；另一方面，民族地区教育发展追赶战略使得民族教育发展走向了同质化道路，与民族地区社会发展需要和人民群众教育需求偏离。为了解决民族地区教育发展同质化问题突出、社会契合度不高、人民群众参与动力不足等问题，许多学者提出了民族地区教育发展“内生型发展道路”的思路，这在政策层面也逐渐受到关注，对新时期促进民族地区教育发展转型升级具有积极而重要的意义。但是，纵观学界对民族地区教育发展内生型路径的思路，我们发现许多学者把这一理念作为一个应然而无需讨论的真理，并未对其所依托的理论基础和基本内涵进行深入剖析，这就造成即便是提出民族地区教育发展内生型路径，学界也多是从师资、经费、制度等某一个角度切入，研究呈现出碎片化特征。党的十九大报告提出，新时代我国社会主要矛盾是人民日益增长的美好生活需要和不平衡不充分的发展之间的矛盾，这一主要矛盾反映到教育领域就是人民群众对优质教育的现实需求与教育资源不平衡不充分之间的矛盾，要解决这一矛盾必须坚持以人民为中心的发展思想，激发人民群众发展教育的内在动力。从机制变迁角度看，民族地区教育发展机制在发展过程中对内生力的关注尚较粗浅（关于这一问题后续会进一步讨论），由于对民族地区教育发展内生路径内涵理解偏差，目前还难以形成较为系统的推进措施。民族地区内生型教育发展路径需要从文化、经济、法律、政治等多维度进行思考，从方向上看，走内生型民族地区教育发展道路一直是民族地区教育发展机制所追求的理想状态，引领着民族地区教育发展的走向。

（二）新时代民族地区教育发展机制优化的关键问题

改革开放以来，我国教育领域的深层次改革是渐进性的，不仅要适应社会经济发展的客观需要，还要遵循人的身心发展的基本规律，体现教育在人的发展过程中的独特价值。但在改革开放的前三十年，客观地说，我们在经济建设方面的成就要优于社会发展其他方面，教育发展的经济功能凸显，教育发展程度的“增长”倾向评价占主要地位，民族地区教育发展长期处于追赶或者超越的发展定位。党的十八届三中全会提出全面深化改革的总目标是“完善和发展中国特色社会主义制度，推进国家治理体系和治理能力现代化”。这为民族地区教育发展改革带来了机遇，也提出了更高层次的要求。十八大以来，教育改革朝向纵深发展，教育发展结构面临转型，民族地区教育发展中的矛盾已经发生转变，多元利益格局调整成为棘手问题。新时代民族地区教育发展必须回应“民族地区教育资源不充分不平衡与人民群众日益增长的多元优质教育诉求的矛盾”这一问题，实现政府教育治理转型是推进民族地区教育综合改革、办人民满意的教育的关键路径。

推动民族地区政府教育治理转型不是简单的去行政化，而是强调以多元主体共同参与的多元共治为基础，思考如何提升民族地区自身教育发展能力。民族地区教育治理现代化的推进，是随着民族地区教育发展内外部环境变化，促使民族教育从传统发展路径走向现代教育发展道路的渐变过程。这一进程中的教育发展机制优化呈现出三个基本要求：一是强政府的民族教育治理格局不变的情况下，政府教育责权利结构发生变化，其他非政府力量参与民族教育治理活力增强；二是社会多方参与的话语权得到增强，如何参与的问题因民主化、法治化的路径建构得以实现，参与能力得到发挥；三是民族地区教育发展适应性增强，其差异性、针对性的教育发展路径能进一步满足不同主体的教育发展利益需要。

由此我们可以勾勒出民族地区教育发展机制优化需要回答的三个关键问题。

第一，多元主体参与的动力如何激发。通过长期的发展，当前民族地区教育发展的主体除了政府、学校等传统主体外，还延伸出社会组织、市场力量等诸多新生力量；政府也在不断调适自身的民族教育治理机制，如通过政府购买民族教育服务发挥市场力量在资源配置方面的优势。民族地区教育发展需要多方治理主体形成合力，各方主体参与活力的激发源自动力机制，由于各方主体的动力源不一致，如何激发各主体参与的活力就成为民族地区教育发展动力机制优化的关键切入点。以政府主体为例，其教育治理理念发生转变，对政府教育治理转型有内在的动力，表现为向下放权和向外分权。但政府主体自身长期沿袭行政化治理手段，教育决策集权模式非一时可以改变，在这种路径依赖的思维下，即使是政府主推的社会组织发展也会带上行政化的特征，社会组织无独立发挥作用的能力导致其参与动力和价值难以凸显。从激发动力角度来讲，政府治理转型背景下民族地区教育发展机制优化需要考虑的核心问题是多方主体如何形成推动民族地区教育发展的改革共识，这包括政府主体在民族教育治理中如何提升教育行政效率，市场机制在民族教育资源配置中的优势如何发挥，民族地区教育发展如何与地方社会经济发展高度契合，民族地区教育发展如何走更加开放的路子等。

第二，多元主体的教育利益如何协调。随着民族地区教育发展步伐加快，民族地区基础教育条件得到较大改善，人民群众能上学的问题基本得以解决。但与此同时，民族地区人民群众对高质量多元化的教育需求日益增加，加之民族地区与非民族地区教育联系的增多，区域间教育利益分配问题也凸显出来。如何协调不同主体、不同地区（城乡、区域间）的教育利益，成为民族地区教育发展协调机制优化的关键问题。传统意义上，民族地区教育利益的协调多是行政体制的强制和政治引导配置，由于外部参与主体对民族地区教育利益的特殊性问题难以精准把握，经常出现支援与需求不一致的现象，碎片化、跨区域的支援成为民族地区教育利益倾斜的主要表现。近年来，与民族地区教育发展相适应的市场经济协调机制、文化共生协调机制得以实践和发展，构架法治利益协调框架、促进多元主体教育利益协调机制的构建成为可能。在政府治理转型背景下，界定清楚民族地区教育发展中的利益相关者，正视教育发展中的政治、经济、文化利益，通过法治保障实现教育利益协调的平等、长效、合作机制，实现民族地区教育发展利益分配的公平性，是教育发展利益协调机制优化的立足点。

第三，从导引机制看，教育收益如何增值。如前所述，民族地区教育发展的导引机制已从最初的政治导引逐渐转向经济导引、文化导引等多元导引机制。在这其中，实现教育发展利益增值是导引机制的着力点，而构建科学的教育发展评价机制是导引机制的主要难题。从前者看，导引机制依托多重力量推动民族地区教育发展，最有效的出路是着力于教育利益增值，形成合力发展。这里的教育利益本身是涉及政治、经济、文化的复杂利益问题，也是涉及不同主体权责利边界划分的分配正义问题。从后者看，科学评价机制既能准确把握民族地区教育发展水平问题，也能对政府主导民族地区教育发展方向和路径的纠偏机制产生影响，并对提升人民群众参与教育发展的激励方向产生重要影响。作为民族地区教育发展评价尺度应具备三个基本要求：一是评价主体的多元性，实现实践主体与实践结果的有效连接，增强评价的民主性；二是评价内容做到共性与差异性的统一，既要看到民族地区与非民族地区教育发展的共性问题和统一评价尺度，也要看到民族地区教育发展的特殊性问题，形成差异性的评价尺度；三是评价机制的价值性评判与实践性评判的理念相结合，要关注民族地区教育发展的长远目标，也要基于不同时期回应民族地区教育发展的阶段性需要。评价机制作为导引机制的核心问题，辐射政府纠偏机制和人民群众激励机制，最终目的是实现教育利益的增值。当前，过多的实践和研究关注到民族地区教育评价机制的构建，对评价机制与其他导引机制的联结缺乏关注，直接地说，对评价结果的运用缺乏科学的认识。绝大多数民族地区教育质量评估成为政府绩效、学校评优、教师奖惩的标准，通过评价促进发展的目的难以达成，教育规范性问题受到关注了，但通过导引实现教育收益增值的问题被忽视了。

四、政府治理转型背景下民族地区教育发展机制的优化趋向

民族地区教育发展机制变迁是民族教育发展内在规律影响的结果，同时更有外力推动的直接影响，外力推动的影响中最为密切和关键的是政府治理转型这一宏观教育治理背景的变化。可以这样说：正是政府治理现代化进程的推进，民族地区教育发展机制优化变得更加复杂和紧迫。

（一）民族地区教育发展机制优化的功能更新

本书所提优化民族地区教育发展机制这一问题，不代表对传统民族地区教育发展机制的否定。根据前述，不同时期民族地区教育发展的阶段性任务和所处环境有一定区别，发展机制的优化是通过对教育治理结构的变革调节不同教育利益关系，使民族地区教育发展的诸多功能都得以发挥，产生最优的综合效应。当前，民族地区教育治理问题与政府治理转型背景深度契合，优化民族地区教育发展机制更是基于民族地区教育发展的现实需要，是适应教育治理现代化的必然选择，其作用在于以下三方面。

第一，优化民族地区教育发展机制是契合政府治理民主化的需要，增强不同主体的参与动力。政府治理转型推动政府在民族地区教育发展中的定位从全能统治、政府主导逐渐向分权治理转变，其他非政府主体参与民族地区教育发展的权利得到重视。许多学者认为，这种分权治理模式是相对于政府中心主义的行政体系去中心化，亦称之为多中心治理模式。但根据民族地区教育发展的价值和现实境遇，笔者认为民族地区教育治理民主化作为民族教育治理现代化的重要组成部分，并不是强调政府权力的转移和让渡（尽管会

涉及分权），而是重新审视政府与其他主体在民族地区教育发展中的关系，本质上是政府主体角色和关系的调整，政府在民族地区教育发展中的重要地位及作用并不因此而淡化。民族地区教育发展动力源自多主体，从辩证唯物主义角度看，社会的发展不可能是某一单方面因素推动的结果，社会各方面合力是社会发展的推动力量，这种力量也不会因个人意志而改变。动力机制优化的根本目的是激发不同主体的参与意愿，优化这种合力的组成，实现不同主体积极参与、充分发挥自身优势的理想目标。要推动不同利益主体参与到民族地区教育发展，需要政府改变以往与其他利益主体不平等的合作关系，变成平等的协商民主机制。

第二，优化民族地区教育发展机制是契合政府治理法治化的需要，增强发展秩序的稳定性和可预期性。民族地区教育发展过程中的冲突多来自两方面，即不同利益主体的利益冲突以及政府主体公共教育权力的规范。笔者曾撰文提出，一方面，法治路径强调法律手段的权威性和强制力，在教育利益关系调整中具有更为直接和显著的作用；另一方面，教育权力的恰当行使对于现代教育改革和发展的促进作用主要体现在通过实现教育治理的法治化，从而减少教育改革过程中随意性和非理性行为出现的频率，真正实现以改革促发展、在发展中进行改革。① 我们必须意识到，面对民族地区教育发展利益主体之间的利益差异以及民族地区教育发展的风险性问题，一方面，通过法治化路径可以增强发展秩序的稳定性，民族地区教育资源是非常有限的，在资源分配过程中出现的利益冲突若能在法治框架下得以解决，无论从政治、经济、文化等意义来看效果均是显著的；另一方面，民族地区教育发展从追赶、跨越到差异平

① 李祥：《教育治理现代化的法治逻辑》，载《现代教育管理》，2017（7），72～77页。

等的不断演变，均是政府所拥有的公共教育权力主导的，公共教育权力在应然层面讲应彰显教育公益性力量，但事实上政府各部门、不同地方政府在推动教育发展的权力规范方面也很难形成默契自觉，这就需要法治化的政府治理模式来规范，因此法治化理所当然成为政府治理转型的主要路径和基本目标之一。

第三，优化民族地区教育发展机制是契合政府治理科学化的需要，可以提升民族地区教育发展的效率和质量。前文提及，民族地区教育发展应有自身的特殊性要求，绝不能走与其他地区同质化的发展道路，这要求民族地区教育治理走科学化的道路，特别是在导引机制优化上实现真正起到导引的作用。民族地区教育发展的效率和质量问题是一个治理科学化问题，我们需要树立科学的发展理念看待民族地区教育发展的差距和差异问题。当前，民族地区教育发展评价存在的如重结果不重过程、重量化不重具体、重评价不重促进等诸多问题，均是导引机制不优化的原因产生的。民族地区教育治理科学化既是教育技术层面的现代化问题，更是教育治理理念的现代化问题，强调治理的系统性、技术性、制度性和灵活性等。优化民族地区教育发展机制，关注现代教育技术在民族地区教育治理中的运用、平等发展观和协调发展观在民族地区教育发展评价中的引领、自由与秩序关系在民族地区教育利益协调中的平衡等基本问题，这些问题都是提升民族地区教育发展的效率和质量、提升民族地区人民群众教育满意度的棘手问题和重要议题。

（二）机制优化关注新时代民族地区教育发展主要矛盾

十九大报告对社会主要矛盾做出的新的重大论断对民族地区教育发展路径产生了非常重要的影响，可以说新时期民族地区教育发展呈现出新特征、面临新任务、迎来新挑战。

从纵向看，民族地区教育发展的主要矛盾也在逐渐发生变化，民族地区教育发展不平衡不充分与人民群众日益增长的优质多元的教育需求之间的矛盾开始显现。在民族地区教育发展早期，由于教育条件落后，民族地区教育发展的基本诉求是“能上学”，上什么样的学、要什么样的老师等问题被淡化。随着教育发展，民族地区人民群众教育诉求变为“上好学”，农村“空心校”与城市大班额的现象在民族地区同样普遍存在，学区房、补课热等教育难题同样成为民族地区教育发展面临的棘手问题。总的来说，当前民族地区教育发展主要矛盾具体表现在两个方面，一是教育供给侧方面城乡间、地域间教育发展不均衡；二是基于需求侧方面人民群众对优质的教育和多元的教育诉求增加，但随着城镇化进程的推进，乡村教育发展面临更多特殊性难题。民族地区教育发展主要矛盾是推动民族地区教育发展机制优化的动力源泉，民族地区教育发展机制优化要面对教育发展的主要矛盾，深入反思破解这些难题之良策，从供给侧来看要解决制度供给不适应和资源配置不优化两个问题。

第一，完善政府教育治理制度，优化政府民族教育治理结构。民族地区教育治理现代化的推进，一是对政府主体的角色转换要求，包括政府优化内部权力结构，实现政府治理合作机制；二是理顺政府主体与其他主体权责利关系，实现教育治理分权化。众所周知，十八大以来推进国家治理体系和治理能力现代化成为核心议题，中国治理结构由党政主导型管理转化为多元参与治理，对权力的重新整合分配，目的是实现治理效率和公平的最优发展。政府治理转型背景下民族地区教育发展机制优化要关注教育发展主要矛盾，其原因在于，一是政府全能或主导型的民族教育治理框架下，政府主体的内在激励因素难以激发；二是政府主体在教育发展专业技能方面有所欠缺，在教育发展评价上难以中立或综合考虑；三是其他主体参与民族教育治理的诉求增加，民族教育融入全球化趋势使得治理难度加大。从2012年的《国务院办公厅关于印发少数民族事业"十二五"规划的通知》、2015年《国务院关于加快发展民族教育的决定》、2016年《国务院办公厅关于加快中西部教育发展的指导意见》，一直到2017年的《教育部办公厅国家民委办公厅关于继续开展加快发展民族教育督查工作的通知》等民族教育治理系列政策文件中可以看出，受政府治理转型理念的影响，民族地区教育治理朝着治理现代化方向迈进，主要体现为民主化、法治化、科学化、人本化等诸多特征，从根本上这是在着力厘清政府主体内部权责结构、政府主体与其他主体权责结构，优化政府民族教育治理结构成为必然趋势。

第二，改革投入机制，实现教育资源配置从投入到优化。"任何一国之教育的发展都是以一定的经济实力为物质基础的，同样，任何忽视经济状况盲目发展教育的做法亦必然会走向失败。"① 民族地区教育发展的难题和重要议题都是资源投入问题。在过去相当长一段时间，资源总量不足、普遍欠缺成为民族地区教育发展的现实问题，通过中央政策倾斜、其他地区对口帮扶，以及社会公益组织的积极参与成为这一时期民族地区教育资源投入问题解决的重要途径。近年来，民族地区教育资源投入问题得到较大缓解，但却面临教育资源配置不优化的窘境。例如在调研的一些地区，部分学科教师饱和甚至超编，而一些学科教师缺少；在贵州黔东南某地一乡村小学，社会组织捐献的电脑、钢琴等成为摆设，因为连不上网，或没人会用；一些地方的希望小学因为生源萎缩沦为养鸡场的报道也是屡见报端。改革投入机制，实现民族地区教育资源的优化配置，是新时代民族地区教育发展主要矛盾的压力使然，在相关政策实践中也得到了认同，成为民族地区教育发展机制优化的又一趋

① 吴遵民：《教育政策学入门》，157页，上海，上海教育出版社，2010。

向。这种优化有两方面值得我们注意：一是注重内生型教育资源的开发，改变了以往依靠外力倾斜的投入方式，如2013年国务院转发《关于实施教育扶贫工程意见》中提到“注重特困地区的教育发展和人力资源开发，争取在2020年在基本公共教育服务水平上接近全国平均水平”，即实现从“利用”到“开发和利用”、从“外部投入”到“内生创造”的转向；二是注重民族地区教育资源投入的特殊性需求，在给予民族地区智力支持和条件保障的政策措施上，凸显民族地区教育发展的民族性、地域性需要。例如推进民族地区教育信息化建设，缩小地区间的数字鸿沟；又如通过民族地区师范院校对口帮扶民族中小学，实现合作双方互补式的发展；再如在苗族分布较多的地区应将资源流向转到苗歌、苗语课程编制和教师聘请等方面，侗族分布较多的地区应将资源流向侗族大歌、侗族舞蹈等民族文化的继承和发展。通过优化民族地区资源的发展方式，不仅能更好地满足各民族群众对优质教育的需要，还从根本上提升民族教育的地位，真正实现从“输血型”向“造血型”的转变。①

（三）机制优化从平衡利益转向教育发展利益增值

民族地区教育发展利益增值是破解民族地区教育发展利益冲突的创新思路。传统意义上，民族地区教育发展利益只涉及合理分配的设计，尽管如何协调不同主体间利益是民族地区教育发展机制优化的重点问题，但从趋向看，不局限于已有的民族地区教育发展利益分配问题，而是通过提升民族地区教育发展的质量和丰富其发展成果，做大“民族地区教育发展利益蛋糕”，让发展利益整体增加，是缓解利益冲突的创新思路。习近平同志强调“人民共享发展成

---

① 李祥：《优化治理结构为民族地区职业教育优先发展提供制度保障》，载《中国民族教育》，2015（12），35~36页。

果”，是与其“以人民为中心”的发展理念相契合的，人民群众何以共享民族地区教育发展成果？这需要回答两方面问题。一方面，限于信息不对称，民族地区教育发展资源利用不经济不优化，人民群众缺少共享已有发展成果的平台和机会，需要破解信息沟通机制不畅的问题；另一方面，民族地区教育发展成果还有限，一些特殊性的发展需要还未得到切实关注，需要破解进一步丰富民族地区教育发展成果的问题。

从前者看，人民共享发展成果理念引导下的民族地区教育发展利益分配强调以人为本，秉持教育公正的价值理念，这要求我们通过机制优化，解决资源配置的公正性和高效性问题。在公正性问题上，传统教育公正观多将教育本身视为一种资源，突出通过制度设计实现这种资源分配本身的合法性和合理性。但近年来，民族地区教育活动内部的公正性问题也被学界关注，并在实践中得到重视。民族地区教育活动内部的教育公正是在多元文化背景下，如何协调多元教育需求主体间的教育管理、课程设计、教学内容优化、评价方式多元等问题。这就需要通过机制优化既关注到制度层面的教育资源分配的公正性，也需要思考如何实现民族地区教育活动内部的管理、课程设计、教学安排的公正性，满足受教育者自由全面发展的教育诉求。在高效性问题上，市场机制作为教育资源配置的优化机制理应得到重视，新修订的《中华人民共和国民办教育促进法》为民族地区教育发展中的市场参与提供了法治保障，政府通过购买民族教育服务的实践活动积累了丰富的市场参与教育的经验。但从市场机制本身特性来说，其对资源供给的敏锐性源自其对经济收益的偏好，这一问题如何破解有待对机制优化问题进行探究。例如一些民族地区职业教育发展中，能赢得市场需要的民族文化产品得到企业的大力支持，不能迎合普通民众喜好的民族文化资源缺乏市场的关注，民族文化资源开发与经济收益紧密相连，其功利性趋向值得我们反思。可以说，市场机制因其竞争性、可选择性的特性给民族教育发展提供了多元化优质的教育产品，其对劳动力资源的信号发送促使教育发展与之保持一致性。但教育公平作为我国民族教育伦理性的基本价值诉求，无法完全与市场机制接轨，如何在发挥市场机制的资源配置高效性优势的同时，实现教育资源配置的公正性，是利益主体关系协调中的一大难题。

从后者看，丰富民族地区教育发展成果强调提升教育发展的质量，这要求通过机制优化，解决资源配置的多样性、针对性问题。从政策演变的历程来看，国家出台的民族教育政策实现了从各种资源的倾斜帮扶到关注民族地区内生发展的转向。有学者提出，若民族地区将教育发展的目光仅仅锁定在外来资金的帮扶上，不仅发展的多样性无法满足，其特有的价值也不能实现，而且还丧失以提高民族生存和发展质量、民族凝聚力和竞争力的民族发展本质。[①] 民族地区教育发展机制优化要解决资源配置的多样性、针对性问题，既需要改变一元评价机制实现多元评价，还需要从激发民族地区内部的发展活力提升发展的针对性。

强调完善评价机制，实现教育发展目标从同质化到多元，这是因为评价机制作为导引机制的核心组成部分，对民族地区教育发展的方向内容都具有指引规范的功能，评价机制单一是造成民族地区教育发展产品单一的关键原因。长期以来，在基础教育以升学率、高等教育以就业率为评价标准的现实背景下，民族地区民族性、文化性的教育诉求被忽视，教育与地方社会经济发展的关系淡漠，教育成为个人改变人生命运的选择，似乎与地区、与自己民族的发展没有联系。尽管很多政策文件都从宏观上强调注重民族文化的发

① 李国春：《民族发展与民族平等论》，209 页，昆明，云南大学出版社，2009。

展，但由于评价机制的单一和针对性的监督机制的缺乏，多元化发展目标始终难以实现。当前，民族地区教育发展的导引机制优化，在评价机制问题上至少要思考以下几个问题：其一，对教育发展结果评价上，制定出符合民族地区教育发展实际的评价体系，既考虑教育发展对学生个体成就的影响，也要考虑教育发展对不同少数民族群体、对地区社会经济发展的影响，还要考虑教育发展对国家稳定和民族团结的意义。其二，对教育发展过程评价上，既要对民族地区发展基础有清晰认识，又要对民族地区教育发展探索的风险性有客观评价。民族地区教育发展条件薄弱，对其发展评价不仅要横向比较，更要基于不同学校发展历史、发展条件进行纵向比较。同时，民族地区教育发展环境的复杂性也决定了我们必须在稳定与发展之间要平衡，实现民族地区教育发展的稳定有序，降低教育改革可能带来的风险。其三，在教育发展评价活动的目的上，要改变以往用于业绩考核、教师激励等简单目的，实现以评促建的观念转型。其四，民族地区教育发展评价是专业性评价，应走多元化、专业化的评价路径。以上这些问题都是相关机制优化必须进一步审视和思考的现实问题。

强调从激发民族地区内部的发展活力提升发展的针对性，即是学界关注的从输血向造血的教育发展机制转变，走内生型的教育发展道路（关于这一点，下文还要从内涵、特征等维度做深入讨论）。充分挖掘民族地区内生型教育发展路径所存在的困难，从而提出民族地区内生型教育发展路径新主张将成为机制优化关注的又一难题。

（四）机制优化从关键突破转向教育发展整体推进

党的十八届三中全会首次明确提出了要推进国家治理体系和治理能力现代化，关键在于全面推进政府治理现代化，政府转型需确立新的目标和前进的方向，郝天聪、石伟平指出：“推进国家治理体系与治理能力现代化是一个系统工程，任何一个环节的疏忽都可能功亏一篑。”① 不仅政府治理现代化的推进是一个整体推进，民族地区教育发展同样需要整体推进，这是因为政府治理转型背景下的民族地区教育发展机制优化需要思考利益主体意识不统一、参与主体的积极性不易被调动、市场机制的风险性和营利性、社会组织的不发达和行政化色彩浓厚等问题，这些复杂问题的破解都是需要整体推进、合力解决的现实问题。民族地区教育发展整体推进既是多元主体形成整体合力、发挥一加一大于二的参与功效，也是民族地区教育发展中基础教育、高等教育、职业教育等的整体推进，还是民族地区城乡教育发展的协调统一。

第一，民族地区教育发展主体的整体合力形成。就政府主体而言，区别于全能统治型的政府全能治理和政党主导型的多元治理转型的前提就是改革行政化的管理倾向，由于以多主体协同参与治理作为治理目标和美好愿景，民族地区教育治理中的政府角色需要重新定位。正如有学者所言：“根据市场经济发展的需要和教育体制改革的深化，政府对教育的管理的目标已从无所不包到有限管理。”② 在经济社会转型的背景下，民族地区政府部门不仅需要提升自身的能力，还需要通过放权和分权转移来解决多重难题。但其治理的效果能否发挥，在于其多主体的意愿和合理分工，当出现多主体参与治理的意识不统一的情况，建立管理—服务型民族地区政府治理模式是较为可取的办法。在此思路下，要进一步审视政府与市场在教育中的关系，针对出现的市场失灵问题，应该清晰地认识到政府和市场都有治理失效的可能，都存在着一定的风险。市场机

① 郝天聪、石伟平：《全面深化改革语境下的职业教育研究——近年中国职业教育研究热点问题分析》，载《教育研究》，2018（4），80~89页。

② 潘启富：《中国民族地区教育行政制度研究》，北京，中央民族大学博士学位论文，2006。

制的引入不代表政府职能的退出，而是进行简政放权，在推动经济发展的同时确保公平与效率的双赢，我们更倾向于强调针对市场具有风险、营利性等问题，政府应着力落实指导、监督、协调职能。此外，我国长期以来社会组织参与治理易被忽视或者省略，应通过设计相应的制度提高社会组织参与的概率，鼓励公民参与和监督，确保多主体在其中实现良性互动和发展。针对民族地区教育治理过程中出现的社会组织不发达和行政化色彩浓厚等问题，我们需要探索可行的变革机制。总的来说，民族地区教育发展主体的整体合力形成是在厘清前述各主体利益权责利边界的基础上，进一步思考整体合力发挥最大功效的深层次问题，是民族地区教育发展整体推进的首要问题。

第二是民族地区教育发展层次、类型的整体发展。民族地区教育发展不等于民族地区基础教育发展，是包括学前教育、义务教育、职业教育、高等教育、成人教育等在内的复杂的综合体，重视民族地区教育发展的某一层级或者某一类型而忽视其他均是不可取的，各级各类教育协调发展是民族地区教育发展质量的外在表现。《国务院关于加快发展民族教育的决定》（国发〔2015〕46号）对各级各类教育的发展定位分别是学前教育“加快普及”、义务教育“均衡发展”、普通高中“提高教学质量”、中等职业教育“加快发展”、高等教育“优化布局与结构”、继续教育“积极发展”，对教育的各个方面提出了针对性的要求，这为民族地区教育发展结构优化提供了指导思路。实现民族地区各级各类教育协调发展是民族地区教育发展机制优化的立足点之一，从现实情况看，民族地区各级教育应指初等、中等和高等教育各个层次，不同层次的教育收益和价值是有区别的，需要采取针对性的教育发展对策。民族地区各类教育大体可以分为职业教育和普通教育，当前职业教育的地方适切性是民族地区教育发展的短板，尤其是职业教育服务精准扶贫的现实问题更被学界广泛关注。民族地区各级各类协调发展是个整体性问题，是解决受教育者合理分流，发挥不同教育类型、层级教育价值的重要议题。

第三是民族地区城乡教育一体化发展。城乡教育发展的差距有其历史原因、制度原因，在民族地区还呈现出文化因素的影响。长期以来，城乡教育发展的差距更多集中在义务教育阶段，党的十九大报告也明确提出要“推动城乡义务教育一体化发展”。我们须注意到的是，民族地区城乡之间的教育差距已从原来的发展量化的差距（学校数、师生比等差距）逐渐演化为发展质量的差距。在义务教育基本普及的当下，乡村教育质量的问题被学界所关注，有学者通过数据分析发现，初中升学机会的城乡差异没有变化，高中和大学升学机会的城乡不平等有扩大趋势。[①] 另有学者认为，城乡教育一体化的内涵是统筹城乡教育发展，实现城乡资源共享、相互融合、协调共生、共同发展。[②] 实际上，城乡教育一体化的诉求更多关注的是乡村教育，思考的是乡村教育如何发展的问题。民族地区城乡教育差距的产生原因十分复杂，学界也进行了深入探究，有学者提出，民族地区城乡基础教育差距产生的原因包括“城镇化进程以及教师质量、居民收入、少儿抚养比等城乡差异”[③]，也有学者提出财政分权体制和经济发展水平是影响民族地区城乡义务教育发展的主要内因。[④] 民族地区教育发展的整体推进要补齐乡村教育这

① 吴愈晓：《中国城乡居民的教育机会不平等及其演变（1978—2008）》，载《中国社会科学》，2013（3），4~21页。

② 张旺：《城乡教育一体化：教育公平的时代诉求》，载《教育研究》，2012（8），13~18页。

③ 何立华、陈沅：《民族地区教育发展的城乡差距及其影响因素分析——基于2002—2013年省际教育面板数据》，载《民族教育研究》，2017（6），87~94页。

④ 常金栋、李玲：《西部民族地区城乡义务教育一体化发展的实证研究——基于H省的调研》，载《民族教育研究》，2012（2），50~54页。

块短板，更多还需要思考乡村教师、乡村教育信息化、乡村教育的地方适切性、民族地区乡村文化的教育传承等具体问题，这也是民族地区教育发展机制优化必须回应的现实难题。

第二章　民族地区优化教育发展机制的实践探索

不仅学界逐渐关注到民族地区教育发展机制优化问题，在实践层面，优化教育发展机制也成为深化民族教育综合改革的关键路径。从动因上说，民族地区优化教育发展机制是基于资源配置效率不高的现实需要，破解“穷财政”与“大教育”的必然选择。在本章，笔者主要探讨了民族地区教育发展机制机制优化的三种模式，即外援模式、内生模式和外部性模式；在此基础上，进一步分析了民族地区在优化动力机制、协调机制和导引机制三方面的实践探索。这一章主要讨论的是民族地区教育发展机制优化的实践现状。

一、提升资源配置效率是民族地区优化教育发展机制的根本动因

长期以来，政府主体在民族地区教育发展中处于非常核心的地位，原因之一就是民族地区教育发展的资源条件较为落后，而政府主体掌握和分配教育资源，在教育资源分配上具有权威性和合法性，离开政府主体的积极参与，民族地区教育发展就无从谈起。但从另一层面来看，相对于民族地区人民群众多元化高质量的教育需

求而言，政府掌握的可分配的教育资源仍然是有限的，加之政府主体受制于信息不对称、反馈不敏捷的原因，在教育资源分配上并不具备天然的效率。如何实现教育资源的优化配置，让其在民族地区教育发展中发挥最大功效，成为政府主体治理民族教育的重要议题。在政府治理转型背景下，政府主体在民族地区教育资源配置中的必要性和边界性问题同样受到学界关注。从必要性来看，政府主体的主导或主要参与是民族地区教育发展的重要保障，政府主体不能将治理现代化进程中强调的分权或权力下移视为责任减轻。从边界性来看，政府主体因自身信息机制不对等的诸多复杂原因，无法包揽民族教育所有事务，这也包括供给民族教育资源配置。因此，提升资源配置效率成为民族地区教育发展的关键问题，也是民族地区教育发展机制优化的根本动因。

（一）民族地区教育资源配置存在的主要问题

资源配置问题是民族地区教育发展的首要问题，民族地区教育资源这一概念，通常意义上指民族教育发展所需要的教育物质条件，包括教育人力资源、教育物质资源和教育经费资源三大类。虽然资源分配有多种导向，如政府计划导向、市场机制导向等，但教育是公益性的事业，教育资源的分配首要价值是公正。但是，民族地区多面对“穷省办大教育”的现实处境，教育资源供给与需求之间的矛盾始终难以调和。不仅如此，有限的教育资源也难以得到充分利用，政府主导的民族地区教育资源配置还存在诸多问题，具体表现在以下方面。

第一是教育人力资源配置上，存在配置方式计划主导、配置结果结构不优的问题。在民族地区教育人力资源配置上，政府采取计划主导思路的编制管理是主要手段。由于民族地区民办教育发展薄弱，市场因素主导教师资源配置的作用尚未充分发挥，民族地区教育人力资源管理更多依靠编制标准化进行，实践中存在的缺编、超编、占编等问题都是编制管理异化的表现。由于缺乏对教育人力资源供求关系的敏感反映，民族地区教师编制也长期存在结构不优化的问题。虽然经过长期发展，当前民族地区教师数量问题得到较大缓解，但教师结构不优的问题始终难以解决，具体表现在学前教育、乡村教育、艺术学科等的教师问题上。近年来，民族地区教师队伍建设的问题集中反映在乡村教师问题上，乡村教师下不去、留不住、用不上的问题是教育人力资源配置的直接难题。但纵观当前师范教育的窘境我们不难发现，教师职业缺乏社会认同感，师范专业难以招收优质生源，供给侧本身人力资源不足，也就导致地方政府“难做无米之炊”。当前，提升民族地区乡村教师职业吸引力成为地方政府着力解决的难题，笔者通过对民族八省区“乡村教师支持计划（2015—2020年）实施办法”文本梳理发现，“教师数量和质量、工作待遇与条件、师德建设与教育观念、激励机制与职业认同四个问题是民族地区乡村教师支持政策的重要着力点”①，这也间接反映出民族地区教育人力资源配置的现实境遇。

第二是教育物质资源配置上，存在资源配置针对性不强、利用率不高的问题。在实践中，民族地区教育物质资源的配置有统一标准，尤其是中小学办学条件标准化建设进程的推进，为民族地区教育物质资源供给提供了较好的制度保障和实践引导。但在教育物质资源不断丰富的同时，民族地区教育物质资源针对性不强、利用率不高的问题开始凸显。就前者看，民族地区因其山区、牧区、边境等不同环境，因其多样性的民族文化差异，因其对教育期望的不同认识，都造成了其对教育物质需求的差异性，整齐划一的物质资源供给不一定适合当地的教育物质需要。就后者来看，由于针对性不

① 李祥、任胜洪：《民族地区乡村教师问题的政策应对及问题反思——基于民族八省区“乡村教师支持计划（2015—2020年）实施办法”文本分析的视角》，载《中小学教师培训》，2017（7），6~9页。

强，一些教育物质资源与民族地区教育物质需求并不一致，导致成为“摆设”。如一些地区给学校配置的钢琴、古筝等，既没有教师教学，也因为学生所生活环境中的艺术偏好更倾向于舞蹈、大歌之类，而不受欢迎。又如民族地区城乡教育差距的问题，由于国家着力改善民族地区的办学条件，近年来，民族地区各个乡镇的学校都配备了较为完善的硬件设施，学校教学环境得到了极大的改善，但是，由于城镇化的发展，民族地区出现了乡镇学校“空壳化”现象，民族地区乡镇上的孩子都涌入县城里上学，乡镇学校的生源减少，造成乡镇学校形同虚设，严重浪费了乡镇学校的资源。以临夏回族自治州为例，截至2016年底，全州共有1129所学校，学生人数100人以下农村小规模学校有569所，占小学总数的50.4%。其中学生数50~100人的学校278所，占小学总数的24.6%；学生数10~49人的学校186所，占小学总数的16.5%；学生数10人以下的学校105所，占小学总数的9%。①

第三是在教育经费资源配置上，存在经费管理条例化、经费使用忽视评估环节等问题。我国民族地区教育经费投入一直处于较为优势的地位，2002年，国务院颁布了《国务院关于深化改革加快发展民族教育的决定》，提到要进一步增强对民族教育的扶持力度、加大对民族教育的投入、进一步加强对民族教育的支援工作；2011年颁布的《国家中长期教育改革和发展规划纲要（2010—2020年）》、2015年颁布的《国务院关于加快发展民族教育的决定》等文件也多次提及加大民族地区教育经费投入，民族地区教育经费保障一直处于特殊和倾斜的政策定位。2005年，民族八省区教育经费总投入898亿，经过十几年的发展，对民族地区教育经费的投入

① 马成斌：《民族地区“空壳小学”问题研究》，兰州，西北民族大学硕士学位论文，2017。

大幅度增加，截至 2016 年，广西的公共财政教育经费是 850.78 亿元、内蒙古公共财政教育经费是 543.29 亿元、贵州公共财政教育经费是 840.25 亿元、云南公共财政教育经费是 864.12 亿元、宁夏公共财政教育经费是 149.71 亿元、新疆公共财政教育经费是 175.83 亿元、青海公共财政教育经费是 168.79 亿元。由数据分析发现，2005—2014 十年间，民族八省区教育经费总投入增长 4.6 倍；财政性教育经费投入增速领先全国，提前实现 4%的目标。[①] 民族地区教育经费的来源多是对口支援、民族教育专项经费支持，加之中央财政长期的经费倾斜。但是，民族地区教育经费的使用有着严格的制度管理规定，这当然也是为了保障经费用到实处，但也同时造成了经费使用管理的条例化。以《中华人民共和国贵州省民族教育专项经费管理办法》（2017）为例，注重申报材料、逐级上报、严格预算执行、资金使用监督是经费使用管理的重点，但经费使用的收益，也就是投入与产出的成本收益比较往往不被重视，教育经费配置重投入轻收益的导向还普遍存在。

（二）民族地区教育资源配置中政府失灵的原因

政府主体理应在民族地区教育资源配置中扮演关键角色，但这并不意味着其就能发挥最大功效，民族地区教育资源配置中存在的诸多问题，是传统资源配置路径中政府失灵的具体体现。在政府治理转型背景下推进民族地区教育治理现代化，本质上就是要克服这种政府失灵的可能，让政府的民族教育权力得到重组和优化。那么，基于以上问题，我们需要进一步反思，为什么政府主体在配置民族教育资源中会存在失灵问题。实践中，民族地区教育资源配置可能的路径有三种，政府配置、市场配置和志愿组织配置，不同配

① 赵希、张学敏：《我国民族八省区教育经费投入回顾与前瞻——基于 2005—2014 年的数据分析》，载《教育发展研究》，2016（17），1~9 页。

置方式都有存在失灵的可能，但从政府主体进行教育资源配置角度看，我们也能管窥到政府治理现代化进程推进的必要性和民族教育治理现代化推进的紧迫性。

学界关于政府失灵原因的探究观点多样，比较典型的是公共选择学派基于经济人视角，把政府主体看成追逐自身利益的理性人而不是为了公共利益，这种观点导致的结论就是政府主体也应引入竞争机制加以督促。此外，也有许多学者提出信息不对称、行政机制灵敏性不足等原因可能导致政府失灵问题。就民族地区教育资源配置中政府失灵问题而言，笔者认为实践中已经表明政府主体投入了大量精力和物质资源，其主观意愿与民族地区教育发展公共利益高度契合，虽无法完全否定不同主体基于自身政绩考虑的经济至上发展理念，但仍有三方面原因是最值得反思的。

一是政府主体的有限理性导致资源配置失灵。民族地区教育发展本身是一项专业性事项，他不是单纯地遵循行政管理规律，民族地区教育发展至少有教育发展规律和民族发展规律双重因素的主导。就教育发展规律而言，人的发展自身呈现的阶段性、差异性、互补性等特征对教育行为选择起到关键影响。教育与经济、政治、文化等的辩证统一关系决定教育发展的相对独立性，即教育要优先发展，具有前瞻性，但又无法脱离于社会整个系统孤立发展。就民族发展规律而言，金炳镐认为，民族的发展变化取决于它的社会生产、分工及内部和外部的交往程度，民族发展是包括民族的经济、政治、文化、社会、人口等方面的综合发展，与民族属性、民族结构、民族素质、民族关系密切相关。[1] 可见，民族发展本身也是专业性的问题，不同民族所依托的不同社会环境和自然环境对其发展

---

① 金炳镐：《论民族发展规律》，载《西南民族大学学报（人文社科版）》，2007（2），7~13 页。

产生重要影响，民族的发展一定是与地方实际紧密契合的发展。政府主体虽是民族地区教育发展的主要推动者，但政府主体也无法完全把控错综复杂、涉及面广的民族地区教育发展所有事务，政府主体在配置民族地区教育资源中的行为，更多受到行政管理体制的制约和引导，计划性的思维较为明显，追求资源配置的可预期性和稳定性成为政府主体的配置标准。

二是政府主体的行政分工交叉重叠导致资源配置失灵。民族地区教育行政制度，是民族地区教育资源配置直接的工具和机制，是民族地区教育资源效益的决定因素。[①] 民族教育管理行政体制有其特殊性，民族教育主要职责由教育部的民族教育司与国家民委的教育科技司履行，各级教育行政部门和民族宗教部门也设有对应的教育行政机构负责民族教育相关工作。教育部网站对民族教育司的工作职责介绍是："指导、协调少数民族教育的特殊性工作；统筹规划少数民族'双语'教育工作；指导中小学生民族团结教育；负责协调对少数民族和少数民族地区的教育援助。"国家民委网站对教育科技司的工作职责介绍是："研究提出少数民族和民族地区教育、科技发展特殊政策建议，协调或配合有关部门处理具体事宜；配合办理扶持、援助民族教育有关事项；承担少数民族语言文字及翻译的有关管理工作，参与协调双语教育工作；指导有关科技科研工作；参与管理少数民族教育中央补助专款；指导民族语文机构和直属民族院校业务工作；承办委领导交办的其他事项。"此外，其他一些部委有少许对民族教育的职责分工。虽然政府主体内部各部门间、上下级行政机构间对民族教育的分工有交叉重叠，但总体来看，政府主体囊括了民族教育发展的绝大多数事项。我们对于民族

① 潘启富：《中国民族地区教育行政制度研究》，北京，中央民族大学博士学位论文，2006。

地区教育行政管理体制的认识，要基于民族地区自身的自然地理环境、社会经济发展条件以及文化教育特殊性诉求等加以考虑，认识到这种制度安排的必然性和合法性。但即便如此，政府主体内部权力结构不优化，民族地区教育发展问题在同级不同部门，尤其是民委与教育部门的责权划分，在上下级间的集权与分权边界都尚有可以探讨优化的空间。加之政府主体也缺乏对相关问题绩效考核的标准，官员任期制追求短期教育收益与教育发展长期性的矛盾等，政府主体主动适应民族地区教育发展新形势还需要从政府治理转型入手，实现政府治理体系和治理能力的现代化。

三是政府主体不完全信息导致资源配置失灵。现代社会科学决策更多依靠对信息的充分掌握，民族地区教育发展诉求颇多、形式多样、内容丰富，增加了政府主体掌握相关信息的难度。政府主体信息不完全实际涉及两个方面，一是公众对政府信息掌握不全面，公众与政府信息不对等，这主要是制度层面的障碍，需要推进信息公开化；二是政府无法全面掌握其他主体信息，也就是指，即使政府主体有强烈意愿推动民族教育快速发展，但其对多元化教育需求的相关信息并不能及时全面掌握，导致了一些优惠或倾斜政策针对性不强的问题。究其原因，主要来自于两个方面：其一是政府组织依照科层制的原则进行行政层级设计，虽以专业分工作为设计愿景，但权力结构成为主导其实践活动的关键因素，政府供给民族教育公共服务产品与公众教育产品的偏好常常难以一致。这也并非政府不愿作为，而是公众的教育偏好本身就是在动态变化之中的，这种信息要传递到政府主体需要较长的时间；其二是政府主体履行民族教育职责，需要规范和严格的行政程序。即使在推进民族地区教育治理“管评办分离”的教育改革实践中，规范而严格的行政程序也是必不可少的，这是基于预防管理者产生权力寻租等腐败问题的制度选择，但其的确一定程度上阻碍了政府主体及时获取准确的教育信息并作出精准决策。例如许多民族地区民族教育专项资金支持的项目若涉及政府采购范围的，都要求执行政府采购的相关法律制度规定，但就采购效率而言，从学校相应教学产品购买的申请直到采购完成，周期在半年以上，效率低而周期长成为棘手问题。有调研发现，内蒙古一些政府采购项目，整体流程用时偏长，超过政府采购相关法律、法规、规章制度规定的时限。[①]

综上，传统政府治理民族教育，存在资源配置不优化的问题。而教育资源配置是民族地区教育发展的首要和核心问题，没有资源的优先配置和合理使用，民族地区教育发展就无从谈起。再则，长期予以资源倾斜和支援也会使非民族地区会产生误解。在第一章中提到，发展机制的优化是通过教育治理结构的变革调节不同教育利益关系，使民族地区教育发展的诸多功能都得以发挥，产生最优的综合效应。而我们要注意到，这个最优的综合效应产生的基础是教育资源配置，资源配置本身效率不高，发展机制优化的方向就有所偏失，综合效应的发挥就无从谈起。因此，我们说提升资源配置效率是民族地区优化教育发展机制的根本动因，评价民族地区优化教育发展机制成效如何，也要把资源配置效率作为核心评价要素加以考虑。需要指出的是，提升资源配置效率是为了让有限的资源更大功效地助力民族教育育人目标，提升资源配置效率是根本动因，但并不是最终发展目的。认同其根本动因的地位，和民族地区教育发展的社会功能、个体功能的认识是相辅相成的。在这一观念的引领下，如何优化动力机制、协调机制、导引机制的问题才能被伸展开来讨论。

---

① 康佳：《政府采购项目实施周期现状分析及建议》，载《中国政府采购》，2014(8)，64~67页。

二、民族地区优化教育发展机制的主要模式

民族地区教育发展的不同模式是基于民族地区教育发展特殊性需要在实践中逐渐形成的结果，尽管一些发展模式尚处于探索期或者面临新的环境变化，但这几种模式对民族地区教育发展的积极影响是十分直观的。以历史唯物主义和辩证唯物主义的方法论正确看待不同模式在不同阶段的重要作用和现实基础，将不同时期民族地区教育发展的基本理念根植于当时的社会经济环境之中，方是科学客观的发展观念。按照民族地区教育发展参与主体及其行为，本书将民族地区教育发展机制分为外援模式、内生模式和发展外部性模式三种。

（一）民族地区教育发展的外援模式

长期以来，民族地区教育发展的客观条件相对较差，地方社会经济条件难以为教育发展提供充足的教育资源支持，因此，为了能够推动民族地区教育发展，实现教育发展引领地方社会经济发展和保障少数民族群众教育发展权的目的，民族地区之外的各种力量给予了民族地区教育发展较大的支持。从内容上看，这种支持不止局限在教育物质的投入和捐献，更多体现在人力资源、政策资源等多元化的支持内容上。从支持主体看，本书把民族地区教育发展外援模式的参与主体划分为中央政府、地方政府及高校、社会组织企业三类。

第一是中央政府对民族地区教育发展的条件倾斜。在相当长的时间内，中央政府都对民族地区教育的发展起着主导作用，承担着民族地区教育发展的重任，民族地区教育发展的方向、内容等均由中央政府予以确定。例如 1992 年，国家教委民族地区教育司颁布了《全国民族教育发展与改革指导纲要（试行）》，成为 20 世纪 90

年代民族地区教育发展的指导性文件，从地位作用、目标与任务、方针政策、措施与条件等四个方面对民族地区教育的发展进行了详细的要求和规划；2002 年，国务院颁布了《关于深化改革加快发展民族教育的决定》，进一步指出要继续加大对民族教育的支持力度，增加对民族地区教育的投入，并从师资建设、双语教学、对口支援等几个方面提出了相应的意见；2010 年，《国家中长期教育改革和发展规划纲要（2010—2020 年）》在第九章重点提出要重视和支持民族教育，并要求提高民族教育的水平，“公共教育资源要向民族地区倾斜”。而在近几年，专门针对促进民族地区教育发展的政策开始增加，例如 2014 年的《全国民族教育科研规划（2014—2020 年）》、2015 年的《加快发展民族教育的决定》、2016 年的《加快中西部教育发展的指导意见》、2016—2018 年所发布的《教育部民族教育司工作要点》等，这些政策都体现了中央对于民族地区教育发展的政策倾斜。

中央政府对民族地区教育发展的倾斜是多样性的，在此仅举几例。典型例子一是新疆、西藏内地班的开设。这让少数民族学生得到了更好的学习机会，为民族地区的发展储备了大量人才，因此得到学界的积极认可。有学者指出，西藏班的开办“有效地克服了在西藏自治区内的办学育人的局限，发挥了内地集中办学的很多优越性”①。可以说，内地班的开设对西藏、新疆当地人才的培养和教育质量的优化发挥着重要的作用。典型例子二是中央政策倾斜的外援式教师队伍建设机制保障。教师队伍的建设是民族教育发展的关键，国家通过相应的措施和机制促进了民族地区教师队伍的发展，例如推动免费师范生、特岗教师等计划，实现民族地区教育信息化

① 严庆：《解读我国一项特殊的民族教育政策——举办内地西藏班（校）》，载《民族研究教育》，2005（2），23~27 页。

以推动教师专业素质的提高，实行轮岗支教等临时性教师支持政策缓解师资压力。即使是民族地区双语教师队伍建设，也常见对口支援、远程教育培训等中央政府主导模式。此外，民族地区教育发展中“两免一补”（免除了教科书费和学杂费，补贴寄宿生生活费）政策的实施，教育信息化进程推进、教育基础设施的完善等诸多倾斜优惠政策，均离不开中央政府的大力支持和导引。中央政府的全力支持，极大地提升了民族地区教育发展的效率。

第二是地方政府及高校的对口支援。对口支援是非常具有中国特色的区域协作发展机制，充分体现出社会主义发展道路的优越性。社会经济发展较好的地区长期支援民族地区发展，对民族地区改善民生、提高人口素质、社会经济转型发展等均发挥了无可估量的作用。尤其是对西藏、新疆、青海等省区的对口支援，还逐渐形成了富有特色且较为稳定的援疆模式、援藏模式和援青模式，甚至在民族地区内部，也参与到援助新疆、西藏等地发展中来。区域间的对口支援是全方位的，教育只是其中的重要组成部分，发挥着基础性、先导性的作用，是民族地区社会经济可持续发展的根本保障。有学者认为，区域间对口支援的实施“有效地鼓励了东部发达地区与少数民族地区之间的资金、物资、技术、人才等转移支付，建立起了互惠、互助、互利的合作关系，在一定程度上弥补了横向财政失衡，缩小了发达地区与少数民族地区的差别，促进了民族团结和社会的稳定”①。高校对口支援则是区域间对口支援的典型案例，凸显的是教育对口支援的价值意义。2001 年，教育部印发了《关于实施“对口支援西部地区高等学校计划”的通知》，开始实施高校对口支援计划。从 2001 年开始，由北京大学等 17 所高校以一对一的方式支援石河子大学等 13 所西部高校，至今“我国已初

① 刘建军：《对口支援政策研究》，乌鲁木齐，新疆大学硕士学位论文，2007。

步构建起了一个以 98 所支援高校和 74 所受援高校为主体的高校‘对口支援’网络”①。例如，新疆大学主要由清华大学进行支援，石河子大学主要由北京大学进行支援，西藏大学主要由北京大学进行支援，贵州大学由浙江大学对口支援，贵州师范大学由厦门大学进行对口支援，西北大学由南京大学对口支援等等（见表 2-1）。援助学校从基础设施、资金、师资、学术科研、人才流动或联合培养等几个方面对受援高校进行帮扶，极大地促进了西部受援高校的发展。通过高校的对口支援，西部高校在基础设施、科研水平等方面都得到了较大的提升。例如，新疆大学、云南大学等进入世界一流大学建设高校名单，贵州大学、西藏大学、石河子大学、青海大学等进入世界一流学科建设高校名单，贵州师范大学成为 111 计划高校等（表 2-2）。高校对口支援计划，通过对西部高校的帮扶，使得西部受援高校得到较大发展，并成为西部教育发展的领军高校，从而带动了西部教育的发展。

表 2-1　民族八省区部分高校对口支援名单

受援高校	支援高校
新疆大学（211 工程高校，世界一流大学和一流学科建设高校，部省共建高校）	组长单位：清华大学
	副组长单位：西安交通大学、武汉大学、中南大学
	成员单位：北京师范大学、北京外国语大学、大连理工大学、中国矿业大学、同济大学、东华大学

① 付娟：《我国高校“对口支援”政策：成效、问题与优化策略》，载《浙江师范大学学报（社会科学版）》，2018（2），101~106 页。

续表

受援高校	支援高校
石河子大学（211工程建设高校、世界一流学科建设高校，部省合作共建高校）	组长单位：北京大学
	副组长单位：华中科技大学、华东理工大学、华中农业大学
	成员单位：重庆大学、江南大学、对外经济贸易大学、南京师范大学、华南农业大学
塔里木大学（省部共建高校，卓越农林人才教育培养计划改革试点高校）	组长单位：中国农业大学
	副组长单位：浙江大学、华中农业大学
	成员单位：北京化工大学、东北大学
新疆师范大学（中西部高校基础能力建设工程高校）	中国科学技术大学、华东师范大学
喀什大学（中西部高校基础能力建设工程高校）	南开大学、华中师范大学
伊犁师范学院（区属普通高等师范学校，省部共建高校）	南京大学、东北师范大学
新疆农业大学（省属重点大学，国家林业局与新疆维吾尔自治区共建高校）	南京农业大学、北京林业大学、河海大学
新疆医科大学（省属重点大学，卓越医生教育培养计划高校，援疆学科建设计划高校）	中南大学、吉林大学、北京中医药大学
新疆财经大学（省属重点大学）	中国人民大学、中央财经大学
新疆艺术学院（中西部高校基础能力建设工程高校）	中国传媒大学、中央美术学院、中央音乐学院

续表

受援高校	支援高校
昌吉学院（省属普通本科院校）	山东大学、陕西师范大学
西藏大学（211 工程高校，世界一流学科建设高校，省部共建大学）	组长单位：北京大学 副组长单位：武汉大学、中国农业大学、西南交通大学 成员单位：中央财经大学、河海大学、华南师范大学
西藏民族学院（中西部高校基础能力建设工程高校）	组长单位：中国人民大学 成员单位：中山大学、厦门大学、华东师范大学、东南大学、北京外国语大学
西藏藏医学院（全日制普通高等本科院校）	组长单位：北京中医药大学 成员单位：哈尔滨医科大学、江西中医学院
贵州大学（211 工程高校、世界一流学科建设高校）	浙江大学
贵州师范大学（中西部高校基础能力建设工程高校，省部共建高校）	厦门大学
贵州师范学院（全日制普通本科院校，中西部高校基础能力建设工程高校）	华中师范大学
贵州医科大学（省属重点本科高校）	苏州大学
贵州民族大学（省部共建大学，省属重点大学建设院校）	华南理工大学
贵州工程应用技术学院	西南大学、中国矿业大学（北京）

续表

受援高校	支援高校
贵州财经大学（省属重点大学）	中央财经大学
青海大学（211 工程高校，省部共建高校，世界一流学科建设高校）	清华大学、西北农林科技大学、中国地质大学、华东理工大学
青海师范大学（卓越教师培养计划高校，教育部“长江学者和创新团队计划”高校）	陕西师范大学、兰州大学
青海民族大学（青海省人民政府与国家民族事务委员会共建高校，中西部高校基础能力建设工程高校）	天津大学、厦门大学
内蒙古农业大学（中西部高校基础能力建设工程高校，卓越农林人才教育培养计划高校，省部共建高校）	中国农业大学
内蒙古大学（211 工程高校，世界一流学科建设高校，省部共建高校）	中国科学院
呼和浩特民族学院（区属普通本科院校）	中央民族大学
云南大学（211 工程高校，世界一流大学建设高校，省部共建高校）	复旦大学
大理大学（省属普通本科高校，卓越医生教育培养计划）	华中师范大学

续表

受援高校	支援高校
宁夏大学（211 工程高校，世界一流学科建设高校，省部共建大学）	上海交通大学
宁夏医科大学（省部共建大学）	山东大学
北方民族大学（国家部委直属院校，省部共建大学）	合肥工业大学
广西大学（211 工程高校，世界一流学科建设高校，省部共建高校）	华南理工大学
宁夏理工学院（全日制普通本科高校）	东北大学

表 2-2　民族八省区双一流建设与 111 高校名单

计划	高校
世界一流大学建设高校	云南大学、新疆大学
世界一流学科建设高校	内蒙古大学、广西大学、贵州大学、西藏大学、青海大学、宁夏大学、石河子大学
111 计划高校	云南大学、贵州大学、贵州师范大学、宁夏大学、内蒙古大学、西藏大学、新疆医科大学、广西医科大学

第三是社会组织与企业帮扶。在政府治理转型背景下，社会组织及企业在民族地区教育发展中的价值得以重新审视，社会组织因其资本实力、协调能力、资源配置敏感性，甚至可能的教育专业技术等优势，能与政府主体相互协作，发挥自身的独特价值。近年

来，社会组织与企业等的这些价值也得到学界广泛认可，如有学者调查凉山彝族妇女儿童发展中心这一源自本土的非政府组织后提出，其在构建社会网络、培育公民信任和重建社区规范方面发挥了积极作用。[①] 民族地区教育治理现代化的一个典型趋势就是实现教育治理权力的下移和分化，从分权角度来看，更多是厘清政府主体与其他主体的法律关系，采取有效措施，吸引社会组织、企业等力量参与，实现民族地区教育发展的多元共治。

近年来的实践也充分表明，只要机制构建合理，社会组织、企业等主体是可以发挥其积极作用的。例如2015年启动的马云乡村教师计划，每年为100名乡村教师提供总金额为1000万元的奖金资助和持续三年的专业发展支持，教师选取的地区基本都在民族地区和贫困地区。该计划不仅在物质上给予了乡村教师帮助，更在于唤起了社会对于偏远民族地区教师和教育的关注。而在云南省玉溪市，红塔烟草（集团）有限责任公司自2011年起，每年捐资60万元给玉溪市山区民族教育促进会，对考取大学的100名贫困大学生进行资助，对全市乡镇以下中小学幼儿园50名优秀贫困教师进行表彰奖励。再如贵州省三都水族自治县鹏城希望学校由深圳投资控股公司1997年捐资援建，后该公司又数次对其进行专项资助，由于得到外源性的持续资金支持和投入，综合办学条件较为优越。[②] 社会组织与企业的参与，拓宽了对民族教育的扶持渠道，相比国家扶持，社会组织和企业扶持更具有灵活性和效益性，而一些民族地区职业院校校企合作模式的实行，更是学校、企业、地方多赢的有益举措。不过，社会组织和企业等也有自身的局限性，比如在促进

① 李光勇：《本土非政府组织与少数民族地区社会资本的构建——以凉山彝族妇女儿童发展中心为例》，载《内蒙古社会科学（汉文版）》，2010（2），64~68页。

② 赵淼：《民族地区基础教育发展之现状、问题与对策——以贵州省三都水族自治县为例》，载《民族教育研究》，2016（6），77~84页。

民族地区教育发展中种种问题，值得我们反思。

（二）民族地区教育发展的内生模式

民族地区教育发展是长期、复杂、艰难的过程，支持和促进民族地区教育发展，需要契合民族地区社会发展实际，满足民族地区人民群众教育发展需要。改革开放四十年来，民族地区教育发展在理念上有两个基本走向，一是发展定位沿着缩小差距到尊重差异，再到强化认同的基础上承认差异这一方向转变，特别是习近平同志“你中有我，我中有你，谁也离不开谁”的民族共同体认同的提出，更是将维护国家统一和民族团结铸就为中华民族最高层级的心理认同，对新时代民族地区教育发展定位产生了关键影响；二是发展路径从强调外源式教育资源投入到外源式发展理念引导，再转向立足于动力激发的内生型教育发展路径，可以说，这是对民族地区教育发展基本规律探索和实践的结果，充分反映了民族地区教育发展的特殊性和关键性要求，其核心在于民族地区教育发展路径的内生型理念转变。

近年来，教育发展内生型路径逐渐得到社会的认同，许多地区提出了教育发展内生型路径的主张，我们可以从以下媒体报道窥见一二，如《增强内生动力提速教育发展》（饶辉，载《黔南日报》，2016-6-4），《培育农村教育发展内生动力》（张以瑾，载《中国教育报》，2011-11-18）等。内生型路径作为民族地区教育发展理论的新主张，还处于探索阶段，从实践看，民族地区教育发展的师资和文化问题是内生发展着力的重点。一方面是基于师资培养与民族地区教育发展实际脱节的现实，提出通过师资培养实现民族地区教育发展内生力。这是从民族地区少数民族聚居方式、传承文化、民族心理等特殊性方面出发考虑的，例如认为“农村学前教育师资培养策略等无疑是实现西部民族地区农村学前教育内生型发展的根本”[①]。又如有学者提出“建立一种‘内生型’均衡发展模式，吸收和培养属于农村学校自己的优秀教师队伍，从而变‘外部输入’为‘内生发展’，促进城乡教师资源的均衡发展”[②]，民族地区关于教师队伍内生型建设多集中在师资队伍本土化、提升乡村教师职业吸引力等具体政策层面。另一方面是基于民族文化特性提出民族地区教育发展内生型路径转变的可能性。一般认为文化是民族地区教育差异性的关键因素之一，也是发挥民族地区人民群众主观能动性必须解决的首要问题，对民族地区教育发展起到可持续性、可接受性等深远影响，因此也视其为民族地区社会经济发展的首要问题。在实践中，开发具有地方性、民族性的地方课程和校本课程成为较为重要的文化教育内生路径。如有学者就羌族的文化传承和教育，提出要“摆脱通过外力助推羌文化的静态保护，催生羌族传统文化教育的内生力，为羌族文化的活态传承与发展注入不竭的动力”[③]。此外，内生型路径还从民族地区教育发展的其他视角广泛被关注到，如内生发展作为现代教育技术融入边境民族地区薄弱学校的路径[④]等等。总的来说，无论研究和实践切入点有何差异，内生型路径作为民族地区教育发展理论的新主张，均认同民族地区自我发展能力是其教育发展的内在的、制约性的核心因素。关于这一点也逐渐被接受和认可，有学者就提出，尽管民族地区自我发展能力有较

① 黎平辉：《资源开发与文化传承——西部民族地区农村学前教育内生型发展模式探究》，载《民族教育研究》，2014（1），100~104页。

② 叶飞：《从“外源型”均衡走向“内生型”均衡——论城乡教师资源均衡发展路径》，载《教育理论与实践》，2013（2），29~32页。

③ 小琴、么加利：《灾后重建背景下羌族传统文化教育内生力研究》，载《贵州民族研究》，2013（2），48~52页。

④ 师诺：《内生发展：现代教育技术融入边境民族地区薄弱学校的路径研究》，重庆，西南大学硕士学位论文，2015。

大幅度提升，但“发展不足，自我发展能力低，自生能力弱，依然是民族地区经济社会发展面临的重要的内源性制约因素”①，教育也不例外。

以民族地区双语教育为例，双语教学为增进民族地区不同民族间的相互理解打破了语言和文化阻碍，加强双语教学和教育是民族地区教育内生发展的重要议题。2002 年《关于深化改革加快发展民族教育的决定》就指出，“在民族中小学逐步形成少数民族语和汉语教学的课程体系，有条件的地区应开设一门外语课。要把‘双语’教学教材建设列入当地教育发展规划，予以重点保障”；2015 年《关于加快发展民族教育的决定》要求“科学稳妥推行双语教育”，“不断提高少数民族语言文字教学水平”，同时也对少数民族学生熟练掌握和使用国家通用语言文字提出了要求。各民族地区也结合自身特点制定了双语教育的相关政策，例如《南疆双语教育质量提升行动计划（2016—2020 年)》《广西壮族自治区壮汉双语教育发展规划（2016—2020 年)》等。

但是，民族地区教育发展内生型路径尚缺乏深入理论研究支持，实践中多呈现碎片化的探索、尝试特点，这些具体实践做法多是从师资、经费、制度等某一个角度切入，难以整体契合民族地区教育发展的现实需要。党的十九大报告提出，新时代我国社会主要矛盾是人民日益增长的美好生活需要和不平衡不充分的发展之间的矛盾，这一主要矛盾反映到教育领域就是人民群众对优质教育的现实需求与教育资源不平衡不充分之间的矛盾，要解决这一矛盾必须坚持以人民为中心的发展思想，激发人民群众发展教育的内在动力。关于内生发展的问题，也将是本书后续章节讨论的重点问题。

---

① 郑长德：《中国民族地区自我发展能力构建研究》，载《民族研究》，2011（4），15~24 页。

（三）民族地区教育发展的外部性模式

外部性这一概念源自经济学，又称溢出效应、外部效应，通常是指个体或团体决策行为使其他人受益（正外部性）或者受损（负外部性）的现象。长期以来，民族地区在与其他地区进行教育合作交流过程中，多处于不利地位，尤其是教育发达地区对民族地区的教育参与多定位在“支援”角色，这种观念实际上忽视了民族地区教育发展的正外部性，未能把民族地区教育发展对非民族地区的教育收益乃至整个国家的总体收益结合起来。究其原因，更多在于忽视了民族地区教育发展的特殊价值，也未能寻找到民族地区教育发展正外部性作用彰显的有效途径。近年来，民族地区教育发展的价值日益得到承认，围绕民族地区教育发展收益如何与其他地区共享，人们在实践中展开了积极的探索。尤其是“一带一路”倡议的推进，民族地区从偏远、落后的不利处境中转变为具有区域优势的战略实施区，民族地区教育发展逐渐与社会稳定、人力资源强国战略、“一带一路”倡议等契合起来，形成了惠及范围广泛的特有的外部性发展模式。

第一，民族地区教育发展对民族团结、社会稳定的积极贡献。

我国是一个多民族国家，民族间存在着文化的差异，特别是语言、习俗等带来的差异。这些差异在带来文化多元和繁荣的同时，也会带来各民族间对于各自文化的不理解和质疑，而民族教育的发展则通过凝聚中华民族共同体意识来增进不同民族之间的相互理解，促进社会的稳定和民族的团结。在实践中，维护国家统一和促进社会和谐是民族教育发展的政治立足点，通过民族教育对各族人民群众进行观念引领本身就具有政治意蕴。实施主体上要求民族教育发展主体以高度的政治自觉做好民族教育工作，实施内容上重视民族团结教育、民族学生思想政治教育、民族教育优惠等具体工作，实施目标上强调国家认同和民族认同的统一。

具体而言，民族地区教育发展外部性模式表现之一就是将维护国家统一、促进社会和谐作为一个重要的外部性目标，在诸多方面做了许多卓有成效的工作。一方面，从强化国家认同感角度来看，国家认同感的培育提升了少数民族对自己和国家关系的意识，是一种中华民族的国家自豪感，这种认同感不只是经济发展、政治权利等方面的单一体现，更为重要的是文化的内化体验，因此，相互学习不同的民族优秀文化、强化少数民族学生中华民族认同观念等成为一种非常关键的途径，彰显着教育的特殊价值；另一方面，国家认同与民族认同是一种辩证统一的关系，有学者就认为，只有尊重和承认不同民族的“多元”利益，才能维护和实现统一国家的“一体”利益①。实践中，各地结合自身特色开展传承和创新民族文化活动，特别是推进民族文化进校园，通过文化习得、情感交流、身份认知等教学手段增进少数民族学生对本民族文化、对他民族文化、民族与国家间关系的科学认识，从而提升了学生的中华民族共同体意识。

第二，民族地区教育发展对提高人口素质、建立人力资源强国的重大作用。

党的十七大提出“建设人力资源强国”的战略思想，十八大提出向人才强国迈进，但纵观国内人才培养现状，人力资源强国战略的推进短板在民族地区。如表 2-3 所示，人力资源竞争力评价中，教育发展水平处于核心位置，劳动力中高等教育人口比例、成人文盲率、平均预期受教育年限、每百万人口中研究人员的数量等均是人力资源发展水平评价的重要指标，公共教育经费占 GDP 比例、高等教育毛入学率等则是人力资源开发能力评价的重要指标。而民

① 于春洋、李瑞君：《论民族利益与国家利益》，载《广西民族研究》，2013（1），18~24 页。

族地区在这些指标中均不占优势，云南、贵州、广西等民族省区又是劳务输出大省，外出务工人员受教育程度偏低既无法给自身发展带来更多机会及收益，也难以为经济发达地区提供更高层次的能力支持。人口质量的提高能产生更大的社会价值和效益，“经济发展、技术进步、劳动生产率逐步提高，产业结构逐步升级，生产过程和经济增长动力都日益依赖劳动力的智力和知识的投入而非体力投入”①。近年来，沿海发达城市产业升级所带来的人才荒正是高端人才缺乏的直接反映。实践中，民族地区教育发展对其他地区的外部性影响体现在两个方面：一方面是民族地区教育发展与其他地区教育发展目标双重契合，实现合作共赢，如许多地区中高职院校面向民族地区招生倾斜，这是民族地区义务教育普及后生源存量增加的结果，也是其他地区职业教育寻求变革发展的创新之举；另一方面，中央层面通过少数民族高层次骨干人才计划等政策，为民族地区培养更多高层次人才，一定程度上提升了民族地区高层次人才比例。有学者评价少数民族高层次人才骨干计划“增加了少数民族学生接受高层次教育的机会，提升了少数民族地区的人才层次，改善了民族地区的人才结构，极大地丰富了民族地区的人力资本，改善了民族地区的人才现状”②。

---

① 杨成钢、闫东东：《质量、数量双重视角下的中国人口红利经济效应变化趋势分析》，载《人口学刊》，2017（5），25~35页。

② 王庆贝：《“少数民族高层次骨干人才计划”十年成效分析（2006—2016）》，重庆，西南大学硕士学位论文，2017。

表 2-3　人力资源竞争力评价指标体系①

维度	一级指标	二级指标	性质	权重	数据来源
人力资源发展水平维度	A 人力资源数量	A1 劳动力总数	正向	0.05	世界银行数据库
	B 人力资源质量	B1 人均预期寿命	正向	0.05	世界银行数据库
		B2 平均预期受教育年限	正向	0.08	联合国教科文组织数据库
		B3 每百万人口中研究人员的数量	正向	0.07	联合国教科文组织数据库
	C 人力资源结构	C1 劳动力中高等教育人口比例	正向	0.09	世界银行数据库
		C2 成人文盲率	负向	0.05	联合国教科文组织数据库
		C3 老龄化程度	负向	0.04	世界银行数据库
人力资源发展环境维度	A 就业环境	A1 失业率	负向	0.06	联合国国际劳工组织数据库
	B 创业环境	B1 创业企业所需时间	负向	0.06	世界银行数据库

① 郭宏、张华荣：《我国人力资源强国建设的现实基点及路径选择》，载《东南学术》，2014（6），104~111 页。

续表

维度	一级指标	二级指标	性质	权重	数据来源
人力资源开发能力维度	A 教育开发能力	A1 公共教育经费支出占 GDP 的比例	正向	0.09	联合国教科文组织数据库
		A2 高等教育毛入学率	正向	0.08	联合国教科文组织数据库
	B 健康开发能力	B1 医疗支出占 GDP 的比例	正向	0.06	世界卫生组织的国家卫生账户数据库
		B2 每千人拥有的医生数量	正向	0.06	世界卫生组织的全球卫生观察站数据储存库
人力资源贡献能力维度	A 经济贡献能力	A1 人均 GDP	正向	0.08	世界银行数据库
	B 科技贡献能力	B1 获得专利数	正向	0.08	世界知识产权组织

第三，“一带一路”倡议使民族地区教育发展从落后后方转化为教育交流前沿。

2013 年，习近平提出了建设“新丝绸之路经济带”和“21 世纪海上丝绸之路”的倡议。2015 年，国家发改委、外交部和商务部联合发布的《推动共建丝绸之路经济带和 21 世纪海上丝绸之路的愿景与行动》指出：“共建‘一带一路’致力于亚欧非大陆及附近海洋的互联互通，建立和加强沿线各国互联互通伙伴关系，构建全方位、多层次、复合型的互联互通网络，实现沿线各国多元、自主、平衡、可持续的发展。”而民族地区，则成为“一带一路”倡议的核心地区和重要依托，为民族地区的跨越式发展提供了前所未有的发展机遇。①

在这样的背景下，民族地区成为新的发展中心，有学者就认为，“一带一路”使得西部地区发生了从“边缘区域”到“中心枢纽”的转变，它“打破以封闭或半封闭形态存在的行政区划的空间限制，提升西部地区在国内乃至全球一体化进程中的经济地理位置，建立包括跨越国界的‘中国—中亚—西亚’的复合型、多元化跨区合作模型”。② 民族地区在迎接这个发展机遇的同时，也通过自身的发展来保障“一带一路”倡议的实施，可以说“一带一路”为民族地区教育发展提供了新的机遇，而民族地区教育发展也成为“一带一路”倡议的重要动力。一定程度上，民族地区教育发展对“一带一路”倡议推进具有重要意义，民族地区教育发展的收益已经辐射到周边国家，教育发展正外部性的内涵更加丰富。

民族地区结合自身教育优势，抓住“一带一路”倡议机遇，充分体现出教育发展的外部性影响。从相关宣传文献看，不仅“沿边”民族地区抓住“一带一路”机遇，如贵州等不临边的民族省份也在积极探索自身与周边国家的教育交流合作可能性（例如贵州大学成立东盟研究院），民族地区高等院校与“一带一路”沿线国家深入推进教育交流合作。

三、优化民族地区教育发展动力机制的地方实践

前文强调，民族地区教育发展问题是关联性问题，需要从发展主体层面关注动力机制问题，而民族地区教育发展涉及的发展主体

① 郑长德：《中国少数民族地区经济发展报告（2015）：“一带一路”与民族地区的发展》，4页，北京，中国经济出版社，2016。

② 周真刚：《从“支援边缘”到“自生中心”——“一带一路”视域下西部大开发的经济地理空间》，载《广西民族研究》，2017（4），166~173页。

问题，从根本上说是谁来发展和为谁发展的问题，优化动力机制反映出民族地区教育发展的主体需要。

民族地区教育发展主体的动力激发本身是源自民族地区社会发展诉求、依靠地区教育发展环境，是发展主体与民族地区内外部复杂环境综合影响的结果。动力机制本身涉及三个基本问题，即谁的动力、什么动力、动力目标。十八大后，伴随政府治理现代化进程的推进，民族地区教育治理机制也在逐渐发生转化，教育发展动力结构有所调整。民族地区教育发展动力结构调整是政府治理现代化进程推进的结果，政府治理现代化本身追求的是政府、社会、市场等多方主体的新型协同互动，本质上是对政府职能边界的优化，多元治理主体达成的协作共治成为民族地区教育发展动力机制优化的理想目标。从激发动力角度来讲，政府治理转型背景下民族地区教育发展动力机制优化的地方实践，主要围绕政府主体民族教育治理的权力结构优化、社会组织参与民族教育发展制度逐渐完善、市场机制参与民族教育发展的地位和价值得到认可、学校主体地位得到认可等几个方面，尽力推动多方主体形成民族地区教育发展的改革共识。

（一）优化政府民族教育治理公共权力结构

优化政府主体民族教育治理公共权力结构，其落脚点是提升民族教育发展中的教育行政效率，特别是避免民族教育发展中的政府失灵现象。政府主体转变民族教育治理职能，本身也是民族地区教育行政管理体制改革、社会经济发展方式转型升级、人民群众日益增长的多元化教育需求的必然选择。在实践中，政府民族教育治理权力结构转型主要围绕“分权”和“放权”两个基本点。

一方面是民族教育治理中的政府分权。政府主体的民族教育治理分权问题更多实践是着力于中央层面与地方层面教育行政权力的划分，对横向平级主体间的教育权力划分并不多见，不过近年来许多政策文本也非常注意同级部门间教育权责的明确。由于我国教育行政管理体制属于中央集权制，教育权力长期集中在中央层级的教育行政部门，在此管理体制下，中央政府及其教育行政部门对整个国家的教育事业进行领导和管理，执行中央政策成为地方政府及教育行政部门的重要责任。由于民族地区教育发展基础条件较差，地方社会经济发展又难以为民族教育发展提供完全的物质保障，因此中央集权的教育行政管理体制，有利于中央加强对民族地区教育事业的倾斜和扶持，同时也通过教育标准的统一规定，能强化对民族地区教育发展业绩的检查评估。但是随着民族地区与非民族地区教育发展差距的缩小，民族地区教育发展的特殊性诉求逐渐增加，中央集权制的教育行政管理体制难以适应民族地区不同的地理、经济和文化差异所延伸的教育发展差异性诉求。虽然相关法律法规给予了民族地区教育发展相应的变通权，但教育管理的权利、资源等聚集在中央层级，地方政府及教育行政部门发展动力难以调动。

基于此，政府治理转型中在民族地区教育发展中中央与地方之间的权责关系，2015 年的《加快发展民族教育的决定》中明确提到“地方各级政府是推进民族教育发展的责任主体，要把民族教育工作纳入重要议事日程”。需要指出的是，中央与民族地区教育权力的划分是处在政府治理现代化的大背景下的，是诸多事权划分的其中一部分。根据国务院办公厅印发的《基本公共服务领域中央与地方共同财政事权和支出责任划分改革方案》，首先将教育、医疗卫生、社会保障等领域中与人直接相关的主要基本公共服务事项明确为中央与地方共同财政事权，并合理划分支出责任，同时完善相关转移支付制度，确保更好地为人民群众提供基本公共服务。根据方案首先纳入中央与地方共同财政事权范围的教育事项包括两方面：一是义务教育，包括公用经费保障、免费提供教科书、家庭经济困难学生生活补助、贫困地区学生营养膳食补助4项；二是学生资助，包括中等职业教育国家助学金、中等职业教育免学费补助、普通高中教育国家助学金、普通高中教育免学杂费补助4项。政府治理分权进程中，民族地区因其特殊条件受到特别关照。例如《国务院办公厅关于印发医疗卫生领域中央与地方财政事权和支出责任划分改革方案的通知》（国办发〔2018〕67号）提出基本公共卫生服务明确为中央与地方共同掌握财政事权，由中央财政和地方财政共同承担支出责任，实行中央分档负担法。而民族八省区均在第一档，也就是中央要承担80%的支出责任，所以可以看出，即使是政府治理转型背景下，地方政府权责虽然进一步增加，但民族地区有其政治、文化、经济、地理等多方面的复杂原因，并不意味着中央政府在民族地区公共事业发展中的责任减小，只能是更加优化。以政府为主体的民族教育治理公共权力结构的变革，促使其与政府治理现代化理念相契合，进一步强化了中央和地方政府的公共教育服务责任，尤其是加大投入、提高民族地区公共教育服务质量的责任。

各民族地区也基于政府治理转型背景，按照中央政策相关要求，进一步明确了教育服务领域事权划分，例如贵州省等陆续出台了省以下基本公共服务领域共同财政事权和支出责任划分改革方案，对教育事权划分做了进一步明确（见表2-4）。

表 2-4　《贵州省省以下基本公共服务领域共同财政事权和支出责任划分改革方案（试行）》中教育事权划分

领域	事项	具体划分
义务教育	公用经费保障	执行中央制定的国家基础标准，所需资金中央与地方按 8∶2 比例分担，地方应承担的 20%部分按如下比例执行：省属学校由省级财政全额承担，市（州）所属学校由市（州）财政全额承担；集中连片特困地区 65 个县（市、区、特区）和黔东南自治州、黔南自治州、黔西南自治州的非集中连片特困县（市、区）所属学校由省、市（州）、县（市、区、特区）按 8∶1∶1 比例分担；其他县（市、区）所属学校由省、市（州）、县（市、区）按 6∶2∶2 比例分担；贵安新区所属学校由省与贵安新区按 6∶4 比例分担。
	免费提供教科书	国家规定课程教科书和免费为小学一年级新生提供正版学生字典执行中央制定补助标准，所需资金由中央财政全额承担。省级地方课程免费教科书由省级制定补助标准，所需资金由省级财政全额承担。
	家庭经济困难学生生活补助	家庭经济困难寄宿生生活补助执行中央制定的国家基础标准，所需经费中央与地方按 5∶5 比例分担，地方应承担部分，由省级财政全额承担。
	贫困地区学生营养膳食补助	国家试点补助标准执行中央制定国家基础标准，所需经费由中央财政全额承担；地方试点由中央和省级给予定额奖补：中央补助每生每年 400 元，省级按照集中连片特困地区营养改善计划中央补助标准（每生每年 800 元）的 30%（即每生每年 240 元）进行奖补。

续表

领域	事项	具体划分
学生资助	中等职业教育国家助学金	执行中央制定国家基础标准，所需资金中央与地方按8∶2比例分担，地方应承担的20%部分按如下比例执行：省属学校由省级财政承担，各市（州）所属学校由市（州）本级财政承担，县级所属学校根据当地财力分别确定省市县各级财政分担比例，其中：贵阳市、遵义市、六盘水市的县级学校由市、县（市、区、特区）各负担一半；安顺市、毕节市、铜仁市、黔东南自治州、黔南自治州、黔西南自治州的县级学校由省、市（州）、县（市、区）按6∶2∶2比例分担。
	中等职业教育免学费补助	执行中央的测算补助标准，所需资金中央与地方按8∶2比例分担，地方应承担的20%部分按如下比例执行：省属学校由省级财政承担，各市（州）所属学校由市（州）本级财政承担，县级所属学校根据当地财力分别确定省市县各级财政分担比例，其中：贵阳市、遵义市、六盘水市的县级学校由市、县（市、区、特区）各负担一半；安顺市、毕节市、铜仁市、黔东南自治州、黔南自治州、黔西南自治州的县级学校由省、市（州）、县（市、区）按6∶2∶2比例分担。
	普通高中教育国家助学金	执行中央平均资助标准，所需资金中央与地方按8∶2比例分担，地方应承担的20%部分按如下比例执行：省属普通高中学校由省级财政承担，各市（州）所属普通高中学校由市（州）本级财政承担，县级所属普通高中学校根据当地财力分别确定省市县各级财政分担比例，其中：贵阳市、遵义市、六盘水市的县级学校由市、县（市、区、特区）各负担一半；安顺市、毕节市、铜仁市、黔东南自治州、黔南自治州、黔西南自治州的县级学校由省、市（州）、县（市、区）按6∶2∶2比例分担；贵安新区所属学校由省与贵安新区按4∶6比例分担。

续表

领域	事项	具体划分
	普通高中教育免学杂费补助	执行省人民政府及其价格、财政主管部门批准的学费标准，所需资金中央与地方按 8：2 比例分担，地方应承担的 20% 部分按如下比例执行：省属普通高中学校由省级财政承担，各市（州）所属普通高中学校由市（州）本级财政承担，县级所属普通高中学校根据当地财力分别确定省市县各级财政分担比例，其中：贵阳市、遵义市、六盘水市的县级学校由市、县（市、区、特区）各负担一半；安顺市、毕节市、铜仁市、黔东南自治州、黔南自治州、黔西南自治州的县级学校由省、市（州）、县（市、区）按 6：2：2 比例分担；贵安新区所属学校由省与贵安新区按 4：6 比例分担。

另一方面是民族教育治理中的政府放权。即政府取消或转移教育权力，优化自己权力结构的行为。近年来，地方政府及其教育行政部门主要通过权力清单公示，明确自身教育权责利。由于政府及教育行政部门的教育权力属于“公权力”，可将其理解为“法无授权即禁止”，通过对权力清单的梳理，能够较为全面地了解政府主体对教育放权的基本情况。通过对民族八省区教育行政部门权力清单的分析，笔者认为权力清单主要涉及行政许可、行政处罚、行政检查、行政确认、行政奖励及其他权力等六类。一些民族地区还针对本地区实际制定了具有地方特色的行政权力条款，例如中小学地方课程教材审定、壮汉双语教育教学先进个人和集体表彰等。需要指出的是，即使在同级行政部门之间，民族教育行政权力同样面临优化的问题，许多民族教育问题牵涉部门较多，问题较为复杂，责任主体模糊不清可能造成工作推进力度不够。从中央层面看，多数涉及民族教育的政策是多部门联合下发的，例如国家民委、教育部、国家语委《关于开展全国双语和谐乡村（社区）示范点建设

工作的指导意见》（2018）。

基于此，民族地区教育治理分权变革实践中要主要考虑到以下几点：一是重点取消没有法定依据的相关行政权力事项，实现民族教育治理法治化；二是工作内容相似甚至相同的民族教育行政权力尽量予以整合，明确责任部门；三是根据不同市县实际，进一步下放微观层面的教育行政权力，例如调研中我们发现，贵州许多少数民族自治县的民族文化进校园活动，均是在地方教育行政部门的引领或要求下，在全县推广实施的；四是将专业性、辅助性的相关事务转移给事业单位、教育中介组织、社会组织和其他市场机制承担，例如贵州省举行民族教育“双百工程”购买专业服务的措施。

（二）规范民族教育发展中社会组织参与制度

在政府治理转型的背景下，多元主体参与民族地区教育发展被许多中央政策提及，例如2016的《加快中西部教育发展的指导意见》在基本原则中指出要“发挥市场、企业、社会组织作用，吸引更多社会力量参与中西部教育发展”。社会组织参与教育发展的形式多样，可以是“补偿式”参与、“市场式”参与和“行政式”参与。[①] 据中国社会组织网最新数据显示，截至2018年第一季度末，我国共有社会组织808479家，其中社会团体376236家，民办非企业单位425850家，基金会6393家。截至2018年4月，我国各省平均社会组织数量达26050家；与2017年年末相比，2018年我国新增社会组织7257家，省均227家；与2017年相比，2018年我国社会组织数量增长率达0.92%。截至2018年4月，我国省均基金会数量为206家。[②] 这还仅仅是到相关管理部门注册的社会组织数量，

① 杜明峰、范国睿：《社会组织参与教育：机制与策略》，载《教育研究》，2017（2），60~64页。

② 李庆：《〈社会组织蓝皮书：中国社会组织报告（2018）〉发布2017年社会组织增速创近年新高》，载《公益时报》，2018-05-22。

还有一些社会组织由于各种原因没有登记注册。社会组织的蓬勃发展为民族地区教育发展注入了新的力量，也受到政府主体的重视，一些政策文本进一步明确了社会组织在民族地区发展中的教育责任。例如《国务院扶贫开发领导小组关于广泛引导和动员社会组织参与脱贫攻坚的通知》（国开发〔2017〕12 号）[①] 提出参与脱贫攻坚是社会组织的重要责任，在教育扶贫一节明确提出“鼓励社会组织特别是基金会参与《教育脱贫攻坚“十三五”规划》《职业教育东西协作行动计划（2016—2020 年）》等政策的落实工作，参与实施教育扶贫结对帮扶、扶贫助学助困项目。鼓励社会组织通过增强贫困地区教育培训机构能力和师资水平，开展科学普及，提升贫困地区教育水平，帮助扶贫对象（含建档立卡贫困人口、农村低保对象、特困人员、贫困残疾人）学习掌握职业技能、致富技术，提供职业指导，增强就业能力。鼓励社会组织有序组织大学生、退休教师、社会人士到贫困地区开展扶贫支教。鼓励非营利性民办学校加大对贫困学生资助力度”。此外还提出志愿扶贫，要“为贫困妇女、青年提供技能培训、能力提升、就业援助、生计发展等服务。支持社会组织参与贫困村农村社区服务体系建设，开展贫困村老人、残疾人、留守儿童、低保家庭、特困人员等关爱保障工作，帮助化解其生活、学习等方面的困难”。

民族地区社会组织的发展与民族地区社会经济发展紧密相联，社会组织参与民族地区教育发展是民族教育治理现代化推进的必然结果，据统计，约有 13 万个社会组织在我国民族地区开展工作[②]，它们活跃在包括教育、儿童权益保护在内的诸多领域，为改善治理结构、促进基本公共服务均等化、维护民族团结和社会稳定等发挥

① 该政策的社会组织指的是在民政部门登记的社会团体、基金会、社会服务机构。

② 方堃：《如何引导社会组织参与民族地区精准扶贫》，载《中国民族报》，2017-04-21。

积极作用。从民族地区实践来看，社会组织参与教育发展形式多样、内容丰富，尤其是在民族民间文化的保护、传承和创新方面发挥着自己独特的功能，这得到了学界的广泛认可。有学者就认为我国民族地区社会组织有明显的“区域特征和民族宗教色彩……在促进民族团结、文化认同以及社会稳定等方面发挥着特殊的功能与作用”①。另有学者指出，西北少数民族地区社会组织涵盖和服务于教育等诸多领域，而这些社会组织大多由当地少数民族人士建立，形成了诸如“印象管理、精英联盟、教育扶贫和国外基金参与”等独特的组织生存策略。②

客观地说，民族地区社会组织服务教育发展受民族教育相关政策的引导和影响，民族地区社会组织发展尚处于起步阶段，社会组织本身存在治理结构不完善的问题。当前，民族地区社会组织还处于“培育与支持”的发展定位之中，民族地区内部自身社会组织参与条件、动力、能力、路径等均有不足，民族地区外部社会组织参与在地方适切性上也存在一些问题，特别是个别境外社会组织带着宗教、政治目的对民族地区教育领域的渗透更值得我们警惕。社会组织要真正在民族地区教育发展中发挥重要作用，以及彰显独特价值，尚需进一步的实践和推动，实现其参与的法治化。

（三）明确市场机制参与民族教育发展的权责边界

优化市场主体参与民族地区教育发展的机制，目的是回答民族教育资源配置效率和公平的关系问题；明确市场机制参与民族教育发展的权责边界即是要回答市场主体在民族地区教育发展中的法律地位问题。市场机制本身是围绕“市场”主体，形成的政府、市

① 党秀云、谭伟：《民族地区社会组织参与基层社会治理的路径选择》，载《新视野》，2016（1），48~53页。

② 陆春萍：《西北少数民族地区社会组织发展的特点与治理》，载《西北师大学报（社会科学版）》，2014（3），135~138页。

场、学校等相互作用的教育关系和法律关系。长期以来，市场主体能不能参与教育发展、怎样参与教育发展一直在学界受到广泛讨论，民族教育因其复杂性，市场机制参与的理论反思则更少。2017年新修订的《中华人民共和国民办教育促进法》对民办教育实行分类管理，允许营利性民办学校办学，给市场机制参与民族教育发展提供了法律依据。在当前民族地区教育发展实践中，市场机制的参与主要分为市场主动参与型和学校主动迎合型两种方式。

1. 市场主动参与型的市场机制

市场主体主动参与民族地区教育治理，是其逐利性的本质使然，在民族地区教育发展条件不利的时期，市场主体的参与力度并不大。近年来，随着民族地区教育发展水平提升，人民群众日益增长的优质多元的教育诉求与教育发展不充分不平衡的矛盾凸显，完全依靠政府主体难以满足人民群众的教育需要，而且在资源配置上，政府主体也存在信息不对称的弊端。市场主体介入民族地区社会经济发展中来，更多取决于民族地区丰富的自然资源和民族文化稀缺性资源。在教育发展问题上，又出现了政府治理转型背景下政府主体在民族教育治理中方式转换带来的机遇和契机，特别是政府主体通过购买服务等方式解决民族地区教育发展的诸多问题，给予了市场主体参与的空间。例如贵阳市一些地区积极推动双轨制教师招聘，依托市场主体进行教师的招聘与管理，2018年，贵阳市观山湖区就是委托智联人力资源管理有限公司进行教师招聘，招聘的教师属智联公司聘用人员，由智联公司结合贵阳市观山湖区各公办学校实际需求委派至相应单位相应岗位工作，聘用人员薪资标准参照编制内同级别职称人员薪资水平核算。又如广西壮族自治区采取有效措施，推广政府和社会资本合作（PPP）模式，鼓励社会资本参与教育基础设施建设和运营服务，《广西壮族自治区人民政府关于鼓励社会力量兴办教育促进民办教育健康发展的实施意见》（桂政发〔2018〕31号）明确提出要完善政府购买服务的标准和程序，制定向民办学校购买就读学位、课程教材、科研成果、职业培训、政策咨询等教育服务的具体政策措施。可见，市场主体参与民族地区教育发展的可能与契机是与政府主体教育职能转型联系在一起的，严格地说是政府主体在教育治理现代化进程中释放出来的教育权力空间。当前，一些民族地区甚至在积极探索引入风险投资、发行债券等融资方式吸引市场主体参与到民族地区教育发展中来。市场主体的积极参与给民族地区提供了多元的教育产品和竞争的教育发展观念。

2. 学校主动迎合型的市场机制

民族地区教育发展应与地方社会经济发展紧密契合，但是在实践中，主导学校主体办学理念的并不是市场机制，而是政府的教育评价机制。近年来，随着人民群众教育观念的发展变化，对子女教育的质量要求越来越高，给予了学校主体较大的办学压力。学校主体迎合型的市场机制应运而生，其路径主要分为两类：一类是学校主体迎合家长的教育需要，体现出教育活动中的学生消费者特点。近年来民族地区与其他地区一样，存在较大的学生学业负担问题，补课热、择校热、学区房等也成为民族地区许多家长的教育烦恼问题。校外补课机构虽属于市场化的运营方式，但缺乏有效的制度规范。学校主体出于自身办学声誉和生源质量等考虑，采取了许多市场化的办学路径，例如差别化的学费收取制度、应试型的教育教学理念，一些高中学校甚至为了抢到优质生源，不惜花费大本钱。另一类是学校主体迎合就业市场的需要，体现出教育活动中的劳动力市场信号。尤其是职业学校，能够适应市场经济的现实需要，按照市场发出的劳动力信号，及时调整专业和课程安排，提升了学生的市场适应性。在市场导向的办学理念下，具有经济价值的民族文化被开发出来，得到学校和学生的认可。调研中许多校长表示，民族文化要具备生命力必须考虑其文化价值的同时还要考虑其经济价值。但这样一来，一些不具备经济价值的“冷门”民族文化则乏人问津，这类文化的传承还多依靠政府主体主导的非物质文化遗产传承人等项目得以推动。

综上，笔者认为市场主体参与民族地区教育发展是政府治理转型背景下政府主体教育权力空间释放的结果，同时也是学校主体被动或者主动适应市场经济环境的教育选择结果。市场主体在民族地区教育发展中的优势，主要体现在资源配置的高效率上，其所提供的多元优质、可供选择的教育产品是其独特价值发挥的立足点。

（四）认可民族教育发展中学校主体地位

民族地区教育发展最终的落脚点和基层实践者是学校主体，因此学校主体自身的发展动力成为民族地区教育发展质量的关键性因素。由于学校主体的发展动力是由校长、教师、学生等多元内部主体构成，还受政府等外部主体的制约影响，因此激发学校主体的参与动力、适应政府治理转型背景下的民族教育发展需要是一件复杂的事情。有学者提出，学校变革实践也在某种程度上陷入主体动力不足或动力缺乏的困境[①]，确认学校主体地位成为破解这一问题的关键点，“推进教育治理体系和治理能力现代化，亟待重构学校主体的功能定位，提升其主体性”[②]。从教育治理现代化角度看，学校的主体地位得以认可，主要是外部制度保障其应有法律地位、内部自身办学理念的转型共同推动的结果。从课程建设角度可以管窥学校主体参与民族教育发展的动力问题，因为在新课程改革的促动下，学校正在由国家政策的追随者转变为改革主体的创造者，在课程开发、内涵发展、特色学校建设等方面进行个性化的校本探索，

---

① 孙翠香：《学校变革主体动力研究》，上海，华东师范大学博士学位论文，2010。

② 许杰：《教育治理中的学校主体建构》，载《教育科学研究》，2015（11），19~23页。

建构起以学校为主体的多元对话情境。[①] 与其他地区不同的是，民族地区学校课程开发问题也呈现出鲜明的地域性、民族性特征。

在实践中，学校作为民族地区文化传承教育的最主要场所，主要是通过校本课程开发这一途径实现文化传承目标的。民族地区校本课程开发为传承民族文化、凸显学校特色、推动教师专业化发展、实现学生多元化教育权利做出了积极贡献，但总的来说，民族地区校本课程开发的价值与其他地区的并不能完全重合，社会转型期民族地区校本课程开发的价值取向也处于重大变革时期。实践中民族地区学校校本课程开发的变革体现为：内容方面，从确定性的民族文化知识传承向民族文化创新与发展转向；目的方面，从凸显民族文化差异性、技能性教育向重视民族团结和国家认同转向；方式方面，从单向的灌输式的知识教学向强调学习情境中的主动性建构转向。

第一，完善政策法规体系，为民族地区校本课程开发提供了制度保障。事实上，现有的国家相关政策已经为鼓励开发和建设地方课程、校本课程提供了有力的制度保障。例如《中华人民共和国民族区域自治法》、教育部和国家民委颁布的《学校民族团结教育指导纲要（试行）》等对民族地区国家通用语教学、民族团结教育等做了明确规定。但是国家政策难以全面把握民族地区教育差异性问题，例如2015年《国务院关于加快发展民族教育的决定》（国发〔2015〕46号）指出，国务院教育行政部门指导编写中学、小学各一册民族团结教育教材，由于各地实际情况不同，校本课程开发更应与之起到互补的作用，以增进课程对学校和学生的适切性。完善政策体系，需要明确政策本身能为民族地区校本课程开发所起到的

① 陈雨亭：《学校成为教育变革主体：趋势与要素分析》，载《中国教育学刊》，2013（7），31~34页。

作用是引导而非具体指导，国家应对民族地区校本课程开发的价值取向进行有效控制，把校本课程作为弘扬爱国主义精神、满足地方社会发展需要以及适应少数民族学生多样性教育需要的重要渠道，同时对校本课程开发物质条件予以保障，这些均是需要在制度中予以明确，但涉及校本课程的形式、内容和评价机制等，后期还应赋予办学主体更多的自主权，以提高校本课程开发的针对性和有效性。

第二，改革校本课程开发内容，彰显校本课程在民族文化传承创新和少数民族学生个性化发展中的价值。随着新课改理念及信息化时代的来临，校本课程已成为民族地区学校教育的必然组成部分，但对民族地区校本课程的开发，需在创新民族文化、满足学生教育差异性诉求等方面呈现出自身的独特价值，这也是校本课程开发内容改革的核心问题。一方面，满足学生差异性的教育诉求是民族地区校本课程开发彰显的个体价值。实践中，一些民族地区学生个体发展要求在内容选择上注意避免过分强化民族文化差异或者使用汉族文化解读民族文化两种偏差，采取开放性、多元性、针对性的教学内容，从丰富课程种类、改革教学方式等入手，满足学生主体差异性的教育需求。另一方面，创新和发展民族文化是校本课程开发新的时代需要。少数民族校本课程开发是兼具校本特色和民族文化内涵的、全新的课程，该类校本课程是将少数民族文化作为学校课程的重要内容，将少数民族文化融入课程文化的一种价值负载，其内涵特色正是民族文化意蕴的客观体现。① 在实践中，许多地方校本课程开发为创新和发展民族文化做出了积极贡献，不少学校和地方政府结合当地风土人情和本校实际做出了一系列创新性举

① 马志颖：《少数民族文化校本课程的内涵解读与功能探析》，载《教育评论》，2012（1），111~113页。

措，在课程设计上融入了新观念。如大理中心小学结合本地悠久的民歌历史组织学校教师和专家编写了《大理诗歌选》，中央民族大学教育学院以经济文化类型理论为基础，指导甘肃省肃南裕固族自治县第二中学和云南省西双版纳傣族自治州景洪市勐罕镇中学开发校本课程的案例等。[①] 近年来，民族地区学校不仅注重传承民族文化，还强调创新和发展民族文化，使其与地方社会经济发展及多元主体教育发展需要相适应，虽然还存在许多不足，但值得我们关注和肯定。

第三，优化多元治理结构，激发各方主体参与校本课程开发的主动性和积极性。从现状看，民族地区校本课程的开发，更多根据教师与学生的生活、工作学习经验，在结合学校特色、乡土特色和民族特色的基础上，利用蕴藏在当地的文化资源，以学校教师和学生为主体，其他主体共同参与开发的，因此，民族地区校本课程开发本身涉及学校、教师、家长、课程专家、市场、政府等诸多主体的共同参与，他们形成了校本课程开发的共同体，也是学校主体动力激发的合力来源。“校本课程开发共同体必须具备主体多元、相互体认、权力共享、和而不同等特征”，其标志是“成员的共同愿景、组织机构的开放、新型的合作文化”。[②] 一些民族地区学校校本课程开发积极发动学生的参与性、重视民间非物质文化传承人的作用，与非遗中心等紧密合作，例如呼和浩特市非物质文化遗产保护中心非常重视与全市各中小学的交流合作，一些学校主动联系中心寻求合作，取得了较好的效果。优化多元治理结构的核心在于民族地区校本课程开发过程的民主性，只有充分调动多元主体的参与

---

① 刘卓雯、张天军：《重视乡土知识传承民族文化——“中国乡土知识传承与校本课程开发研讨会”综述》，载《民族教育研究》，2010（1），40~42 页。

② 余潇：《论校本课程开发共同体的构建》，桂林，广西师范大学硕士学位论文，2013。

积极性，才能将民族地区校本课程开发与地方社会发展实际，与少数民族学生个体发展差异性诉求紧密地联系在一起，发挥其应有的功能和价值。

通过对不同主体参与民族地区教育发展的实践梳理，我们可以看到，政府治理转型背景下民族地区教育发展的动力机制优化，目的是激发不同主体的参与积极性，形成合力。优化民族地区教育发展动力机制就是基于不同动力因素，一方面从制度上进行发展变革，构建适应不同主体参与的法治环境，如市场主体、社会组织参与的制度完善等；另一方面从观念引导上进行塑造，潜移默化地带动更多主体转变发展观念和自觉发展意识，如对学校主体、人民群众等进行教育观念引导，转变家长“读书无用论”“读书就是为了离开穷山沟”等落后观念。从实践来看，不同主体的积极参与其原动力来自自身的某种需要。在马克思主义看来，人的需要是受社会关系以及历史条件制约的动态发展的需要，因此我们要满足不同主体的发展需要，从而激发其参与动力，需要基于不同社会发展环境、历史发展阶段采取针对性的措施，民族地区教育发展中积累的丰富经验正是对这一需要认识的结果。民族地区教育发展的动力不只是经济力，还广泛地包括文化力、政治力等（关于这个问题后续会深入阐述），动力机制的形成是从硬件（制度）和软件（观念）上入手，回应不同主体参与经济力、文化力、政治力、教育力等复杂问题的实践过程。

四、优化民族地区教育发展协调机制的地方实践

民族地区教育发展利益主体具有多元化特征，由于激发各自参与教育发展的需要不同，不同利益主体间会存在矛盾甚至冲突的情况，这种矛盾或者冲突本质上是教育利益冲突。从系统论角度看，

民族地区教育发展系统具有自我调节分配教育利益的可能，但这种调节更多是一种观念调节或者经济竞争调节，也就是要么依靠不同主体自身的道德力量妥协退让部分教育利益，抑或通过物质竞争获取更多教育利益。前者不仅耗时长而且效果难以保证，后者则引导资源集中在少数人手里，加剧了教育发展的不平衡性。民族地区教育发展要兼顾不同区域、不同群体的教育利益，缩小区域教育差距，需要建构符合现代教育治理理念的协调机制，这种协调机制要让多元化的利益表达、平等的利益协商、权威的利益分配都能得以体现。从实践看，民族地区教育发展协调机制更多体现为一种法治协调机制，民族教育治理法治化是其典型的体现。法治机制作为重要的教育发展协调机制所追求的是发展的合理秩序，确保发展的稳定性，本节将从民族教育地方立法的特色之维度来分析民族地区依靠法治途径协调教育利益的特殊性问题。

（一）民族地区教育利益法治协调机制的实践意义

改革开放以来，我国民族地区教育法治建设取得了较好成绩，特别是我国《中华人民共和国民族区域自治法》《中华人民共和国教育法》等相关上位法律赋予了民族地区教育立法变通权，为民族地区教育立法适切性、科学性提供了制度支撑。与此同时，随着《中华人民共和国教育法》《中华人民共和国教师法》《中华人民共和国义务教育法》《中华人民共和国职业教育法》《中华人民共和国高等教育法》《中华人民共和国民办教育促进法》等一系列教育法律的出台，我国的教育法律体系也逐渐形成，民族地区教育立法又明显受到相应法律法规的制约和影响。在实践中发现，近年来，各民族地区根据《中华人民共和国宪法》《中华人民共和国立法法》《中华人民共和国民族区域自治法》和《中华人民共和国教育法》等上位法的规定，以《中华人民共和国民族区域自治法》《中华人民共和国教育法》为基本依据，制定了一系列民族教育地方法规。从数量上来看，有学者初步统计，截至2016年6月，民族地区现行有效的地方教育法规88部（省级地方性法规38部、设区的市级地方性法规13部、自治条例和单行条例37部），教育地方政府规章26部，共计114部。[①] 从内容上来看，这些法律法规涉及民族教育目标与方针、少数民族受教育权、民族学校制度、民族教育政府职责、民族双语教育、民族文化传承等诸多内容。可以说，这些较为丰富的民族地区教育立法为民族地区教育发展提供了权威性的战略指导，促进了民族地区教育的发展。

众所周知，特色原则是学界公认的一项地方立法基本原则，在衡量地方立法质量中具有极为重要的地位。地方教育立法是拥有教育立法权的地方国家机关依据上位法律相关规定，结合本地区教育发展实际情况，制定、修改及废除地方教育法律法规的法律活动。地方教育立法因能契合地方教育发展的实际需要，通过彰显特色弥补上位法的不足或者行使自身立法变通权，民族地区教育立法和其他地方立法一样，也是通过遵循地方立法特色原则发挥自身的独特作用的。但是，民族教育因少数民族和民族地区社会发展的差异性、特殊性，其特色原则有着自身的内涵和外延，不能与其他地方立法特色原则混为一谈。这是因为，民族教育发展目标涉及政治、经济、文化等诸多复杂因素，也需要政府、学校、社会、少数民族自身等多方沟通努力才能得以实现；而教育法律因其强制性、权威性和稳定性等特有优势，在整合教育资源、协调教育利益，进而推动民族教育发展进程中发挥重要作用。

（二）彰显民族地区教育利益协调法治特色的实践依据

民族教育立法作为民族地区立法特别是教育立法的主要内容之

① 陈恩伦：《我国民族地区地方教育立法的经验及问题》，载《内蒙古社会科学（汉文版）》，2016（4），160~164页。

一，是民族地区自治权最为直观的呈现形式，可以说，特色立法是民族地区教育立法生命力焕发的基本源泉，民族地区教育立法的价值和功能直接体现在立法特色上。学界对地方立法特色内涵理解可以分为地域说（特定地域和规范内容的当地独有性）、反映说（对地方实际的反映）、风格说（具有独特立法风格的地方法规）等基本观点。[①] 但从民族地区教育立法来看，其立法特色的显现和其他地方立法既有共同点，也存在较大差异，其彰显立法特色有自身的实践依据。

首先，民族地区教育立法体现的是教育发展规律映射在法律制度上的特色规定。教育发展规律体现在多个维度，从宏观环境来看，主要是教育事业发展规模受生产力发展水平制约、教育发展的方向受政治经济制度的影响、教育发展的方式受教育者身心发展条件的约束等等，这些规律是固有的，难以受个体主观能动性所改变。教育发展规律必然映射到教育法律制度中来，考虑到法律制度本身的局限性，其立法更多关注教育发展中最关键最棘手的现实问题。民族地区教育立法与其他教育立法一样，也将基于教育发展规律，呈现出教育立法的基本特色。这个特色体现在追求教育的公共性和教育的优先性两个方面，从前者看，教育立法必须以教育的公共性为价值基础[②]，这体现了民族地区教育立法和其他教育立法的个性特征；从后者看，教育必须优先于其他事业的发展才能更好地促进民族地区社会经济等各方面的全面进步。但民族地区教育优先发展，是“以民族地区教育发展权利为中心，表现出空间视角的地区教育发展优先、要素视角的教育子系统发展优先、内容视角的民

---

① 涂青林：《论地方立法的地方特色原则、实现难点及其对策》，载《人大研究》，2013（6），32~37 页。

② 余雅风：《教育立法必须以教育的公共性为价值基础》，载《北京师范大学学报（社会科学版）》，2005（1），30~39 页。

族文化教育优先三种具体形态”①，因此这种优先发展教育的法律规定在民族地区教育立法中是独具特色的。

其次，民族地区教育立法体现的是民族地区社会经济现状映射在教育发展路径上的特色要求。民族地区教育立法特色问题，来自于地方因地理、历史、文化、经济发展条件、生计方式等诸多差异而反映在民族地区教育立法上的独特诉求。长期以来，中央层面的“少数民族教育法”呼之不出，其原因之一就在于民族教育地方差异性太过于复杂，更多依靠地方自身因地制宜进行教育立法保障民族教育发展才具有现实可行性。这样一来，民族地区教育立法的特色问题就还涉及不同地区间民族教育法律法规的差异性。可以说，民族地区教育立法既是我国教育法律法规体系不可或缺的一部分，也是地方立法特色最为显著的内容，充分体现了民族教育的地方立法变通权。

第三，民族地区教育立法体现的是中央层面教育法律法规映射在民族地区的特色需要。有学者认为，有特色的地方立法就是在不与宪法、法律相抵触的前提下，能充分体现地方的个性、差异性和特殊性，从而反映地方需求，解决地方的实际问题。② 由此可见，民族地区教育立法的特色也并不是对中央层面法律法规的否定和“篡改”，而是应理解为中央层面教育法律法规映射在民族地区的特色需要。笔者专门提出民族地区教育立法问题，来自其在民族教育发展中具有不能被其他法律、被其他非法律方式替代的独特优势，这种优势是由民族地区教育立法特色所反映出来的。从应然层面讲，民族地区教育立法的价值在于，它既是地方因地制宜发展民族

① 李祥：《论民族地区教育优先发展的基本内涵及其法律保障》，载《民族教育研究》，2016（3），5~11页。

② 王琼雯：《地方立法的地方特色及其实现之道》，载《中华人民共和国行政与法》，2008（6），115~117页。

教育的制度保障，更是地方贯彻落实中央教育法律法规的必要条件。

较为完善的民族地区教育立法体系和较为丰富的民族地区教育立法内容能为民族教育发展的方向和具体路径提供科学而可行的实践指导，民族地区教育立法的特色彰显是基于以上多方面考虑的，其根基是民族的特色和地方的特色。概而言之，民族特色和地方特色是民族地区教育立法生命力焕发的基本源泉。由此，我们可以从立法主体、立法依据、立法过程、立法内容四个维度分析当前民族地区教育立法特色的主要表现。

（三）民族地区教育利益协调法治特色的主要表现

从实践现状看，民族地区教育立法特色主要表现为以下几个方面，即在立法主体上的特殊性与民主性、立法依据上的从属性与创新性、立法过程上的权力排他性和公开性、立法内容上的动态性和导向性。民族地区教育立法正是因立法主体、立法依据、立法过程、立法内容与其他法律法规特别是教育法规的差异性，直接反映出民族地区教育立法的特色，这种特色又间接显现出民族教育法律法规在促进民族地区教育发展中的独特价值。

第一是在立法主体上，当前民族地区教育立法体现出主体特殊性与民主性的统一。立法是以国家的名义进行的活动，国家机关是由许多不同职能、不同级别、不同层次的专门机关构成的一个体系，不是这个体系中的所有机关都有权立法，只有其中特定的机关才能立法，这些特定的机关称为有权立法的主体。[①] 民族地区教育立法的主体是民族自治地方立法机关，也就是权力机关，呈现出特殊性和民主性的特征。从立法主体的特殊性角度看，《中华人民共和国立法法》对我国地方立法的主体做了明确的界定，新修订的

① 张文显：《法理学》，190页，北京，高等教育出版社，2011。

《中华人民共和国立法法》将“较大的市”扩大到“其他设区的市”，这项修正案的一个重要内容就是赋予所有设区的市地方立法权，并将其立法范围予以明确。同时，民族地区教育立法主体的合法权力还来自《中华人民共和国民族区域自治法》对民族自治地方的人民代表大会中人大代表不同民族比例和名额的规定，同时强调民族自治地方的人民代表大会常务委员会中“应当有实行区域自治的民族的公民担任主任或者副主任”。民族地区教育立法的价值是立法主体基于自身价值判断而做出的一种选择，体现了立法主体的某种价值偏向，因此，立法主体的特殊性是民族地区教育立法特色产生的根源之一。从立法主体的民主性角度看，虽然相关法律法规对民族地区教育立法的主体有所限定，但在立法过程中因为注重教育立法问题的科学研究以及不同利益主体声音的表达，社会各阶层得以直接或间接地对立法活动产生影响，成为立法活动的主要参与者。“大多数民主观念是以民治政府原则为基础的”，这实际意指人们“参与制定安排其生活及决定社会命运的重大决策”。[①] 社会主义国家更是把人民主体地位提高到前所未有的高度，随着社会的发展和技术的进步，其他教育利益相关者参与到立法活动的权利得到法律上的保证，参与路径因信息化进程加快和立法信息公开程序规范而显得更加便捷。但需要强调的是，其他利益主体对民族教育立法的影响更多体现在建议、监督等间接权力上，而非直接的表决权。

第二是在立法依据上，当前民族地区教育立法体现出依据从属性与创新性的协调。立法依据是地方立法活动的合法性和合理性存在的前提条件，从合法性来讲，民族地区教育立法要遵循上位法律

① ［英］安德鲁·海伍德：《政治学》，张立鹏译，第二版，87页，北京，中国人民大学出版社，2007。

法规的基本规定；从合理性来讲，民族地区教育立法要符合立法活动的基本原则和基本法理。地方立法活动这种不可逾越上位法律和基本法理的典型特征，可以称之为立法从属性。民族地区教育立法不是凭空产生、一蹴而就的，《中华人民共和国宪法》《中华人民共和国教育法》和《中华人民共和国民族区域自治法》等上位法是其立法活动的根本依据，同时，民族地区教育立法也伴随着我国社会经济发展宏观环境变迁和中央层面其他教育法律体系逐渐健全而得以发展和完善。因此，站在从属性角度，民族地区教育立法不能和上位法律基本精神和原则相抵触，几乎所有的民族地区教育立法都会在第一条就明确规定，根据《中华人民共和国民族区域自治法》《中华人民共和国教育法》和有关法律、行政法规，结合地方实际，制定相应条例或本法。此外，《中华人民共和国立法法》对地方立法的从属地位、细化与补充作用予以明确，这对民族地区教育立法从属性地位的确认产生了重要影响。

但是，民族地区教育立法既要不违背上位法律相关规定，又要彰显自身教育法律特色，其可能性来自何处？根据对相关法律法规文本梳理我们发现，这种可能性首先来自上位法律法规对其变通权的认可，如《中华人民共和国民族区域自治法》第二十条明确规定，“上级国家机关的决议、决定、命令和指示，如有不适合民族自治地方实际情况的，自治机关可以报经该上级国家机关批准，变通执行或者停止执行”。同时还来自上位法律法规因法律局限性，难以对各个地方教育立法事项予以细微的规定和限制，只能从宏观角度对教育的基本方向、基本原则和基本要求做概括性规定，加之在民族教育立法领域，由于缺乏专门的中央层面的《中华人民共和国少数民族教育法》，这样一来，民族地区教育立法可能性就大大增强。正如有学者所言，地方立法的存在有一个大前提就是中央立法留有空隙，即中央立法由于某种外在的或者内在的原因而不能够对有关的社会事态作出规定，这个空隙也就成了地方立法的基本空间。[①] 如上所述，民族地区教育立法这个空间是上位法律授权、上位法律难以具体规定、上位民族教育法律欠缺三重因素叠加的结果，这个结果造就了民族地区教育立法发挥主观能动性，因地制宜进行立法活动，彰显出典型的立法创新性。但必须指出的是，民族地区教育立法创新性不是一味追求新颖和独特，而是基于地方教育发展实际，契合地方教育发展目标需要，创造性地制定教育发展的具体措施和细化教育发展的具体目标等。这种创新性是建立在从属性的基础上的，既不能摆脱上位法的束缚，也要突出地方立法的特色。因此，创新性与从属性两者间需要立法主体予以协调关系，规避从属性导致僵化、或者创新性导致方向偏失等风险。

第三是立法过程上，当前民族地区教育立法体现出程序排他性与公开性的交融。地方政府立法程序是指省、自治区、直辖市和较大市的人民政府在制定、认可、修改、补充、解释、废止地方政府规章以及规范性文件的过程中必须遵循的步骤与方法。[②] 由此可见，民族地区教育立法程序的制度化是想基于民族教育地方实际这一现实，力图通过控权手段实现实体法之目的。从现实来看，民族地区教育立法程序和其他地方立法程序一样，具有民主性、公开性、自律性等基本特征，但就其立法程序特色而言，民族地区教育立法体现在两个方面，即权力排他性和公开性所体现出来的特殊性。

基于排他性角度，民族地区教育立法权力虽然是人民共享，但基于现实条件制约，人民所享有的权力只能通过间接路径得以实现，地方立法权力主要是由人大及其常委会享有；同时，在我国当

---

① 张淑芳：《地方立法客体的选择条件及基本范畴研究》，载《法律科学》，2015（1），79~88页。

② 刘钢柱：《加强地方政府立法程序建设问题研究》，载《国家行政学院学报》，2016（11），71~75页。

前行政管理体制下，不同社会活动领域的立法问题都呈现出鲜明的部门立法特征，民族地区教育立法自然也不例外。从部门角度看，民族地区教育立法问题的缘起虽是社会教育问题，但前期研究和提出立法申请的部门和团体多是地方教育行政部门和民委相关部门，还有一些民族院校的人大代表也可能参与进来，由于民族地区教育立法具有极强的专业性（如反映地方民族教育实际、与上位法律无缝对接、体现时代发展现实需求等），其他部门也很难参与到具体事务中来。因此，这种基于立法推荐限制和极具专业性的立法活动导致了民族地区教育立法的排他性，这种排他性也意味着立法主要责任主体拥有专门的权力，也要承担相应的责任。也正是立法程序的制度设置，保障了立法者权力排他性同时，也对其恣意立法等风险进行有效控制，促使民族地区教育立法走向正义、公平、秩序的法律轨道。

即便民族地区教育立法因条件限制和立法专业性原因产生了排他性的特征，但立法过程所倡导的公开性和民主性仍然得以保障，只是从民族地区教育立法过程来看，这种公开性也是具有自身特色的，其所公开的重点对象是民族教育发展的利益相关者。这充分体现在立法问题产生阶段多来自民族教育相关领域公众的教育诉求，在立法前期研究阶段多依靠民族教育领域专家学者和实践工作者，在立法活动核心环节多有民族教育相关部门和代表的参与，在立法结果公示阶段也将考虑不同语言和文化需要采取多种文字保障其知情权。总的来说，民族地区教育立法过程的特色，就体现在正确整合权力排他性和程序公开性的关系上，通过融合两者关系彰显出民族地区教育立法的自身特色。

第四是立法内容上，当前民族地区教育立法体现出内容动态性与引导性的契合。立法内容是彰显民族地区教育立法特色最直观的一环，民族地区教育立法并不因从属性而丧失独立性。通过地方立法发展民族教育，其作用在于对已有的中央层面的教育立法契合地方实际做好衔接和细化，对中央层面赋予变通权的法律事项或其尚未立法的民族教育领域进行创新和探索。因此，民族地区这种教育立法特色克服了中央层面民族教育法律难以全面应对民族地区教育差异性的局面，能及时根据地方实际情况调整教育发展方式、整合教育发展资源，是上位法律法规的补充、发展和深化。

从立法内容的动态性角度看，民族地区相对于中央层面民族教育立法，涉及的教育利益冲突要小，立法程序相对简单，因此立法难度也大大降低。这样一来，民族地区教育立法对地方社会经济发展的适切性优势就能够很好地展现，地方有权立法机关可从当地实际情况的需要和紧迫性出发，及时制定相应的地方教育法规，并随着形势的变化，对已不适应民族地区教育发展的法律法规进行及时修改或废止。近几年的民族教育立法诸如《云南省少数民族教育促进条例》（2013）等，在内容上都呈现出与时代发展需要相契合的动态性特征。当前，民族地区教育立法的发展逐渐扩大到民族地区地理、文化、教育发展、社会经济、生计方式等方面，以教育发展差异性为切入点，强调在缩小民族地区与非民族地区教育差距的同时，注重避免教育发展同质化倾向。可以说，当前民族地区教育立法动态性也直接反映了当前民族教育政策法规转型的发展趋向，即资源配置从资金投入向教育资源优化配置转变，教育倾斜政策从优惠性向特殊性转变，教育权利保障从单一性向多样性转变，以及教育目标同质化向多元化转变。[①]

从立法内容引导性角度看，处于教育转型期的民族教育发展所面对的教育内外部环境更为复杂，民族教育发展的基本方向和基本

---

① 李祥、胡雪芳：《论民族地区教育优先发展政策的转型及其实现》，载《西北民族大学学报（哲学社会科学版）》，2015（4），177~183页。

原则不能改变。不仅如此，教育法律因其资源的有限性只能关注当前民族教育发展最为核心和困难的问题，通过地方立法层面所阐释的民族教育发展基本问题是最主要的矛盾，对民族教育发展具有导向性的作用。反过来说，站在国家政策法规立场，民族教育立法问题颇为复杂，更需要民族地区试点和积累立法经验，民族地区教育立法的发展今后也将成为中央层面相关法律建立健全的重要依据。因此，无论是从民族地区贯彻中央层面民族教育法律精神，还是民族地区教育立法实践为中央层面立法提供经验来看，民族地区教育立法的引导性特色均颇为明显。能纳入民族地区教育立法内容的，必然是民族教育发展最为关切、最为复杂、最具现实紧迫感的民族教育核心问题。必须指出的是，民族地区教育立法内容的动态性与引导性是契合一致的，民族教育发展的动态不能违背教育发展的方向和原则，而民族教育发展的方向和原则的导向又必须契合民族地区不同时期教育发展的诉求和条件，他们归根结底，均是为了实现民族教育科学发展、优先发展以及可持续发展。

综上所述，民族地区教育立法围绕“教育利益协调”，权威性地回答了“为谁立法?”“谁来立法?”“怎样立法?”“立什么样的法?”四个基本问题，其特色的彰显也主要表现在这些方面，在教育治理现代化的进程推进中，通过健全法律制度实现教育治理法治化，是当前民族地区教育发展的重要议题。

（四）民族地区教育发展其他协调机制

法治机制作为一种权威性、强制性的利益分配机制，更多倾向于解决教育利益分配的公平性问题，对教育发展的效率性问题难以更好顾及。但民族地区教育发展基础条件薄弱，我们不仅需要实现教育发展利益分配的公平性，还要追求教育发展利益的扩大，也就是实现教育利益增值。民族地区教育发展其他协调机制着力于提升教育发展速度和质量，也做出了较为突出的贡献。在实践中，民族地区教育发展其他协调机制主要是依靠道德自律的平等协商机制和依靠经济激励的竞争分配机制，前者更多是通过观念引导，促使不同利益主体正确对待利益差别、培养理性妥协的精神以及完善教育利益表达渠道，后者更多是立足于教育竞争机制，激发不同主体参与动力和活力，并认同竞争规则获取不同教育利益，达到社会稳定的利益协调机制，后者尤其在教育资源稀缺领域使用较为明显。

1. 平等协商机制

从一种自由、平等、理性分析的视角来看，协商民主能够化解自由与秩序的矛盾，维护社会的平等和正义。[①] 相比法治路径的利益协调来说，平等协商因其跳出自由与秩序博弈，也成为民族地区协调教育利益的重要手段。一方面，平等协商更多基于已有教育利益的合理分配。民族地区教育发展的利益分配，教育行政部门通常处于强势地位，为使得平等协商能够顺利进行，教育治理转型多从推动教育管理活动的民主化、科学化入手。平等协商作为化解教育发展中的矛盾问题也被民族地区教育行政部门广泛使用，例如广西曾出台的《关于在全区教育系统集中排查调处矛盾纠纷、排查整治治安混乱地区和突出治安问题活动的通知》（桂教思政〔2008〕11号），明确提出充分利用调解手段化解矛盾纠纷。对群众关心的（教育）利益，要引导矛盾双方“互谅互让、平等协商、心平气和地解决矛盾”。通过对民族地区许多教育合作相关新闻报道的梳理，我们也发现“平等协商”是高频词，不同主体间教育合作多强调是在“平等协商，互利互惠”基础上进行的，如《青海省人民政府关于在公共服务领域推广政府和社会资本合作模式的实施意见》（青政〔2016〕43号）、云南民族大学与瑞丽市共建“澜沧江—湄

① 董前程：《协商民主能否成为可能——自由、平等与理性之于协商民主》，载《西南政法大学学报》，2009（2），124~129页。

公河国际职业学院”等相关报道中无不多次提及“平等协商”。

另一方面，借助民族地区教育发展条件实现教育发展利益增值。如果说平等协商还停留于对已有教育利益的分配，那么在民族地区教育发展条件不断改善情况下，通过教育利益增值实现互利互惠，也成为民族地区教育发展各方主体的努力方向。最为典型的是“互联网+”语境下民族地区教育发展利益的增加。2002 年 8 月 19 日，教育部召开第五次全国民族教育工作会议，国务院做出《关于深化改革加快发展民族教育的决定》。决定指出：“大力支持少数民族和西部地区发展现代远程教育，提高这些地区对优质教育资源的共享能力，实现民族教育的跨越式发展。”实现民族教育信息化“政、产、学、研、用、连、变、生”为一体的开放协同发展模式，对于推动少数民族地区教育的变革，促进各民族团结奋斗和繁荣发展，具有深远而重要的意义。① 与其他教育资源供给方式不同，“互联网+”民族教育更致力于探索新的民族教育资源供给模式，着力点是教育利益增值问题，其对各方主体的增值利益至少表现在以下方面：其一是对政府主体而言，民族教育信息化建设破解了政府主体信息不对称的难题，是推动政府治理现代化的重要渠道；其二是对市场主体而言，民族教育信息化拓宽了其参与空间和机会，更能发挥其优势；其三是对社会组织而言，民族教育信息化扩大了其参与影响力，并降低了参与成本，为更多条件不便的个人和组织参与到民族地区教育发展中来提供了便捷渠道；其四是对学校主体而言，民族教育信息化实现了优质教育资源共享，对学校开展家校互动、班级管理、教学改革等都起到了积极作用。从宏观层面来说，“互联网+”下的民族教育发展模式也在创新，民族教育发展

① 甘健侯、赵波、李艳红：《“互联网+民族教育”的内涵、价值及实现路径》，载《学术探索》，2016（2），141~145 页。

理念也发生了变革。空间的藩篱被打破后，民族地区与其他地区之间的教育互动增强，教育理解更加深化。

当前，适应“互联网+”的民族教育治理变革成为民族地区教育发展利益增值的重要切入点。《国家中长期教育改革和发展规划纲要(2010—2020年)》第九章“民族教育”中指出：“支持民族地区开展现代远程教育，扩大优质资源覆盖面。”有学者就指出，我国近十年以来民族教育信息化的发展基本是沿着“民族教育资源数字化→民族教育资源网络化→多源民族教育资源集成”的指向路径发展。[①] 这种路径通过增加民族教育优质资源的数量缓解了民族地区教育发展的利益冲突，亦是优化民族地区教育发展协调机制的重要切入点。

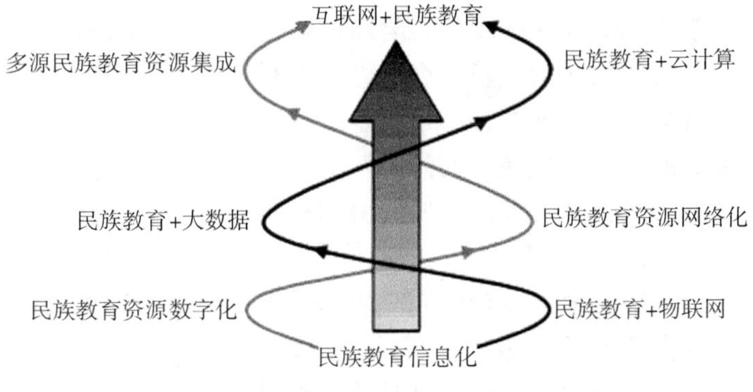

图 2–1　互联网+民族教育信息化建设发展的双路径[②]

2. 经济激励机制

民族地区教育发展协调机制采用的常见经济激励机制是市场竞

---

① 甘健侯、赵波、李艳红：《“互联网+民族教育”的内涵、价值及实现路径》，载《学术探索》，2016（2），141~145 页。

② 同①。

争机制，更多是基于教育资源的有限性，尤其是优质教育资源的稀缺性。竞争的本质是利益驱动，在有一定限制的条件下，在允许的教育领域实现市场开放、公平竞争，有利于多元优质的产品供给。在实践中，我们常见的校企合作、合同机制等都是市场竞争机制，这种机制中政府的作用被限定在最低限度。当前，民族地区教育发展中的许多问题催生了教育市场的产生，如“三点半难题”催生了许多中小学生托育服务的创新型机构等。近年来，民族地区教育发展的经济激励机制与教育精准扶贫结合起来，凸显出自身的特色，教育被视为彻底性解决经济贫困问题因素得到重视和激励。一般认为，教育在民族地区社会经济发展过程中要真正发挥扶贫的先导性作用，其立足点不能只看到扶贫工作的短期效益，而是要从根本上解决人口素质不高这一问题，在阻断代际传递“防止增量”中扮演突出角色，为消除贫困、斩断穷根做出特有的贡献。

将教育与经济发展结合起来，是一种激励不同主体参与民族地区教育发展的动力，也是有效的协调机制。作为经济激励的民族地区教育精准扶贫，充分发挥了发展协调机制的作用，其作用主要表现在以下三方面。

第一，从民族地区教育资源获取和分配角度看，民族地区教育精准扶贫的本质是尊重教育差异、实现教育实质公平。长期以来，落实民族地区教育扶贫战略一直是社会共识和自觉愿望，党的十八大提出“将教育资源向民族地区倾斜，促进民族地区经济社会又好又快发展”，国务院《关于加快发展民族教育的决定》（2015）明确作出“决不让一个少数民族、一个地区掉队，推进民族教育全面发展”的庄严承诺，许多省市、自治区也通过教育立法保障民族教育健康快速发展。从纵向上看，民族地区教育扶贫经历了从缩小地区教育差距、尊重民族地区教育差异到教育精准扶贫三个阶段，其中教育精准扶贫是民族地区教育发展进入新的阶段后，国家构建民族地区教育发展新格局的一项重要机制。基于教育精准扶贫考量民族地区教育资源获取和分配问题，虽然其尊重教育差异、实现教育实质公平的本质并没有改变，但却面临两个新的挑战。一方面，在政府治理转型背景下，民族地区教育发展政府主导的局面将发生新的改变。政府部门既要通过教育权力下移和教育权力分化实现自身治理机制的优化，同时民族地区教育发展中呈现出的诸多复杂问题也需要社会组织、市场机制的积极参与解决。如何促使政府、市场、社会组织等多方主体在民族地区教育资源供给与需求间达成最佳配比，是民族地区教育精准扶贫机制构建在积极探索的问题。另一方面，准确识别教育贫困人群是民族地区教育精准扶贫的基础。民族地区教育扶贫政策瞄准精度要求的不断提高，瞄准单元逐渐下沉，虽契合民族地区教育发展实际，但给民族地区教育扶贫制度建设提出了更高的要求。改革开放四十年来，民族地区人民群众能上学的教育愿望逐渐实现，但“上好学”“自由上学”的需要日益凸显，这使得民族地区教育扶贫面临前所未有的挑战。缺乏精准的瞄准机制，可能导致对教育贫困群体和状况的认识不足，阻碍教育扶贫资源的精准使用，最终难以缩小民族地区与非民族地区的教育差距，也难以缩小民族地区内部的教育差距。

第二，从教育权力运行规范性和有效性角度看，民族地区教育精准扶贫需要以政府教育治理转型为行动路径。虽然从根本目标上来说，民族地区教育精准扶贫是为了提高教育扶贫资源的使用效率和瞄准精度，但是长期以来，民族地区教育发展机制是在政府主导下运行的，纵观民族地区教育扶贫治理体系的变迁过程，可以发现，政府主导教育发展机制因其自身的缺陷，在精准识别民族地区教育贫困人群方面并不具备必然优势，在新时期民族地区教育诉求多元化背景下，可能导致教育扶贫针对性不高、扶贫效果低下。在全面建成小康社会的关键时期，我国扶贫开发目标呈现多元化特点，扶贫治理体系围绕片区精准和个体精准建立了专项扶贫、行业扶贫和社会扶贫“三位一体”的扶贫战略格局①，从制度保障、技术和资金支持、人力成本及社会收益等角度看，积极引导市场力量、社会力量的积极参与，优化政府治理的权力结构，是新时期民族地区教育发展机制优化的必然选择。

第三，从教育发展权利保障角度看，民族地区教育精准扶贫秉持办人民满意教育的基本理念。当前，人民群众对教育发展的期待已从“能上学”到“上好学”转变，尤其是对教育公平问题十分关注。在民族地区教育发展进程中，最大的教育发展问题就是城乡教育差距的不断扩大，即使近些年来随着政府部门对民族地区教育发展扶持力度不断加大，民族地区与非民族地区教育差距逐渐缩小，但是在民族地区内部，城乡教育差距问题并没有得到根本改变。长期以来，民族地区教育问题的关注靶向更多集中在城市，这是民族地区内部造成城乡之间教育差距的主要原因，城镇化进程的加快更是使得乡村教育发展陷入窘境，这既有农村劳动力转移带来的农村学校空心化、小规模以及流动儿童上学难的问题，也有农村本身治理现状不乐观、农村教育思想观念变化、农村教育政策的制度缺陷等带来的农村留守儿童教育问题、农村教育发展转型问题等棘手难题。归根结底，这些问题都是源于乡村社会变迁和社会经济发展的必然结果，当前民族地区教育精准扶贫逐渐强调将瞄准单元下移至乡村，将靶向指向农村教育。所以说，秉持办人民满意的教育基本理念，必将把缩小民族地区城乡教育差距、促进教育均衡发展放在核心位置，从关注留守儿童教育问题、农村教育可持续性和适切性等精准问题出发，提高民族地区教育质量和效率，为民族地

① 黄承伟、覃志敏：《论精准扶贫与国家扶贫治理体系建构》，载《中国延安干部学院学报》，2015（1），131~136页。

区社会经济发展做出积极贡献。

五、优化民族地区教育发展导引机制的地方实践

在上一章，笔者提及在民族地区教育发展过程中，不同参与主体的参与目的和意志始终指导着其参与行为，成为教育发展的导引机制，但要影响不同主体参与目的、意志直至行为，需要建立一个非常健全的导引机制。当前，民族地区教育发展面临转型升级，同质化的教育发展路径和评价方式已不适合解读现阶段民族教育发展的特殊性问题，当前民族地区通过政府教育治理转型实现教育治理现代化，积极探索构建以法律保障为基础，以政治引导、经济引导、文化引导、教育引导等为切入点的长效引导机制。优化民族地区教育发展导引机制的地方实践主要涉及四个维度三个要素，即政治导引、经济导引、文化导引、教育导引四个维度，价值、方法和评价三个要素。如果说动力机制是解决民族地区教育发展为什么问题，协调机制是解决民族地区教育发展如何做问题，那么导引机制实际是解决民族地区教育发展做什么问题，本质上是回答教育发展收益如何增值问题。根据以上“四维度三要素”，我们进一步来分析民族地区在相关实践探索中的主要做法。

（一）政治导引的地方实践

政治导引的地方实践就是民族地区教育发展所要追寻的政治价值确立、确保教育发展政治方向的主要措施，以及对民族地区教育发展政治目标实现的评价手段。

1. 民族地区教育发展的政治价值定位

所谓民族地区教育发展的政治价值，是对民族地区教育发展活动和现象的一种政治选择及判断，是民族地区教育发展政治意义的体现形式。政治价值是我们评价民族地区教育发展质量的维度之

一，政治价值也是导引民族地区教育发展政治方向的基本立足点。教育的性质与政治紧密相连，一方面，政治体制、政治纲领等决定了教育的方针、目的；另一方面，教育发展对促进社会稳定和维护政治稳定以及促进政治变革具有重大功能。民族地区教育发展和其他地区教育发展具有共同的政治功能，体现出中国特色社会主义教育发展道路的本质要求。但同时，民族地区教育发展的政治价值还有特殊性表现，特别是民族团结教育在民族教育工作中具有特殊而重要的地位，可以说，民族团结是我国民族工作的最高政治伦理和价值追求。[①]

《国务院关于加快发展民族教育的决定》（国发〔2015〕46号）从指导思想、基本原则上充分体现出民族地区教育发展的政治价值定位。例如在基本原则上，将坚持中国共产党的领导作为首要原则提出，要求“坚定不移地把党的政治领导、思想领导、组织领导贯穿到民族教育工作的全过程和各方面，坚持社会主义办学方向，坚持中国特色社会主义道路，坚持维护祖国统一，坚持各民族一律平等，打牢中华民族共同体思想基础，巩固和发展平等团结互助和谐的社会主义民族关系”。民族地区在教育发展政治定位上，也主要围绕坚定社会主义办学方向、贯彻落实党的教育方针和民族政策展开。

2. 保障民族地区教育发展政治方向的主要措施

根据《国务院关于加快发展民族教育的决定》（国发〔2015〕46号）要求，保障民族地区教育发展政治方向主要围绕积极培育和践行社会主义核心价值观、建立民族团结教育常态化机制、加强党对民族教育工作的领导三个部分，民族地区也主要围绕这几个方

① 高淑桃：《民族团结是我国民族工作的最高政治伦理和价值追求》，载《贵州民族报》，A02版，2012-06-15。

面开展相应工作，积累了丰富经验。通过对民族地区《关于加快发展民族教育的决定实施意见》的梳理，我们发现民族地区教育发展政治方向的保障措施总体是一致的，但各地结合自身实际，也有一些因地制宜的具体办法。

第一是积极培育和践行社会主义核心价值观。民族地区制定了相关实施意见，专门凸显积极培育和践行社会主义核心价值观的主要路径，例如内蒙古提出把培育和践行社会主义核心价值观融入国民教育全过程，抓好自治区制定的“小学公民意识、初中公民素养、高中合格公民、大学合格建设者和可靠接班人”教育实施方案的落实工作。广西提出通过课堂教学、社会实践、文化育人、制度建设、管理育人、网络德育等途径，教育引导广大学生理解社会主义核心价值观的内涵，把社会主义核心价值观转化为思想意识和自觉行动。云南省提出坚持课堂教学、社会实践和校园文化建设协同推进，引导各族师生牢固树立中国特色社会主义共同理想。在实践中，创新教育载体和方式，结合学生身心发展实际开展多样的主题教育实践活动，将爱国主义教育融入学科课程等都是较为常见的做法，也取得了较好的效果。

第二是建立民族团结教育常态化机制。民族团结教育是民族教育的重要组成部分，建立民族团结教育常态化机制是民族地区教育发展机制优化的主要任务之一，民族地区结合自己实际，在开展民族团结教育方面也做了许多有益的探索。例如贵州、内蒙古等民族地区在小学高年级、初中专门开设了民族团结教育专题课，在普通高中思想政治课程中强化民族团结教育内容，民族地区组织编写了民族团结教育地方补充教材并纳入免费教科书范围。民族地区民族团结教育教材多具有本土特色，教学形式也较为科学多样，像贵州省还专门在高校开设了“贵州省情”课程。从实践来看，民族地区民族团结教育已经不局限于学校主体，政府部门特别是教育行政部门和各级民委在民族团结教育中发挥了积极作用，地方高校、一些社会组织也积极参与到民族团结教育中来。从形式上看，民族团结教育虽然强调进课堂、进教材，但其他形式的活动也开展较多，例如利用微信公众号搭建宣传平台、联合开展“唱响民族团结进步主旋律”宣传活动、开设民族团结教育培训班等。此外，近年来各地也注重民族团结教育师资的培养，采取了一些较为可行的措施，但多数师资来自不同学科，本土化民族团结教育专业师资培养还在探索实践中。

第三是加强党对民族教育工作的领导。党的领导是保证民族地区教育发展方向的根本保证，在导引机制优化中处于核心地位，通过健全民族教育的领导体制和工作机制，实现党委在民族教育发展中的核心作用，是导引机制优化的首要目标。从实践看，加强党对民族教育工作的领导，主要是从加强民族地区政府和学校党建工作、明晰政府主体责任、加大对口帮扶任务落实等方面展开的。从基本思路看，民族地区教育发展党的领导落实多强调统筹协调和分类指导，教育行政部门作为民族教育工作的牵头部门得以明确，云南等省区还明确了教育行政部门在民族教育工作中主要承担民族教育的统筹规划、综合协调、宏观管理、督导评估责任等具体任务；内蒙古等省区还提出加强跨省区民族教育协作的措施，民族地区相关部门密切配合的工作机制在不断完善，提升各级党员干部政治意识、责任意识、阵地意识和底线意识成为重要抓手。

3. 民族地区教育发展政治效益的评价机制

民族地区教育发展政治效益的表现具有影响因素复杂性、表现形式多样性的特点，较难进行系统评价和科学评估，政治效益所追求的构建中华民族共有的精神家园，也具有长期性，是诸多主体长期合力努力的结果，评价对象难以精准。因此在实践中，民族地区教育发展的政治效益评价主要体现在发展过程的政治方向调控和民族团结教育的督导评估两方面。从前者看，政府主体高度重视民族地区教育发展的政治站位，对破坏国家统一、煽动民族分裂、有违民族平等、伤害民族情感等行为实行一票否决，情节严重的还要追究法律责任；从后者看，将民族团结教育纳入督导评估工作，是《国务院关于加快发展民族教育的决定》（国发〔2015〕46号）的明确要求。民族地区对民族团结教育的实效评价也非常重视，根据《新疆维吾尔自治区民族团结教育条例》（2009）的要求，“民族团结教育领导机构应当建立民族团结教育年度考核制度，制定考核评估办法，加强对民族团结教育的监督检查”。一些民族地区还探索建立了民族团结教育领导责任制和目标考核制，在教育督导工作中，民族团结教育的师资队伍建设、经费保障和教材建设也被纳入其中。

（二）经济导引的地方实践

教育与经济的关系十分紧密，一般认为经济实力是教育发展的物质保障，民族地区教育发展中所存在的问题许多是因为经济基础落后造成的；同时，教育又能给经济发展供给合格的劳动者，并在地方经济发展转型升级中发挥重要作用。长期以来，民族地区教育发展的导引机制均离不开对民族教育与民族地区经济发展关系的科学认识，经济导引成为民族地区教育发展的直接导引。

1. 民族地区教育发展的经济价值定位

民族地区教育发展的经济价值定位集中体现在民族地区教育发展各项法律、政策文本之中，从民族地区民族教育相关立法文本中我们可以窥见其对民族教育发展经济价值的定位。民族地区教育发展的经济价值定位体现在三个方面：一是强调少数民族教育发展是国民经济与社会发展的重要组成部分。如《云南省少数民族教育促进条例》（2013）第四条提出“把少数民族教育事业纳入国民经济和社会发展规划”，《内蒙古自治区民族教育条例》（2016）第六条提出“旗县级以上人民政府应当将民族教育事业纳入国民经济和社会发展总体规划，积极推进民族教育的创新发展”。二是强调教育与社会经济发展关系中“教育优先”。民族地区教育优先发展表现出空间视角的地区教育发展优先、要素视角的教育子系统发展优先、内容视角的民族文化教育优先三种具体形态①，这在民族教育相关法律中均得到了全面体现。一方面，在经济条件不利情况下，对民族教育进行财政优先保障，例如通过设立少数民族教育专项经费，给予少数民族学生学费优惠或免除，给予少数民族学校师生生活补贴等；另一方面，确保财政倾斜和优先增长，《内蒙古自治区民族教育条例》（2016）第七条规定“自治区对民族教育实行财政优先保障制度，切实保障各级各类民族学校和民族教育机构的发展需求以及办学经费的稳定增长”。《宁夏回族自治区民族教育条例》（2001）第二十四条提出“自治区人民政府要加大对民族教育经费的投入，民族教育经费应当随着财政收入的增长逐年增加”。三是凸显民族地区教育发展要适应社会经济发展需要。民族地区教育发展不能超过社会经济发展所处的阶段，在经济价值定位上，更强调民族地区教育发展要培养社会经济发展所需要的各级各类人才，“适应”成为处理民族教育与经济发展关系的重要着力点。例如《云南省少数民族教育促进条例》（2013）第六条提出“发展具有少数民族教育特色并能适应民族地区经济社会发展的学前教育、义务教育、普通高中教育、职业教育、高等教育、特殊教育”，《内蒙古自治区民族教育条例》（2016）第二十二条提出“高等学校应当加强具有民族特色的重点学科和专业建设，设置适应经济社会发展的学科专业，培养研究型、创新型、应用型少数民族优秀人才和蒙

① 李祥：《论民族地区教育优先发展的基本内涵及其法律保障》，载《民族教育研究》，2016（3），5~11页。

汉兼通的高素质人才”。

2. 民族地区教育适应经济发展需要的主要措施

如前述，“适应”是定位民族地区教育发展与经济发展关系的主要切入点，民族地区也围绕民族教育发展如何适应地方经济发展需要展开了积极探索，经济发展需要成为导引民族教育发展走向的一股重要影响力量。这里我们从职业教育服务民族地区社会经济发展、高等教育服务民族地区社会经济发展两个方面进行分析。

一方面是职业教育服务民族地区社会经济发展。长期以来，培养创新创业人才和培育新型职业农牧民是民族地区职业教育的应然追求，当前在民族地区乡村振兴战略背景下，职业教育同样发挥着积极作用，也充分反映出社会经济发展对教育发展“导引”的作用。乡村职业教育服务乡村振兴的独特作用主要体现在以下几方面：一是全民性。乡村职业教育可以提供低成本、多样性的教育内容，能最大范围惠及乡村不同教育需求的人群。二是农村技能性。乡村职业教育注重其适农功能，能有效提升教育服务乡村振兴的能力。三是开放性。乡村职业教育与农村社会经济发展紧密相连，又与其他教育系统共同形成终身教育体系，能有效链接教育供给与地方需求。四是实践性。乡村职业教育更重视与生产实践相结合，无论教学内容、教学方法等均体现出其实践性的特征，对文化层次普遍偏低的农民而言，这一特征更能提高乡村职业教育的可接受性。在实践中，民族地区推动职业教育适应地方经济发展需要主要从专业设置、校企合作、与东部职业院校联合办学等方式开展，一些有条件的地方还通过税收优惠等鼓励优质职业教育企业到民族地区举办职业教育。民族地区职业教育与地方经济发展的契合点有多方面，其中依托民族文化资源开展职业教育较有特色，例如广西壮族自治区推动民族文化传承创新职业教育工程，建立 40 个集民族工艺传承创新、文化遗产保护、高技能人才培养、产业孵化于一体的民族文化传承创新职业教育基地。一些职业院校通过聘请非物质文化传承人、民族技艺大师到学校兼职，通过民族特色职业教育专业设置等路径，提高了人才培养的地方适切性。

另一方面是提升地方高等教育服务社会经济发展能力。民族地区依托所在地的高等院校，为民族地区经济发展提供高层次人才支撑。从宏观看，民族地区通过优化高校布局，支持创办理工科（如2013年成立的贵州理工学院就是响应了贵州“工业强省”战略）、应用型本科院校，引导一批高校向应用技术型转型（如毕节学院转型更名为贵州工程应用技术学院），适应民族地区经济发展需要。近年来，民族地区无论在高校设置、专业调整方面，无不充分考虑到民族地区经济发展的客观需要，工、农、医等急需人才专业得到重视，博士硕士点设置提升了人才培养层次。如内蒙古还优化蒙古语授课学科专业课程体系，完善蒙汉兼通高素质人才培养方案，民族地区高等教育的民族特色、地方特色得到彰显。

此外，在“一带一路”倡议背景下，民族地区也积极探索主动服务和融入路径，例如云南省就提出要提高各民族群众科学文化素质，为主动服务和融入“一带一路”国家发展倡议、加快实现云南“三个定位”发展目标提供人才保障。《内蒙古自治区民族教育条例》（2016）第三十五条就提出“自治区依照国家规定，积极发展国际教育交流与合作。鼓励和支持民族学校利用地缘优势和语言文字条件开展有关活动”，民族地区教育发展的社会经济影响已经逐渐扩散到周边国家和地区。

（三）文化导引的地方实践

教育与文化的关系十分密切，两者之间相互依存、相互影响。一方面，民族地区的文化影响其教育内容的选择和课程设计，不同地区和民族因文化的差异性其教学内容会有一定的差异，文化甚至影响到教学模式和教学方法；另一方面，教育是发展民族文化的关键路径，通过教育，民族地区的文化得以传递、交流、融合，从而创新发展。因此，文化导引成为民族地区教育发展的重要导引内容，这更多又是通过学校途径传承民族文化得以彰显。

1. 民族地区教育发展的文化价值定位

教育发展在民族文化传承中的价值是民族地区教育发展价值的特殊性表现之一，不仅学界长期呼吁通过教育途径实现民族地区文化传承与创新，在实践领域，传承民族文化也成为民族地区教育发展的重要任务。从相关政策法律文本中可以发现，民族地区教育发展的文化价值定位主要是通过民族文化教育，实现民族间的相互理解，增进民族团结和社会稳定，提升少数民族的社会适应能力。民族地区教育发展的文化价值定位主要有三方面的内容：一是民族文化教育。《云南省少数民族教育促进条例》（2013）第十一条提出“把民族优秀传统文化纳入相应课程”，《内蒙古自治区民族教育条例》（2016）第二十七条提出“自治区加强民族文化普及教育，在民族学校开设民族文化教育选修课，弘扬崇尚自然、践行开放、恪守信义的草原文化核心理念”，《宁夏回族自治区民族教育条例》（2001）第十三条提出“回民中学、小学应当重视回族优秀文化传统教育，开设民族政策常识课程，开展民族文化艺术和传统体育等活动，增进学生对少数民族的认识和了解”。二是双语教育。民族地区对双语教育非常重视，从相关政策法律可以看出，民族地区双语教育目的是传承文化、增进了解以及提升社会生活适应能力，也是服务于民族地区长治久安、培养民汉兼通人才的必然要求。三是适应风俗习惯的保障，落实到教育层面的价值主要是追求“理解”，实现和谐。《宁夏回族自治区民族教育条例》（2001）第二十三条规定“各级各类学校必须尊重少数民族教师和学生的风俗习惯，在生活上给予方便和照顾”，《内蒙古自治区民族教育条例》（2016）第二十三条提出“鼓励各民族学生互相学习语言文字，互相了解文化传统和风俗习惯”。

2. 学校在民族文化传承中的主要途径

基于民族地区教育发展的文化价值定位可以发现，民族地区教育发展的文化导引机制紧密围绕着“理解”“融合”等关键词展开，“理解”“融合”是定位民族地区教育发展与文化发展关系的主要切入点。民族地区教育发展主要在民族文化传承教育教师队伍建设、民族文化传承教育教学改革、民族文化传承教育的评价机制三方面凸显出自身的特色。

第一，完善民族文化传承教育教师队伍建设机制。民族文化传承落实的前提是要有优质师资，师资队伍建设成为其首先要解决的问题。在民族地区相关实践中，主要采取三种基本形式进行教师队伍建设，一是专门培养，二是培训其他学科教师兼职，三是聘请民间艺人、非物质文化传承人等。从专门培养角度看，系统而专业的民族文化传承教师培养，能够满足民族地区对优质民族教育师资的需求。但这种培养模式见效慢、规模小，多用于民族文化特色较为浓厚、对民族地区社会经济发展较为重要的内容上，特别是在民族音乐与舞蹈、民族工艺品制作、民族服装设计等方面。这些专业人才有一部分进入大中小学，成为专业的民族文化传承教师。此外双语教育在许多地方也开设了专门的师资班，如广西等地还建立了双语教师资格考试制度。此外内蒙古自治区对蒙古语授课为主加授汉语的民族学校学生，实行“中国少数民族汉语水平等级考试”制度；对汉语授课为主加授蒙古语的民族学校和开设蒙古语文选修课的普通学校学生，实行“蒙古语文应用水平等级考试”制度，这些都从源头上破解了民族文化传承师资质量问题。从培训其他教师兼职角度看，民族团结相关文化知识教育被广泛地传授给不同学科教师，民族地区教育行政部门也针对中小学教师情况经常性组织开展民族文化传承教育培训，教师队伍形成合力一定程度上缓解了民族文化传承教育压力问题。从聘请兼职艺人角度看，民间艺人具有民族文化的诸多资源，通过社会化聘请方式既能缓解学校办学经费压力，又能破解民族文化传承教育针对性不强的问题。在调研中我们发现这是许多民族学校的做法，如贵州从江县许多学校聘请民间艺人指导民族乐器弹奏、侗族大哥和“六洞”琵琶歌唱法，又如云南省组织选派“德艺双馨”的民族文化传承人进校园、进课堂，普及民族传统文化知识。

第二，优化民族文化传承教育课程教学体系。民族文化传承教育在地方实践中多依托地方教材和校本教材进行。一方面，民族地区制定了相关政策法律为民族文化传承教育课程教学体系改革提供制度保障，如《内蒙古自治区民族教育条例》（2016）第二十六条提出“自治区建立健全符合民族教育实际的双语教学课程教材体系，建设蒙古文教材编译专兼职队伍，提高国家课程教材编译质量，突出地方课程和校本课程教材特色”。另一方面，民族地区各级学校发挥主观能动性，积极探索校本课程开发的有效路径、在政府的支持下，许多民族学校开展了民族文化校本课程建设，一些社会组织还帮助民族学校增加了许多富有民族文化教育特色的设备、器材。例如贵州许多学校根据自身优势开展民族文化进课堂活动，注重民族文化传承教育的实践性、观赏性、趣味性和大众性，取得了非常可喜的成绩。

第三，建立民族文化传承教育评价机制。民族文化传承的导引机制还有非常重要的一个方面就是评价机制。民族地区十分重视通过建立健全评价机制推动民族文化传承教育的开展，我们选取两个典型案例加以说明。第一个案例是 2016 年开始贵州省启动民族教育“双百工程”，提出打造 100 所民族特色示范学校和培育遴选 100 名民族学校优秀教师的目标，贵州省教育厅专门从民族教育补助金里面设立专项经费予以支持。特别需要说明的是，贵州省民族教育“双百工程”也实践购买专业民族教育服务。示范评估给予民族学校开展民族文化传承教育较大激励，按照预期，贵州省计划到2020年力争省、市（州）、县（自治县）各级民族民间文化教育项目学校达到1000所。第二个案例是新疆维吾尔自治区自2011年起对双语教育进行质量监测。质量监测是由教育部考试中心和新疆教育厅组织有关单位开展的，涉及小学和幼儿园两个阶段，其中小学阶段既有六年级的固定横断调查，又有四年级到六年级的追踪研究。新疆双语教育质量监测对促进新疆双语教育开展有着较好的引导作用。实际上，建立示范基地、开展民族教育质量监测、开展双语教育督导评估是民族地区的普遍做法，如云南等省区也因地制宜创建双语教学示范基地，示范基地、教育质量监测等是民族地区民族文化传承教育评价机制的重要组成部分，发挥着民族地区教育发展服务民族文化发展的导引作用。

（四）教育导引的地方实践

我们说，导引机制规范着民族地区教育发展的目标向度，它主要聚焦在对参与结果的关注。民族地区教育发展的教育导引不仅立足于少数民族学生个体，而且通过教育发展实现每一个少数民族群体的教育权利。从后者来看，这属于教育发展权，而且我们还注意到，长期以来，受教育权被作为一种发展权看待，随着社会经济发展，没有接受过教育的个体和群体面临的已经不是发展的问题，而是生存的问题。因此民族地区教育发展的教育导引机制着力点在两个方面，一是民族地区教育发展对少数民族个体的教育导引，二是民族地区教育发展对少数民族群体的教育导引。

1. 民族地区教育发展的教育价值定位

民族地区教育发展落脚点是个人教育发展权利还是群体教育发展权利，这本身并不是很容易回答的问题。在西方哲学社会思潮中，新自由主义把个人当做分析社会现象和政治制度的根本变量，淡化在作为选择背景的文化社群中的成员身份的重要性。例如针对文化多元问题，新自由主义者提出了“善意忽视”原则（principle of benign neglect），认为国家不应该关心公民的民族文化身份和维系文化群体自身的能力，只要他的权利得到尊重。[①] 许多新自由主义者认为集体权利和个体权利是相冲突的，涉及个人权利和共同利益时，新自由主义者过于强调个人权利，忽视个人的自由和幸福只能在共同体中得以可能。而社群主义将社群作为分析政治制度的根本变量，在价值观上强调集体优先的原则，社群主义者喜欢强调文化成员身份的重要性，强调我们进入并非我们可以选择的历史和语言的重要性。[②] 社群主义者把维持社会共同利益（the common good of society）作为和个人自由权利一样重要的义务。[③] 马克思指出：“人的本质不是单个人所固有的抽象物，在其现实性上，它是一切社会关系的总和。”[④] 按照马克思主义理论的观点，我们首先将民族地区教育发展的教育价值从个体属性和集体属性两个角度进行界定，其原因有两点：第一，民族利益首先是群体利益，民族教育利益也首先是群体教育利益。第二，少数民族个体的教育发展权利不能离开其具有的民族身份和区域环境展开讨论[⑤]。

从民族地区教育发展相关法律文本中可以验证到这种教育价值

---

① Will Kymlicka. Contemporary Political Philosophy：An Introduction（Second Edition），Oxford University Press，2001. pp. 343～344.

② ［加］威尔·金里卡：《自由主义、社群与文化》，应奇、葛水林译，229 页，上海，上海译文出版社，2005。

③ Will Kymlicka. Contemporary Political Philosophy：An Introduction（Second Edition），Oxford University Press，2001. p. 212.

④ ［德］马克思、恩格斯著，中共中央马克思恩格斯列宁斯大林著作编译局编译：《马克思恩格斯选集》，第 1 卷，56 页，北京，人民出版社，2002。

⑤ 李祥、陈恩伦：《民族地区教育优先发展法律保障研究》，47 页，北京，中国社会科学出版社，2016。

定位。从群体教育发展价值来讲，相关法律对不同民族的教育发展问题依据其发展水平采取针对性措施，特别是对人口较少民族的教育发展，措施更为具体。如在组织机制建设上强调少数民族教育干部的选用。如《云南省少数民族教育促进条例》（2013）第十四条规定“民族学校的校级领导成员中应当有一名以上的少数民族成员”，《内蒙古自治区民族教育条例》（2016）第十七条规定“民族幼儿园园长、中小学校校长应当由具备国家和自治区规定的任职条件、符合岗位要求的相应少数民族公民担任”等。此外，涉及少数民族教育发展权利的相关条款还包括人口较少民族教育权利的规定、民族地区师范生定向培养的规定以及少数民族文化进课堂的相关规定等。如《内蒙古自治区民族教育条例》（2016）强调支持鄂伦春族、鄂温克族、达斡尔族以学校教育形式学习传承本民族语言和本民族文化。从少数民族个体教育发展权利来讲，教育导引机制所展现的功能是通过不断的教育发展，少数民族个体的社会发展机会增加。许多政策法律文本就招生倾斜、培养质量保障、就业优惠等做了具体的规定，这使得少数民族学生提升了对教育价值的认识。

2. 实现民族地区教育发展的教育价值的主要措施

根据《国务院关于加快发展民族教育的决定》（国发〔2015〕46号），民族地区教育发展的教育导引机制在不同阶段着力点并不相同，如在学前教育阶段强调“加快普及”，提出重点支持民族地区实施学前教育三年行动计划；在义务教育阶段强调“均衡发展”，凸显民族地区义务教育发展规划，资源布局应主动适应扶贫开发、生态移民、城镇化建设等需要；在高中教育阶段强调“提高质量”；在高等教育阶段强调“优化布局和结构”，有序扩大人才培养规模，特别提出加强少数民族高端人才培养工作，培养一批政治素质高、学术造诣深、具有国际影响力和话语权的少数民族优秀人才。

民族地区教育发展的教育导引机制着力点在两个方面：一是民族地区教育发展对少数民族个体的教育导引，二是民族地区教育发展对少数民族群体的教育导引。民族地区教育发展在教育导引措施上基于少数民族学生个体发展需要和少数民族群体发展权利，从教育入口关（招生）、教育培养关（过程）、教育出口关（就业）等三方面采取了许多行之有效的措施。

第一是改革少数民族招生制度。近年来，为了回应社会各界对高考加分的要求，民族地区少数民族加分政策做了许多调整和改革，进一步完善了边疆、山区、牧区、少数民族聚居地区少数民族考生高考加分优惠政策，以及推进民族地区和内地西藏班、新疆班毕业生高考招生制度改革、高校民族预科班招生改革等。《云南省少数民族教育促进条例》（2013）第十六条规定“对报考高等学校的本省少数民族高中毕业生，按照规定实行加分或者定向录取的优惠政策”。《内蒙古自治区民族教育条例》（2016）第二十四条规定“自治区对少数民族毕业生实行升学优惠政策。对报考区内外高等学校的蒙古族、鄂伦春族、鄂温克族、达斡尔族考生实行加分录取政策。对其他少数民族考生实行同等条件下优先录取政策”。《宁夏回族自治区民族教育条例》（2001）第十六条规定“参加普通高等学校、成人高等学校、高等职业技术学校、中等专业学校和成人中等专业学校招生考试的回族及其他少数民族考生，享受国家和自治区规定的降低分数段录取的照顾。逐步提高大、中专院校招收回族学生的比例，使回族考生录取的比例接近全区回族人口比例”。少数民族学生招生优惠政策还涉及少数民族高层次骨干人才培养上。不仅如此，从各地实践情况看，少数民族学生招生优惠倾斜政策贯穿少数民族学生学习的各个阶段。

第二是改善少数民族学生教育条件。民族地区为了改善少数民族学生教育条件，主要是从教育培养条件改善角度入手，着力解决教师队伍建设、教育发展条件改善两个问题。在教师队伍建设方面，教师培养机制包括民族地区免费师范生特别是双语师范生的培养，民族八省区制定乡村教师支持计划，落实国家乡村教师相关政策，广西等地针对教师下不去、留不住、用不上的现实问题积极探索本土化教师培养路径，取得了较好的效果。教师培训机制包括国家级、省市级的多重专业培训，互联网时代网络学习也成为民族地区教育培训的重要抓手，一些地区还成立了双语和“双师型”骨干教师培养培训基地。教师激励机制方面，改善民族地区和少数民族师资待遇近年来更加被重视，各地采取了落实乡村教师生活补贴、职称职务评聘倾斜、建立教师轮岗交流制度、加快农村教师周转房建设等有效措施。《内蒙古自治区民族教育条例》（2016）第二十九条明确提出“旗县级以上人民政府应当逐步提高各级各类民族学校教师待遇，改善工作条件和生活条件，保障教师合法权益。双语教学民族幼儿园、中小学校教师工资待遇应当适当高于同级同类学校的其他教师。民族学校设置的教师专业技术岗位，高级岗位比例应当高于同级同类其他学校”。在教育发展条件改善方面，涉及基础设施改善、经费投入保障、学生资助加大、教育信息化推进等诸多方面。在经费保障方面，近年来国家加大了中央财政对民族地区一般性转移支付和教育专项转移支付力度，民族地区也根据自身实际加快推进公共教育服务均等化的经费投入。值得一提的是，民族教育中央专项资金近年逐步增加，成为双语教育、民族团结教育、民族文化传承教育的重要经费保障。一些地方还专门出台了民族教育经费管理办法，如贵州省出台的《中华人民共和国贵州省民族教育专项经费管理办法》。在学生资助方面，民族地区进一步完善了学前教育资助制度、中职教育免学费政策以及高校资助政策。在民族教育信息化建设方面，民族地区教育信息基础设施建设进程加快，如贵州、广西等地与发达地区开发校际联网学习交流，一些学校开发在线民族教育学习平台等。

第三是提高少数民族学生培养质量。比较典型的是两方面，一方面是内地民族班管理，针对少数民族比较集中和内地民族班学生学习生活的实际，许多学校配备了专门的少数民族教师进行学生管理，一些内地班从教材建设、课堂教学改革、采取导师制等方面，加强对少数民族学生的针对性指导。另一方面是少数民族理科教育问题。近年来民族地区逐渐认识到发展理科教育对民族地区现代化发展的重要意义，但民族地区理科教育存在基础差、数量少、发展慢的难题。有学者分析其原因主要为：民族地区语言—教学模式处于新的探索阶段，理科教师的语言转换能力难度较大，理科课程标准难度过高，理科教师的招聘与配置不足，以及缺乏语言与文化适宜的教育资源等。① 为了改变这一现状，许多学校主动适应并进行改革，比如调整理科教材内容、开设理科实验班、定向培养理科人才等。此外，扩大理科招生数量、理科双语教师培养等都是民族地区正在尝试的一些做法，但总体效果还不明显。

第四是保障少数民族学生就业权利。除了加强少数民族学生就业创业指导外，民族地区保障少数民族学生就业权利还体现在政策倾斜上。《云南省少数民族教育促进条例》（2013）第十七条规定“民族地区的国家机关、事业单位、人民团体、国有企业等在招考、招聘人员时，可以采取定向、定岗的方式录用、聘用本地区兼通双语的大中专毕业生”，并规定“前款规定外的地区在招考、招聘人员时，在同等条件下应当优先录用、聘用本地区少数民族大中专毕业生”。《内蒙古自治区民族教育条例》（2016）第四十三条规定“公务员考录、事业单位招聘人员时，每年应当从录用计划总数中，

① 郑新蓉、王学男：《少数民族理科学习困境的因素分析》，载《教育学报》，2015（1），63~70页。

划定不低于百分之十五的职位用于蒙古语授课大学毕业生……国有企业招录人员时，同等条件下优先录用蒙古语授课大中专毕业生”。

3. 教育评价机制优化的主要做法

民族地区教育发展的评价机制优化，主要围绕评价主体、评价内容、评价结果三方面展开。第一，在评价主体上，民族地区教育发展评价朝向多元化、专业化评价的方向迈进。尽管教育行政部门仍然承担民族教育发展各项工作的督导和评价，但从主体来看，社会专业组织参与的渠道也更加广泛，即使是在政府主体主导的教育评价中，学校、学生参与度也被重视。在政府教育督导中，中央层级的督导力度明显加强，如国务院教育督导委员会对各省人民政府履行教育职责情况进行满意度调查，教育部推动县域义务教育均衡发展督导评估工作等。此外，2015 年国务院教育督导委员会办公室颁布的《义务教育质量监测方案》、2013 年教育部《关于推进中小学教育质量综合评价改革的意见》等中央层面的教育评价政策都对民族地区开展教育发展评价起到了导引作用。当前，民族地区教育发展第三方评估机制构建处于起步阶段，虽然各级各类文件明确要建立以学校自评为主，教育督导部门、家长、社区共同参与的开放性评价机制，但如何发挥社会力量的专业优势，体现评估的科学性、民主性和高效性，还有待进一步探索。

第二，在评估内容上，民族地区教育发展相关评估具有和其他地区的共性指标，同时也有自身的特色。例如民族地区县域义务教育均衡发展督导评估多采用共性指标，义务教育学校办学基本标准达标情况、义务教育校际间均衡状况、县级人民政府推进义务教育均衡发展工作情况、公众对本县义务教育均衡发展的满意度是主要的评估标准。但民族地区结合自身实际，也将留守儿童、随迁子女、山区校车、民族文化进校园等教育问题纳入评估范围。在实践中，高水平的评估人才、先进的测量技术手段、科学的评估流程等增强了评估结果的可信度。评估内容上民族地区还有其他一些亮点，如专门对“学生支持与发展”进行评价，对民族文化传承教育的社会评价进行数据收集，学校参与精准扶贫的力度与绩效被纳入考量，学校的生本意识、公共形象等都逐渐被考虑到评价范围中来。

第三，在评价结果运用上，探索以评促建的转型思路。传统上，民族地区教育发展评价多用于业绩考核、教师激励等简单目的。实现以评促建的观念转型，尽管从民族地区相关教育评估文本看，“促进学校发展”成为一条重要的表述内容，但评估结果使用并不是与文本本身一致的，评估结果用于教师评聘、学校规范认证、政府行政问责等多方面。从评估过程本身来看，优中选优的竞争评价机制成为一种惯用的评价理念，对于做得好的学校主要采取示范校挂牌（如民族民间文化进校园示范校挂牌）、评估政府绩效（一些基层政府因考核不达标被通报）、对学校和教师进行奖励（与绩效工资挂钩，直接影响教师经济利益）等。评估结果也多通过人民政府、教育行政部门和督导部门的网站发布，相关媒体发布，专门召开相关会议等形式向公众传达。

第三章　当前民族地区教育发展机制运行的实效分析

优化民族地区教育发展机制要遵循民族教育发展内在规律，也受政府治理转型宏观背景的影响。民族地区教育发展机制运行实效如何，是检验政府治理转型背景下民族地区教育发展机制优化科学性的关键标准。十八大后政府治理现代化进程的推进，使民族地区教育发展机制主动或被动地进行优化以适应新形势的教育治理需要。本书基于民族地区教育发展机制优化的地方实践，从民族地区教育发展机制运行实效角度出发，探寻当前民族地区教育发展机制的合理性和不足，进而审视民族地区教育发展机制优化路径。机制运行实效在其中起到承上启下的作用，承上意味着机制运行实效要从现有机制本身出发，启下意味着我们要根据机制运行实效反思教育发展机制如何适应政府治理转型背景的问题。本章将从民族地区教育发展机制运行实效评估理论、民族地区教育发展水平及评价、民族地区教育发展机制运行满意度三个方面探讨这一问题。

一、民族地区教育发展机制运行实效的评估理论

本书第一章提及，不同时期民族地区教育发展的阶段性任务和所处环境都有所区别，发展机制的优化是通过对教育治理结构的变

革调节不同教育利益关系，使民族地区教育发展的诸多功能都得以发挥，产生最优的综合效应。那么当前民族地区教育发展机制运行实效如何？回答该问题需要考虑民族地区教育治理问题与政府治理转型背景深度契合这一宏观背景。根据政府治理转型相关理论，民族地区教育发展机制运行实效如何，需要考虑以下两方面问题：一是民族地区教育发展水平及评价问题，这是回答政府治理转型背景下的民族地区教育发展机制优化是否带来了民族教育的显著发展的问题，由于民族教育发展本身的特殊性和复杂性，需要对发展标准本身做相关梳理；二是民族地区教育发展机制优化满意度问题，这是从利益相关者特别是受教育者立场审视民族地区教育发展机制的科学性，民族地区教育发展机制是否发挥了综合效应，不同参与主体的优势是否得到发挥、形成合力均是我们应该理性审视的问题。

（一）民族地区教育发展水平评价的理论反思

民族地区的教育发展问题具有特殊性和复杂性，因此民族地区教育发展水平的评价本身难以用一般性的教育发展水平评价指标囊括。长期以来，传统民族地区教育发展观受到发展社会学之发展理论的影响，在本质上与非民族地区教育发展没有进行很好的区别。20 世纪中叶以来，发展社会学先后提出了三种不同的发展理论，以求回应发展中国家的现代化问题，这些理论逐渐对我们看待其他社会发展问题包括教育发展问题产生了深远的影响。第一是现代化理论。现代化理论蕴含西方文化中心论、社会进化论、发展内因论和发展道路同一论的观点，它看到了不同地区间的共同之处，而忽略了地区间发展问题的差异性。第二是依附理论。这是一种外因论的发展观，认为非西方不发达国家发展问题是政治经济方面的外因决定的，一些学者谈及民族地区教育发展落后根源时受依附理论的影响，认为民族地区的教育发展落后受外部发展环境和模式的影响。第三种是世界体系理论。这是沃勒斯坦（Waller stein）等学者提出的，这个理论用体系观点来解读世界的发展变化，将整个世界视为统一的整体。这些发展理论对于我们解读教育发展相关问题起到了积极作用。但是，传统发展观也存在自身的局限性。[①]

从切入问题角度看，发展观传统范式的逻辑架构与发展经济学和现代化理论的相近之处在于：首先，在何谓发展的问题上，普遍认为发展即经济增长；其次，在发展目标与要素上，具有突出的物本取向；最后，在发展路径和模式设计上，渗透西方中心论的价值取向。[②] 受传统发展观秉持经济决定主义的影响，民族地区教育优先发展同样产生了“发展=增长”的思维模式。经济决定主义是渗透于现代社会的一种重要价值维度，作为一种世界观和方法论，它最显著的特点表现在：首先，经济原则成为普遍的评判标准与行动原则，进而导致发展观念与实践的“物质主义”倾向；其次，追求经济利益、实现经济增长成为至高无上的行动原则；最后，经济成为社会中心，而不是相反。[③] 由此可见，在传统意义上，发展观倡导的是量的增长和质的变化，发展又是一种永无止境的过程，意味着不断的进步。长期以来，教育发展本身，学界无外乎从教育条件、数量、结构、制度、效率与效益等方面展开讨论。在衡量民族地区教育发展水平时，横向比较的对象是教育发达地区的教育发展水平，民族地区教育发展落后的结论均是从空间上的横向比较得出的。笔者认为，民族地区教育是否发展了，其评价标准应该符合民族地区实际，而非现代化理论所倡导的发展道路同一论。在现实社会中，民族地区教育发展的权利诉求来自于民族地区与其他地区的教育发展差距和文化、语言差异。既然民族地区教育发展权来自地

① 李祥、陈恩伦：《民族地区教育优先发展法律保障研究》，39~40页，北京，中国社会科学出版社，2016。

② 刘会强：《发展观的范式变革》，70~74页，上海，上海社会科学院出版社，2010。

③ 刘会强：《发展观的范式变革》，153~156页，上海，上海社会科学院出版社，2010。

区和民族文化发展的需要，那么就需要我们细化民族地区教育发展中的差距和差异问题，提高发展评价的地区和文化适切性。① 可以说，当前民族地区教育发展理论是基于“以人为本”的发展理论，从教育与社会其他子系统的关系、民族地区文化差异、民族地区与其他地区教育发展差距的角度入手，挖掘民族地区教育发展的内涵，辨别民族教育发展的影响因素，从而为寻找最适切的民族教育发展模式提供理论支撑。与“以物为本”的发展理论相比，“以人为本”的发展观至少有两点需要关注，即发展的理念（目的）和发展的手段。② 民族发展从对象上看，包括少数民族内部的发展，也包括民族地区各民族的共同发展；从内容上看，包括民族地区社会的发展，也包括民族地区人的发展。民族地区教育发展的评价标准需要考虑民族群体因素、民族地区的环境因素（自然环境与社会环境），以实现教育发展在民族自身发展、民族地区发展和人的全面发展中的积极作用。③

基于政府治理转型背景进一步探究民族地区教育发展水平问题，可以发现，政府治理转型落实到教育领域最终是要实现教育治理现代化，其可以分解为教育治理民主化、法治化、科学化等诸多子项。基于此，在探讨民族地区教育发展机制运行实效这一问题时，有两个基本的点需要回应：第一个立足点是民族地区教育发展水平如何。因为党的十八大以来，教育治理现代化进程推进已有一段时间，民族地区教育发展各个方面也发生了较大变革，我们需要

---

① 李祥、陈恩伦：《民族地区教育优先发展法律保障研究》，41~42 页，北京，中国社会科学出版社，2016。

② 陈向义：《物本与人本：发展理论的迷失与重建》，174 页，上海，上海交通大学出版社，2008。

③ 李祥、陈恩伦：《民族地区教育优先发展法律保障研究》，43 页，北京，中国社会科学出版社，2016。

立足于这个教育治理现代化的宏观背景，客观评价民族地区教育发展水平。根本上，这个发展水平是直接反映在政治、经济、文化和教育的方方面面。以教育角度为例，民族地区教育发展水平的测量角度可以根据教育公平涉及的入学机会、学习过程和学习结果三个方面，逐一进行评估，在下一节笔者将对这些不同评估指标做进一步说明；第二个立足点是政府治理转型背景下民族地区教育发展机制优化的地方实践本身。审视机制优化的效果问题，探究发展机制的效果可以从诸多角度展开，但笔者认为，优化民族地区教育发展机制有三个维度的目标。一是契合政府治理民主化的需要，增强不同主体的参与动力；二是契合政府治理法治化的需要，增强发展秩序的稳定性和可预期性；三是契合政府治理科学化的需要，提升民族地区教育发展的效率和质量。对其的评价立足点应充分考虑这几个因素，从动力机制、协调机制、导引机制三个维度进行分析。

（二）民族地区教育发展机制运行实效评价体系的构建

对民族地区教育发展机制运行实效的评价，主要从两个方面展开。第一是评价民族地区教育发展的水平。由于民族地区教育发展本身的影响因素和发展维度涉及政治、经济、文化、教育等，因此其发展水平也应考虑这些因素。为了调研和分析便利，本书对政治和文化因素做了整合，将政治维度的民族团结教育纳入文化维度考量（这是因为民族团结教育本身涉及广泛的民族文化知识和民族关系理念，与民族文化知识体系高度契合），因此形成了民族教育的经济实效、民族文化传承教育的实效、少数民族受教育权利保障实效三种类型的评价。因评价内容及其特征不同，三类评价的方法并不一致。第二是评价民族地区教育发展机制运行的满意度。从满意度角度分析机制运行实效是借鉴了其他学科满意度测评的相关理论。从心理学角度看，个体满意度受其期望水平与感知功效（结果）的影响，当感知功效大于期望水平，其满意度较高。以追求利益相关者满意度来评价民族地区教育发展机制运行实效（本书主要以民族地区乡村教师满意度作为评价标准探寻教育发展实效问题），符合办人民满意的教育和以人民为中心的办学理念。教育为人民服务和办好人民满意教育始终是推进教育治理现代化的目标和宗旨。根据前面对发展机制的划分，本书将评价体系这一类型的一级指标分为动力机制满意度、协调机制满意度和导引机制满意度三类，并实际上形成了民族教育的经济实效、民族文化传承教育的实效、少数民族受教育权利保障实效、民族地区教育发展机制运行满意度构成的民族地区教育发展机制运行实效评价体系（表3-1）。

表3-1　民族地区教育发展机制运行实效评价体系

序号	类型	一级指标	二级指标	观测点
I	民族教育的经济实效	教育对经济增长的贡献率	义务教育	义务教育对地方经济发展贡献率
			高中教育	高中教育对地方经济发展贡献率
			职业教育	职业教育对地方经济发展贡献率
			高等教育	高等教育对地方经济发展贡献率
			职业选择	受教育程度与职业选择关系
II	民族文化传承教育的实效	知晓情况	双语教育	双语教育办学情况知晓率（目的、条件、师资、课程）
			民族团结知识	民族团结教育办学情况知晓率（目的、条件、师资、课程）
			民族文化	民族文化进校园知晓率（目的、条件、师资、课程）
		认同情况	双语教育	双语教育对学生学业成绩的影响（语文、理科、毕业）
			民族团结教育	学校开展民族团结教育示范作用
			民族文化	学校民族文化特色；学校民族文化服务功能

续表

序号	类型	一级指标	二级指标	观测点
III	少数民族受教育权利保障实效	入学机会	入学机会保障	义务教育普及率；高中教育毛入学率；高等教育毛入学率
		教育过程	教育条件保障	办学设施；办学经费；师资力量
		教育结果	少数民族群体	不同阶段少数民族学生占比；高层次人才少数民族占比；不同民族文盲占比；不同民族高层次人才占比
IV	教育发展机制运行满意度	教育动力机制满意度	民主治理	政府公共权力结构；社会组织参与程度；市场机制参与边界；学校主体办学自主权落实
		教育协调机制满意度	法治治理	发展秩序稳定性；法治协调机制的作用；平等协商机制的作用；经济激励机制的作用
		教育导引机制满意度	科学治理	政治导引效果；经济导引效果；文化导引效果；教育导引效果

根据表 3-1 所示评价体系，本书拟定的是“分项目评价标准”。其中的一级指标是不同类型评价内容的切入点，二级指标是这些评价内容的具体评价操作对象。根据二级指标，我们又将其分为若干观测点，根据表可见，这些观测点的数据获取渠道并不一致。本书力图分三类获取渠道进行数据的挖掘和分析。一是可以通过公开的统计年鉴资料等进行挖掘，形成相应评价指标。在表 3-1 所示评价体系中该类评价指标主要包括民族教育的经济实效和少数民族受教育权利保障实效两类。民族教育的经济实效指标可以分为义务教育对地方经济发展贡献率、高中教育对地方经济发展贡献率、职业教育对地方经济发展贡献率、高等教育对地方经济发展贡献率、受教育程度与职业选择关系等多个观测点数据；少数民族受

教育权利保障实效指标可以从入学机会保障方面分为义务教育普及率、高等教育毛入学率等入学机会观测点数据，从教育条件保障方面分为办学设施、办学经费、师资力量等教育过程观测点数据，从少数民族群体教育方面分为不同阶段少数民族学生占比、高层次人才少数民族占比、不同民族文盲占比、不同民族高层次人才占比等教育结果观测点数据。二是通过问卷调查统计分析获取的评价内容。本书第四个评价类型——教育机制运行满意度，就基于不同机制进行满意度分析。其中教育动力机制满意度是基于民主治理观念，评价政府公共权力优化结构、社会组织参与程度、市场机制参与边界、学校主体办学自主权落实等基本情况；教育协调机制满意度基于法治治理理念，评价发展秩序稳定性、法治协调机制、平等协商机制、经济激励机制等基本情况；教育导引机制满意度基于科学治理理念，评价政治导引、经济导引、文化导引、教育导引的效果，这里包括教育评价机制的导引效果。三是对于评价内容不宜量化收集的一些资料，本书采取访谈法、田野考察等方式收集资料，一并反映评价体系的相关指标内容。

二、民族地区教育发展机制运行的成效分析

本节将从民族地区教育对经济发展贡献率、对文化传承效果、对少数民族受教育权保障实效和教育发展机制运行满意度四个方面探讨民族地区教育发展机制的运行实效。其中经济发展贡献率根据相关公开数据统计得出，对少数民族受教育权保障实效根据相关统计年鉴及各政府部门网站公开数据统计分析，对文化传承效果和机制运行满意度主要是通过对乡村教师发放问卷、辅以其他主体访谈形式等获取相关数据资料。

（一）民族地区教育对经济发展的贡献率分析

人力资本供给水平是民族地区社会经济发展转型升级的关键性因素，而教育因在人力资本供给方面的价值而与社会经济发展建立了紧密的联系。有学者利用全国1995—2014年的统计数据研究提出，教育对经济发展方式转变的贡献率为28.72%，教育对经济发展方式转变具有明显的贡献作用。[①] 但是，笔者在调研中发现的一个尴尬现状是，民族地区存在高校大学生就业难（就业面窄、就业质量不高）的同时，社会企业也面临招工难（高层次技术人才少、技工荒），为了进一步探究民族地区教育对经济发展的贡献率，我们尝试进行以下分析。

由于受到气候条件、地理位置、国家政策、文化风俗等方面的影响，我国区域经济发展不平衡的问题日益彰显，在现代知识经济飞速发展的社会，经济增长不仅依赖资金和劳动力等基本生产要素，更需要知识和技术创新等现代生产要素。自人力资本论问世以来，人力资本作为经济增长的要素，被看作是影响国家或地区之间经济增长率和人均收入差距的重要因素。教育作为人力资本向社会输出的主要途径，一定程度上可以通过计量模型模拟教育发展对我国经济增长的贡献。通过模拟计量分析民族地区（本书指民族八省区）义务教育阶段、高中教育阶段、职业教育阶段、高等教育阶段四个阶段的教育对其地方经济发展的贡献率，对我们了解民族地区教育与经济发展之间的关系起到了促进作用。各个地区的教育发展水平一定程度上影响着该区域的经济发展水平，就民族地区而言，各阶段教育对于该地区经济增长的贡献率是多少？区域之间教育对经济增长的贡献与全国相比处于什么水平？民族地区各个地区之间

① 何菊莲、袁永逸、李军：《教育对经济发展方式转变的贡献：测量与评价——来自全国的经验证据（1995—2014）》，载《教育与经济》，2017（2），10~18页。

教育对其经济增长的贡献又存在什么差异？这些都是亟需要解决和回答的问题。

国内外学者对测算教育对经济增长的贡献率做了大量的实证研究，研究方法主要有余数分析法、增长因素分析法和劳动简化法等，其中主要以丹尼森的增长因素分析法为主流分析法。在 C-D 生产函数法的基础上，丹尼森以内生经济理论为依据提出关于教育对经济增长的贡献率的测算方法。以下将详细讲述民族地区教育对其地方经济发展的贡献率的计算过程。

1. C-D 生产函数模型

C-D 生产函数模型是由数学家柯布和经济学家道格拉斯提出的，他们在原有的生产函数上做了改进，将技术水平引入函数中。①具体模型如下：

$$Y = AK^{\alpha}L^{\beta}$$

其中，Y 表示产出水平，A 表示技术水平，K 表示资本投入水平，L 表示劳动投入水平，α 是资本产出弹性系数，β 是劳动力产出弹性系数，且 $\alpha>0$，$\beta>0$，$\alpha+\beta=1$。

基于 C-D 生产函数的教育对经济增长贡献率的测算方法是计算教育对国民收入增长率的贡献率，也就是说测算教育所产生的国民生产总值增长率占国民生产总值增长率的比例。但是在实际的计算处理过程中，往往会由于增长率计算中权重或参数选择的不同，得到的结果也不相同。

由人力资本理论知，教育能够改善劳动力质量，因此在一定程度上能够间接影响劳动力投入量。我们一般用基期劳动力投入量 L_0

① 本节主要参考何菊莲、袁永逸、李军：《教育对经济发展方式转变的贡献：测量与评价——来自全国的经验证据（1995—2014）》，载《教育与经济》，2017（2），10~18 页。2017 级研究生王璐琪对民族地区教育对经济发展的贡献率分析的相关数据之分析处理有积极贡献。

与教育投入 E 的乘积来代替模型中的 L。对生产函数两边取对数求导，得到：

$$y=c+\alpha k+\beta I_0+\beta e$$

其中，y 为经济年均增长率，c、k、I_0 和 e 分别为技术进步、资本、劳动投入和教育的年均增长率。由此，教育对经济增长率的贡献率的测算模型为：

$$Re=\frac{\beta e}{y}$$

其中不同地区系数 β 取值不同，国内地区一般取 0.7~0.8。本文模型中系数 β 采用经验值 0.75，即劳动投入每增加 1%，产出增加 0.75%。

2. 计算平均受教育年限

本书将我国教育年限规定为小学 6 年、初中 3 年、高中 3 年、职业技术教育 3 年（大学专科）、大学本科 4 年、研究生 7 年（硕士 3 年，博士 4 年），其中特殊情况（医学类本科 5 年、专业型硕士或者国外研究生 2 年、博士研究生 3~6 年）在实际处理过程中不在考虑范围内。根据民族八省区和全国人均受教育程度的分布情况（见表 3-2），可以计算出其人均受教育年限分布情况（见表 3-3）。计算公式为：

$$Si=Ni\sum Xi$$

其中 Si 表示各级教育年数，Ni 为各级教育年限，Xi 为各级文化程度的比例。

以贵州省 2010 年为例，根据公式计算可得：

$$S1=(39.6+35.8+6.5+4.5+2.5+0.12)\times 6/100=5.34$$

$$S2=(35.8+6.5+4.5+2.5+0.12)\times 3/100=1.48$$

$$S3=(6.5+4.5+2.5+0.12)\times 3/100=0.41$$

$$S4=4.5\times 3/100=0.14$$

$$S5=2.5\times 4/100=0.1$$

$$S6=0.12\times7/100=0.01$$

$$S_{2010}=S1+S2+S3+S4+S5+S6=7.48$$

同理可计算出贵州省 2016 年人均受教育年限为 7.63 年，其余地区按照同样的方法计算。

表 3-2　民族八省区 2010 年和 2016 年从业人口文化程度分布情况①

（单位%）

省份	年份	未接受教育	小学	初中	高中	大学专科	大学本科	研究生
贵州	2010	11.0	39.6	35.8	6.5	4.5	2.5	0.12
	2016	9.7	32.5	37.8	6.2	5.2	4.8	0.2
云南	2010	6.9	46.5	32.9	7.2	3.9	2.5	0.16
	2016	5.5	34.0	41.3	5.7	4.7	4.3	0.4
西藏	2010	36.6	38.6	13.6	4.1	4.0	2.9	0.19
	2016	23.1	46.5	12.8	3.2	6.3	5.6	0.2
青海	2010	13.7	34.4	30.6	9.8	6.9	4.4	0.22
	2016	6.9	26.0	35.0	9.1	10.5	9.7	0.6
新疆	2010	2.0	26.5	46.1	11.6	9.2	4.4	0.26
	2016	2.1	17.5	41.5	10.0	11.8	10.4	0.9
广西	2010	2.1	28.6	50.6	11.4	4.7	2.5	0.18
	2016	1.5	19.8	49.9	9.5	7.8	4.9	0.5
内蒙古	2010	3.5	22.9	46.6	14.6	7.9	4.3	0.24
	2016	2.1	16.0	45.7	11.8	11.5	8.0	0.5
宁夏	2010	6.8	26.5	41.6	12.4	7.9	4.6	0.23
	2016	6.4	17.0	40.4	10.3	11.0	9.7	0.6
全国	2010	3.4	23.9	48.8	13.9	6.0	3.7	0.39
	2016	2.6	17.5	43.3	12.3	9.6	7.7	0.8

① 数据来源：2010 年数据来源为《2011 中国人口和就业统计年鉴》，2016 年数据来源为《2017 中国人口和就业统计年鉴》，154~155 页。

表 3-3　民族八省区 2010 年和 2016 年人均受教育年限分布情况①

（单位：年）

省份	年份	小学	初中	高中	大学专科	大学本科	研究生	受教育年限
贵州	2010	5.34	1.48	0.41	0.14	0.10	0.01	7.48
	2016	5.20	1.63	0.49	0.16	0.19	0.01	7.68
云南	2010	5.59	1.40	0.41	0.12	0.10	0.01	7.63
	2016	5.42	1.69	0.45	0.14	0.17	0.03	7.90
西藏	2010	3.80	0.74	0.34	0.12	0.12	0.01	5.13
	2016	4.48	0.84	0.46	0.19	0.22	0.01	6.20
青海	2010	5.18	1.56	0.64	0.21	0.18	0.02	7.79
	2016	5.45	1.95	0.90	0.32	0.39	0.04	9.05
新疆	2010	5.88	2.15	0.76	0.28	0.18	0.02	9.27
	2016	5.53	2.24	0.99	0.35	0.42	0.06	9.59
广西	2010	5.88	2.08	0.56	0.14	0.10	0.01	8.77
	2016	5.54	2.18	0.68	0.23	0.20	0.04	8.87
内蒙古	2010	5.79	2.21	0.81	0.24	0.17	0.02	9.24
	2016	5.61	2.33	0.95	0.35	0.32	0.04	9.60
宁夏	2010	5.59	2.00	0.75	0.24	0.18	0.02	8.78
	2016	5.34	2.16	0.94	0.33	0.39	0.04	9.20
全国	2010	5.80	2.18	0.71	0.18	0.15	0.03	9.05
	2016	5.47	2.21	0.91	0.29	0.31	0.06	9.25

① 数据来源：根据各省和自治区的教育行政部门和统计局网站公布的数据整理。

3. 计算教育指数年平均增长率

起止年间人均义务教育阶段、高中阶段、职业教育阶段、高等教育阶段的教育指数年平均增长率和教育综合指数平均增长率均可通过计算得出（见表 3-4）。

计算采用几何平均法，公式为：

$$e=(E_1/E_0)^{(1/n)}-1$$

其中，n 为终止年与起始年之间的间隔年限。

以贵州省 2010 年数据为例，根据上述公式计算，贵州省在 2010—2016 年间：

义务教育指数年平均增长率为：$(5.20+1.63/5.34+1.48)^{(1/6)}-1=0.02\%$

高中教育指数年平均增长率为：$(0.49/0.41)^{(1/6)}-1=3.02\%$

职业教育指数年平均增长率为：$(0.16/0.14)^{(1/6)}-1=2.25\%$

高等教育指数年平均增长率为：$(0.19+0.01/0.10+0.01)^{(1/6)}-1=10.48\%$

教育综合指数年平均增长率为：$(7.68/7.48)^{(1/6)}-1=0.44\%$

劳动生产率和工资的个人差别是由众多因素共同作用的结果，如个人的天赋素质、家庭背景、勤奋努力程度等均会导致工资或者个人收入的差别。只有一部分差别可以归因于所受正规教育的不同，而且，劳动力质量、素质、技能的提高也不能完全归因于正规教育。因此，按照丹尼森等西方学者通行的算法，对于依据工资差别而计算出的教育综合指数的增长率乘以 0.6，即可认为是由教育程度的提高而带来的劳动量的增长率。于是，$e=0.44\%\times0.6=0.26\%$。同理可算出每个省份的教育综合指数平均增长率（如表 3-4 所示）。

表 3-4 民族八省区 2010—2016 年各个阶段教育指数平均增长率①

（单位：%）

省份	义务教育指数年平均增长率	高中教育指数年平均增长率	职业技术教育指数年平均增长率	高等教育指数年平均增长率	教育综合指数年平均增长率
贵州	0.02	3.02	2.25	10.48	0.26
云南	0.28	1.56	2.60	10.48	0.35
西藏	2.68	5.17	7.96	9.98	1.93
青海	1.57	5.85	7.27	13.61	1.52
新疆	-0.55	4.50	3.79	15.71	0.34
广西	-0.51	3.29	8.63	13.89	0.11
内蒙古	-0.13	2.69	6.49	11.24	0.38
宁夏	-0.20	3.84	5.45	13.61	0.47
全国	-0.64	4.20	8.27	12.76	0.22

4. 计算民族八省区各阶段教育对实际 GDP 增长的贡献率

以本国货币不变价格计算的增长率习惯上称之为实际增长率。设我国 1978 年 GDP 值为 100，则 2010 年 GDP 指数为 2064.2，2016 年指数为 3216.7（数据来源于《2017 年中国统计年鉴》所载之国内生产总值指数）。2010—2016 年我国 GDP 实际增长率 y 的计算方法如下：

$$y=(3216.7/2064.2)^{(1/6)}-1=7.67\%$$

根据各年实际 GDP，分别计算得到各地区某一时期 GDP 年均增长率，进而代入教育对经济增长贡献率估算模型得：

$$Re=\beta\times e/y=0.75\times 0.22\%/7.67\%\times 100\%=2.15\%$$

① 数据来源：根据各省和自治区的教育行政部门和统计局网站公布的数据整理。

由上述计算结果可知，2010—2016 年间我国国内生产总值年平均增长率 7. 67 个百分点中，有 0. 16 个百分点是由教育带来的，所占份额为 2. 15%，即这期间教育对国民生产总值年平均增长速度的贡献率为 2. 15%。

同样的方法可得，贵州省 2010—2016 年间教育对当地生产总值年平均增长速度的贡献率为 2. 54%，云南为 3. 42%，西藏为 18. 87%，青海为 14. 86%，新疆为 3. 32%，广西为 1. 08%，内蒙古为 3. 72%，宁夏为 4. 60%。

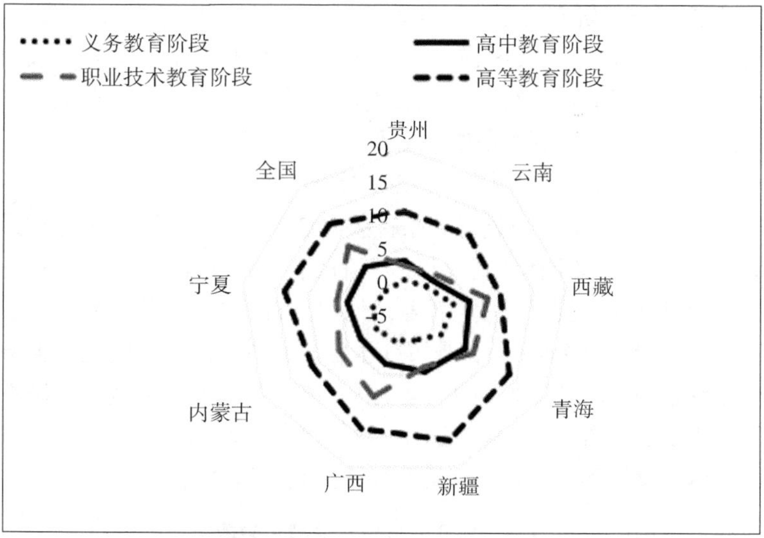

图 3-1　民族八省区不同教育阶段指数年平均增长率

从图 3-1 中可以看出，民族八省区高等教育对当地经济发展的贡献率最高，其次是职业教育。在贵州、新疆、青海等地，职业教育和高中教育对当地的经济发展贡献差别不大；其余地区职业教育的贡献率略高于高中教育，义务教育对于当地经济发展的贡献率最小。

（二）民族地区教育对文化传承的效果分析

根据前述实效评价体系，民族地区教育对文化传承的效果分析涉及两个维度三个方面，即知晓情况（知名度）和认同情况（满意度）两个维度。本书采用李克特五分量表设计，选取民族团结教育、双语教育和民族文化进校园三方面较有特色的内容进行问卷调查分析。此次问卷在贵州、云南和广西向乡村教师发放，随机选取了450名教师作为调查对象。调查问卷分为两个部分，其一，基本信息，主要调查研究对象的人口学变量如学历、工作年限等信息；其二，测试题，主要调查了研究对象在民族团结教育（共8题）、双语教育（共6题）和民族文化（共5题）三个方面的认知情况。问卷发放450份，回收有效问卷427份。本书使用SPSS软件从三方面就民族地区教育对文化传承的效果进行描述性统计分析，其结果如下。

1. 民族地区双语教育的效果分析

民族地区开展双语教育的条件差异较大，教师主体对其重要性认识还不够。正如调研中所反馈的情况，许多老师认为："一些学生在生活中会用到自己民族语言，他们自然会学习，用不到，学了也没有用。"而在一些地区，少数民族学生普通话不标准的问题，也未能引起足够重视，一些家长则认为："娃儿能和周围人交流就行，说不说普通话也没有多重要。"调研显示，双语教育的目的、物质保障、师资保障的认可度均不高，且对其重要性认识观点差异较大（见表3-5）。

表3-5　双语教育条件保障知晓情况

	N	极小值	极大值	均值	标准差
双语教育目的明确	427	1	5	3.33	0.933
双语教育物质保障	427	1	5	3.09	0.868
双语教育师资保障	427	1	5	3.13	0.949
有效的N（列表状态）	427				

但是，双语教育对学生学业成绩的影响得到多数被访者的认可，特别是在双语教育开展较好的民族地区，普遍认为双语教育的开展有助于学生其他课程的学习。调研显示，被访者认为双语教育对语文、理科学习有较大影响，也能较好促进学生完成学业。特别是双语教育对语文学习的影响，认可度均值为 3.93（见表 3-6）。双语教育对理科学习的影响认可度略低，进一步田野调研发现，这主要是由于民族地区学校开展双语教育在内容选择上多倾向于语言文字，对自然科学相关知识涉足较少。

表 3-6　双语教育效果认同情况

	N	极小值	极大值	均值	标准差
双语教育对语文学习影响	427	1	5	3.93	0.974
双语教育对理科学习影响	427	1	5	3.35	0.981
双语教育对学业完成	427	1	5	3.52	0.963
有效的 N（列表状态）	427				

2. 民族地区民族团结教育的效果分析

民族团结教育是民族地区民族文化教育的重要内容之一，这是因为民族团结教育要求通过各种路径充分发挥文化作用，以文化为引领，以文化来感化，以文化来充实，最终以文化力量推动学生的民族团结思想进步。[①] 民族文化教育的根本目的就在于通过对民族文化的深入了解，增进民族间的理解和认同，筑牢中华民族共同体意识。近年来，民族地区学校民族团结教育的主要内容更凸显不同民族间的交流与合作过程，通过各种途径“促进各民族像石榴籽一

① 徐莲：《民族团结教育的政治性考量和文化性对策》，载《贵州民族研究》，2018（7），209~212 页。

样紧紧抱在一起”。调研发现，被访者对于民族团结教育总体认可度较高，均值为4.31；也认为当前民族团结教育有明确的教育目的（均值3.93）；对当前开展民族团结教育的物质条件、师资条件、课程设计等方面的认可度虽略低于对其价值目的的认可度，但也处于较为满意的位置（见表3-7）。

表3-7　民族团结教育价值及条件保障认可情况

	N	极小值	极大值	均值	标准差
民族团结教育认可度	427	1	5	4.31	0.68983
民族团结教育目的明确	427	1	5	3.93	0.833
民族团结教育物质条件	427	1	5	3.47	0.797
民族团结教育师资条件	427	1	5	3.48	0.820
民族团结教育课程设计	427	1	5	3.47	0.826
有效的N（列表状态）	427				

同时，被访者对于民族团结教育开展的频次、形式和效果认可度差异也较大，对民族团结教育活动的实施结果（频次、形式和效果）认可度均值（见表3-8）低于对其条件保障投入（物质、师资和课程）认可度。可见民族团结教育作为对学生意识观念的引领教育，需要和地方民族文化资源深入融合，实施要求复杂，实施难度也的确较大。

表3-8　民族团结教育活动的实施结果认可度

	N	极小值	极大值	均值	标准差
民族团结教育开展频次	427	1	5	3.31	0.860
民族团结教育开展形式	427	1	5	3.34	0.896
民族团结教育开展效果	427	1	5	3.37	0.829
有效的N（列表状态）	427				

3. 民族地区民族文化进校园的效果分析

民族文化进校园是民族文化传承教育的主要途径，也是民族地区民族教育实践的特色之一，例如贵州省围绕民族文化进校园还形成了自身的特色经验。近年来，民族文化进校园得到民族地区学校的积极支持，许多学校将其视为办学特色加以重视。调研发现，被访者对民族文化传承教育的价值和效果认识处于认可水平，认为民族文化传承教育对学习其他学科知识、提升就业质量具有促进作用（见表3-9）。如贵州黔东南自治州的一些中职学校，围绕自治州的旅游产业，把民族特色文化资源作为重要教育内容，拓宽了学生在民族地区的就业面和就业能力。同时，调研也显示，民族文化教育不仅满足学生学习和就业需要，更能提升学生的民族自豪感（均值为4.01）

表3-9　民族文化传承教育的效果满意度

	N	极小值	极大值	均值	标准差
民族文化传承教育对其他学科学习促进	427	1	5	3.82	0.713
民族文化传承教育对学生就业质量提升	427	1	5	3.73	0.764
民族文化传承教育对民族自豪感形成	427	2	5	4.01	0.645
有效的N（列表状态）	427				

同时，被访者对于民族文化传承教育的目的定位和课程设计也较为认可（见表3-10），但总体低于对其价值意义的认可度。一些被访者表示，部分学校的民族文化课程开发并没有真正起到传承和创新民族文化的作用，功利性、短期性的课程目标和设计矮化了我们对民族文化传承教育的理解。例如将其视为办学特色点缀，走低成本、形式化的发展路子；抑或将其视为创收的主要来源，大力发展与具有经济收益相关的文化资源，忽视一些难以获取经济报酬但又有极高价值的民族文化资源。此外，一些学生及家长还持有较为狭隘的民族文化传承教育观点，如有被访者提出“学校的民族文化

课程，都是针对他们苗族的，我自己又不是，我觉得我学来干啥”。一些学校主体更多重视如何开设课程，但民族文化传承教育的交流、融合价值却被忽视，也就造成少数学生抵触的心理。

表 3-10　民族文化传承教育的目的与课程认可度

	N	极小值	极大值	均值	标准差
民族文化传承教育目的明确	427	1	5	3.56	0.879
民族文化传承教育课程设计	427	1	5	3.45	0.842
有效的 N（列表状态）	427				

（三）民族地区教育对少数民族受教育权利保障实效分析

分析少数民族受教育权利保障的实施成效主要是基于教育平等理念，从起点公平、过程公平和结果公平三个层面观测少数民族的受教育权的保障。因此在本节中，我们将民族地区教育对少数民族受教育权利保障实效这个一级指标分为了入学机会、教育过程、教育结果三个二级指标，并以这三个二级指标所列的观测点为依据，对少数民族受教育权利保障实效从纵向和横向进行了比较与分析。也就是既要比较民族地区在不同时期教育发展现状，也要将同一时期民族地区教育发展程度与全国平均水平以及民族地区内部教育发展程度和民族地区与非民族地区教育发展程度进行比较，从而在更大范围内了解民族地区教育发展的长处与不足。

1. 入学机会实施成效

这个一级指标的观测点涉及义务教育普及率和高中教育毛入学率以及高等教育毛入学率三个指标。义务教育普及率一般可以用小学净入学率与初中毛入学率表示。截止到 2016 年，全国九年义务教育巩固率 93.4%，小学净入学率是 99.88%，初中毛入学率是 104%，高中阶段毛入学率为 87.5%。由此可见，我国已经基本实现教育普及化，为更多的受教育者提供了入学机会。

近几年来民族八省区与我国的小学净入学率与初中毛入学率相关统计数据如表 3-11 所示，高中毛入学率如图 3-2 所示。可见 2016 年我国小学净入学率是 99.88%，民族八省区的小学净入学率都接近这个数值，甚至内蒙古在 2015 年小学净入学率已经达到了 100%。对于初中的毛入学率来说，在 2016 年除了内蒙古与西藏未能达到我国的初中毛入学率 104%，民族八省区的其他省区均已达到并超出。以上数据表明，民族八省区的义务教育普及程度较高，民族地区义务教育入学机会和入学权利得到充分保障。不过虽然民族地区九年义务教育普及率较高，但义务教育阶段辍学现象在一些地区仍存在，对义务教育普及水平进行巩固仍旧是一场攻坚战。

表 3-11　民族地区与全国小学净入学率和初中毛入学率

（单位：%）

年份 / 年级	2012		2013		2014		2015		2016	
	小学净入学率	初中毛入学率	小学净入学率	初中毛入学率	小学净入学率	初中毛入学率	小学净入学率	初中毛入学率	小学净入学率	初中毛入学率
内蒙古	99.99	110.11	99.96	97.7	99.86	97.3	100	100.2	100	98.7
广西	99.37	108.9	99.64	108.8	99.6	108.9	99.58	109.2	99.39	110
宁夏	99.86	100.94	99.78	100.62	99.5	101.87	99.2	102.21	99.98	104.53
新疆	99.78	—	99.73	—	99.81	—	99.81	—	99.85	—
贵州	97.89	97.4	98.57	101.1	99.29	102.5	98.48	104	99.48	107.9
云南	99.71	106.04	99.61	106.56	99.5	107.81	99.51	106.36	99.68	106.91
西藏	99.17	98.60	99.35	98.75	99.59	98.91	99.97	96.24	98.94	96.59
青海	99.56	112	99.68	112.2	99.73	110.6	99.67	109.2	99.77	110.6
全国	99.7	102.1	99.79	104.1	99.71	103.5	99.81	104	99.88	104

资料来源：根据各个地方教育行政部门网站公布相关数据整理。

注：“—”表示数据缺失。

不同于民族八省区义务教育发展都较为均衡的现状，民族八省区在高中教育毛入学率上有一定的差距。2016 年，全国的高中教育阶段的毛入学率为 87.5%，除了西藏、青海与云南未达到全国的平均水平，其他省区均已达到甚至超过。其中内蒙古高中教育毛入学率最高，为 93.42%，西藏最低，为 75.94%，两个地区相差较大。

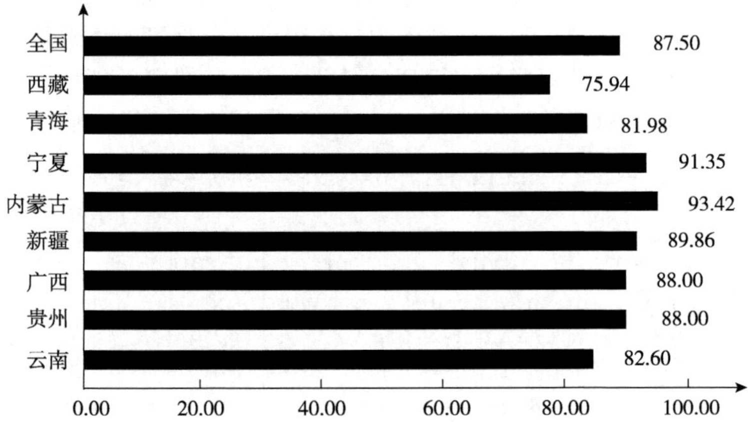

图 3-2　2016 年全国与民族八省区高中教育毛入学率①　（单位：%）

经过多年的改革，在高等教育上，我国普通高等教育总体入学机会的差异逐步缩小。首先纵向上，全国高等教育毛入学率从 2010 年的 26.5%上升为 45.7%，同样的民族八省区也保持了较快的增长速度。但从横向来说，民族地区的高等教育毛入学率仍低于全国的平均水平，如表 3-12 显示，总体而言，在民族八省区高等教育毛入学率上，我国高等教育发展呈现不均衡的现象，民族八省区不同省份处于不同发展阶段，有的省份与全国持平，少部分省份远远落

① 数据来源：根据各省和自治区的教育行政部门和统计局网站公布的数据整理。

后于全国平均值。以上数据表明与义务教育阶段不同，在高等教育领域，民族地区的学生入学机会与全国相比不高。

表 3-12　2010 年与 2017 年民族八省区高等教育毛入学率

（单位：%）

	内蒙古	西藏	新疆	宁夏	广西	贵州	云南	青海	全国
2010	23.1	23.4	24.99	25.1	19	20	20.02	27.42	26.5
2017	37.2	34.4	39.82	45.95	—	34	32.6	—	45.7

资料来源：根据各省和自治区的教育行政部门和统计局网站公布的数据整理。

注："—"表示数据缺失。

2. 教育过程实施成效

教育过程是实现教育公平的实质性因素，也是教育界一直关注的热点。探讨少数民族教育过程实施成效对了解少数民族受教育权的保障实效具有显著意义。教育过程公平是受教育者在教育过程中得到的能促进自身最大限度发展的各种条件。具体可以通过办学设施、办学经费和师资力量三个方面进行测算分析。

（1）办学设施

优良的硬件设施是民族地区学生享受平等的学习资源和学习机会的重要基础条件。但是由于当前较少有专门针对办学设施的全国性统计数据，在评价民族地区办学设施情况时，主要依据政府部门的义务教育均衡发展督导评估工作报告以及民族地区政府的自查报告获取相关资料。自 2013 年以来，全国共新建学校 1.6 万所，改扩建学校 24.6 万所，新增学位 2725 万个，累计建设各类校舍和附属用房面积 4.48 亿平方米，新建体育运动场馆 3.39 亿平方米，新增实验室、功能室 746 万间，新增设施、器材和信息化装备价值 3257 亿元，新增图书 14.40 亿册，新增计算机 1248 万台。① 总体来看，我国义务教育阶段学校办学设施总体发展现状良好（见表 3-13）。

表 3-13 近五年（2013—2017 年）办学硬件资源改善情况②

分类	年度	新建学校（所）	改扩建学校（所）	新增学位（万个）	新建各类校舍和辅助用房面积（万㎡）	新增体育运动场馆面积（万㎡）	新增实验室、功能室（万间）	新增设施、器材和信息化装备（亿元）	新增图书（万册）	新增计算机（万台）
巩固县	2013—2016	8267	90162	1234	21537	14569	651	2204	73127	701
	2017	2351	19653	428	5996	2993	34	216	11062	114
2017 达标县	2013—2016	1980	43614	381	6421	4819	16	207	20211	160
	2017	822	18077	183	2731	2925	8	109	12437	91
未达标县	2013—2016	2440	52399	346	6157	3335	15	578	13387	110
	2017	928	18725	145	2573	2351	8	98	11095	81
合计	2013—2016	12400	190743	1978	33713	25676	697	2839	110317	966
	2017	4058	55354	747	11100	8223	49	417	33730	282
近五年总计		16458	246097	2725	44813	33899	746	3257	144046	1248

① 《2017 年全国义务教育均衡发展督导评估工作报告》，见中华人民共和国教育部政府门户网站，http：//www.moe.gov.cn/jyb_ xwfb/xw_ fbh/moe_ 2069/xwfbh_ 2018n/xwfb_ 20180227/sfcl/201802/t20180227_ 327990.html.

② 《2017 年全国义务教育均衡发展督导评估工作报告》，见中华人民共和国教育部政府门户网站，http：//www.moe.gov.cn/jyb_ xwfb/xw_ fbh/moe_ 2069/xwfbh_ 2018n/xwfb_ 20180227/sfcl/201802/t20180227_ 327990.html.

同时根据《2017 年全国义务教育均衡发展督导评估工作报告》，截止到 2017 年全国义务教育均衡发展又取得新进展，有 560 个县通过国家督导评估，全国累计数量已达 2379 个县，占全国总数的 81%，有 11 个省（市）整体通过认定。[①] 其中通过认定的县，东部地区 819 个，中部地区 782 个，少数民族聚集的西部地区 778 个。同时国家督导对尚未通过国家评估认定的 500 多个县义务教育均衡发展情况进行过程性监测。整体上看，未认定县均衡水平明显低于国家标准、更低于已认定的 2300 多个县，实现均衡发展目标难度较大。也就是说西部地区有 29. 1%的县尚未通过认定，民族地区实现义务教育发展基本均衡与中部和东部相比还有一定的差距（见图 3-3）。

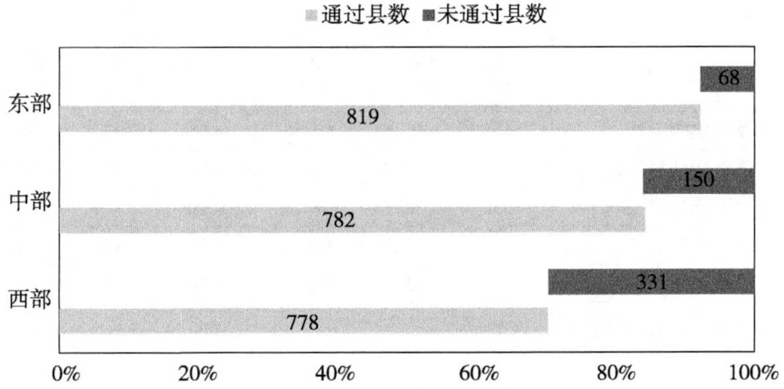

图 3-3　分地区通过认定县数

在民族地区内部，办学硬件设施也有了较大的改善。以贵州省为例，2017 年，督导检查组对贵州 22 个县义务教育学校办学基本

① 《2017 年全国义务教育均衡发展督导评估工作报告》，见中华人民共和国教育部政府门户网站，http：//www. moe. gov. cn/jyb _ xwfb/xw _ fbh/moe _ 2069/xwfbh _ 2018n/xwfb _ 20180227/sfcl/201802/t20180227_ 327990. html.

标准达标情况进行了检查。总体来说，贵州省22个县义务教育学校办学基本达标率还较为可观（如表3-14）。但也有许多问题，比如学校规模较大、班额较大、学校校园占地面积不足、校舍建筑面积不足等问题。比如在务川县、铜仁市碧江区、遵义市红花岗区等均有3000人以上的学校。桐梓县、铜仁市碧江区、平坝县、盘州市、遵义市红花岗区、大方县等科学、理化生实验室，音乐、美术、劳动技术教室，计算机教室等学科专用教室数量不足。大方县、印江县、黄平县、三穗县、瓮安县等未建设校园网学校数量较多。①

表3-14 贵州省义务教育学校办学基本标准核心指标达标情况

达标情况	学校类型					
	小学			初中		
	学校总数（个）	达标学校数（个）	达标率（%）	学校总数（个）	达标学校数（个）	达标率（%）
生均校舍建筑面积	1656	1515	91.49	434	420	96.77
生均体育活动场馆面积	1656	1555	93.90	434	400	92.17
寄宿生人均宿舍面积	1656	966	58.33	434	384	88.48
生均图书册数	1656	1640	99.03	434	421	97
教学实验仪器配置	1656	1532	92.51	434	412	94.93
每百名学生拥有计算机台数	1656	1571	94.87	434	408	94.01
师生比	1656	1549	93.54	434	402	92.63
班班通设施配置	1656	1538	92.87	434	417	96.08
班额	1656	1574	95.05	434	401	92.39
综合评估	1656	1656	100	434	434	100

数据来源：根据中华人民共和国教育部网站公布相关数据整理。

① 《国家教育督导检查组对贵州省22个县（市、区）义务教育均衡发展督导检查反馈意见》，见中华人民共和国教育部政府门户网站，http：//www.moe.edu.cn/jyb_xwfb/moe_ 2082/zl_ 2018n/2018_ 04/201801/t20180105_ 323822.html.

（2）办学经费

保证民族地区教育经费的充足，是民族地区教育实现快速发展的重要保障。近年来，各地区的教育经费不断增加，同样民族地区教育经费也得到重视，这为民族地区教育发展提供了现实的物质基础保障。表 3-15 和图 3-4 是 2007—2016 年这十年来民族八省区的财政性教育经费及其增长率的数据比较。

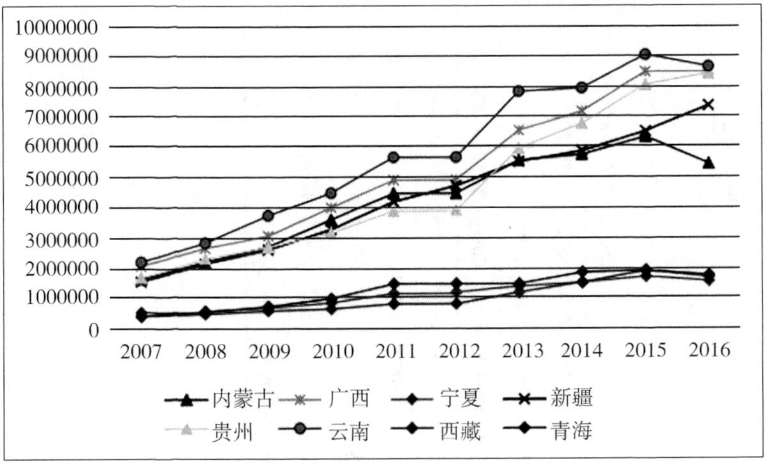

图 3-4　民族八省区财政性教育经费增长情况①（单位：万元）

表 3-15 中，内蒙古、广西、宁夏、新疆、贵州、云南、西藏和青海的财政性教育经费分别用 a、b、c、d、e、f、g 和 h 表示，单位为“万元”；其对应的年增长率用 A、B、C、D、E、F、G 和 H 表示，单位为“%”。

① 数据来源于中国统计数据库，http：//www. shujuku. org。

表 3-15 民族八省区财政性教育经费及其年增长率比较[①]　（单位：万元、%）

年份	内蒙古		广西		宁夏		新疆		贵州		云南		西藏		青海	
	a	A	b	B	c	C	d	D	e	E	f	F	g	G	h	H
2007	1629515	38.50	2058340	33.10	533091	69.2	1543932	24.9	1670164	40.6	2191078	19.6	406063	54.1	405548	22.5
2008	2185264	34.11	2650050	28.75	575667	7.99	2134971	38.28	2300188	37.72	2823329	28.86	478394	17.81	547864	35.09
2009	2692816	23.23	3051449	15.15	677505	17.69	2592025	21.41	2680258	16.52	3723686	31.89	577399	20.70	727966	32.87
2010	3584765	33.12	3990786	30.78	843802	24.55	3256626	25.64	3139157	17.12	4480463	20.32	641638	11.13	985919	35.43
2011	4463714	24.52	4905638	22.92	1147144	35.95	4183426	28.46	3869567	23.27	5652685	26.16	807466	25.84	1469582	49.06
2012	4469284	0.12	4905638	0.00	1190279	3.76	4714164	12.69	3904749	0.91	5654887	0.04	807466	0.00	1470314	0.05
2013	5546840	24.11	6540555	33.33	1385750	16.42	5504391	16.76	5954134	52.48	7820920	38.30	1182000	46.38	1468671	-0.11
2014	5735677	3.40	7163058	9.52	1502629	8.43	5858129	6.43	6761067	13.55	7930673	1.40	1507576	27.54	1843741	25.54
2015	6324669	10.27	8467679	18.21	1696500	12.90	6508191	11.10	8039152	18.90	9039569	13.98	1892997	25.57	1906170	3.39
2016	5434602	-14.07	8508135	0.48	1550192	-8.62	7353786	12.99	8404378	4.54	8641807	-4.40	1758336	-7.11	1687986	-11.45

① 数据来源于中国统计数据库，http：//www. shujuku. org。

从图 3-4 中可以明显地看出，民族八省区的教育经费投入呈不断增长的趋势，其中云南教育经费投入增长的幅度最大；贵州的增长幅度处于中上水平，不过 2012 年后，增长幅度变大；但是宁夏、青海、西藏三省区的增长速度较慢，近十年来基本都是在一个水平。另外，虽然云南、贵州、广西在教育经费投入上呈逐年增长的可观趋势，但由于我国民族地区经济发展水平与我国整体经济发展相比还相差较远，民族地区教育投入与东、中部相比整体水平偏低，财政教育支出总量不足。

如图 3-5，关于 2016 年全国各省市教育经费的统计，从图中可以明显地看出民族地区教育经费处于全国中下水平，其中广东的教育经费位居第一。可见，在教育投入总量上民族地区并不占有优势，这也是民族地区教育发展水平较低的重要原因之一。

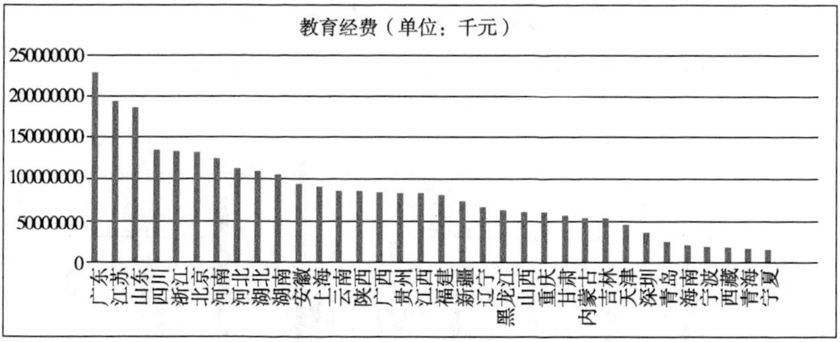

图 3-5　2016 年全国各省区市教育经费情况①

从教育投入总量上看，民族八省区处于全国中下水平。但仅从总量上来考虑教育经费投入是不够准确的，因各省份的学生数量、消费水平等方面的因素都不一样。因此，我们还要进一步对民族地

① 数据来源：根据国家统计局网站公布相关数据整理。

区各教育阶段的生均教育经费进行分析，表 3-16 和图 3-6 是对 2016 年民族八省区各教育阶段生均教育经费的统计比较。

表 3-16　2016 年民族八省区生均教育经费（单位：元）

地区	幼儿园	小学阶段	普通中学	高等教育
内蒙古	16604. 71	18730. 47	20850. 57	27076. 73
广西	4579. 68	8795. 50	11453. 30	21363. 83
贵州	6175. 01	10556. 66	11895. 85	21685. 63
云南	6654. 38	11828. 18	13746. 09	21984. 97
西藏	21913. 88	27399. 33	29126. 58	37126. 29
青海	13197. 33	16197. 13	20127. 65	42525. 34
宁夏	10717. 73	11528. 69	15378. 81	36215. 81
新疆	10392. 68	14300. 52	19786. 87	26491. 95
全国	8590. 97	11397. 25	16263. 97	24725. 29

数据来源：根据国家统计局网站公布相关数据整理。

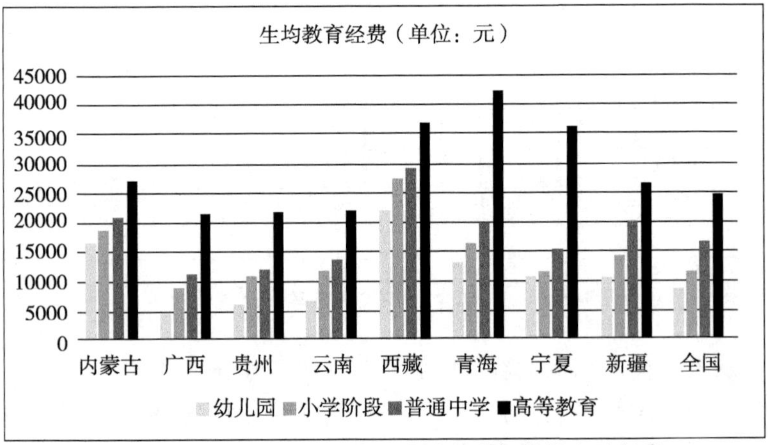

图 3-6　2016 年民族八省区生均教育经费投入比较①

① 数据来源：根据国家统计局网站公布相关数据整理。

从图 3-6 可以看出，整体上，民族八省区生均教育经费中从高等教育、普通中学、小学、幼儿园依次降低；在高等教育生均经费中，青海、西藏和宁夏比全国平均水平高出很多；在普通中学中，西藏、内蒙古、青海和新疆的生均教育经费高于全国平均水平；小学阶段生均教育经费低于全国水平的有广西、贵州和宁夏三个民族省份；幼儿园生均教育经费低于全国水平的有广西、云南和贵州。由此可见，贵州各个阶段教育的生均教育经费都低于全国平均水平，这也是贵州教育发展较缓慢的重要原因之一。

另外，数据分析发现，在民族八省区内，农村的生均教育经费与各省区平均水平有差距，如表 3-17 和图 3-7 所示。

表 3-17　2016 年民族八省区农村生均教育经费①

（单位：元）

地区	农村幼儿园	农村小学阶段	农村中学
内蒙古	10785.97	15430.21	17434.65
广西	2172.98	7814.54	9177.27
贵州	4179.24	9857.96	10064.36
云南	3465.66	9022.46	10512.51
西藏	21038.05	26351.78	23237.95
青海	9839.88	15036.26	17365.64
宁夏	4770.43	9036.31	11786.20
新疆	7853.60	12354.11	16764.29

① 教育部财务司编：《中国教育经费统计年鉴（2016）》，618~628 页，北京，中国统计出版社，2017。

从图 3-7 中可以明显看出，农村小学阶段的生均教育经费与当地小学阶段生均教育经费水平基本持平，其中内蒙古、云南、宁夏和新疆农村小学阶段生均经费低于当地平均水平。除西藏自治区以外的其他民族省区的农村幼儿园和初中生均教育经费与平均水平都存在一定差距，都是低于平均水平的。但相比之前其差距在慢慢缩小，而缩小城乡差距正是保证教育均衡发展的必经之路。

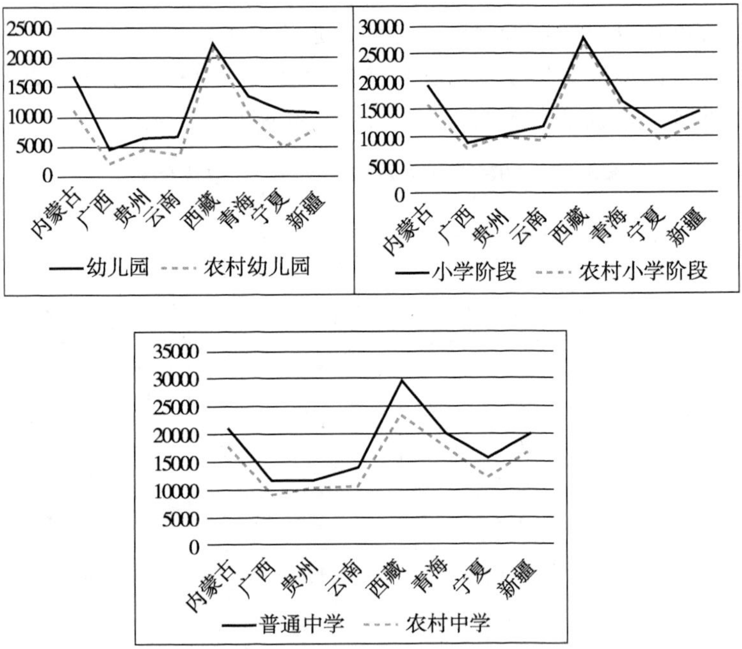

图 3-7　2016 年民族八省区农村小学、幼儿园、初中生均教育经费与当地平均水平比较①

① 教育部财务司编：《中国教育经费统计年鉴（2016）》，618～628 页，北京，中国统计出版社，2017。

(3) 办学师资

促进民族地区教育优先发展重要的参与力量是教师，教师队伍的建设尤为关键。近年来，民族地区教师需求压力有所缓解，表3-18是对民族八省区不同教育阶段的学校及师生数进行统计比较，以客观地认识民族地区教育发展的力度。

表3-18 2016年民族八省区不同教育阶段学校及师生数①

教育层次	地区	学校数（个）	专任教师数（人）	在校学生数（人）	师生比（%）	师生比与全国差距（%）
高等教育	云南	72	38968	656600	18.80	+1.79
	贵州	64	33421	573900	18.02	+0.95
	广西	73	41502	810300	17.78	+0.71
	内蒙古	53	25900	436700	17.37	+0.3
	西藏	7	2500	35000	15.35	-1.72
	新疆	46	20000	319900	17.40	+0.33
	青海	12	4300	61900	15.26	-1.81
	宁夏	18	8000	117100	17.07	0
	全国	2596	1627182	36990000	17.07	—
普通高中	云南	480	53900	805829	14.96	+1.31
	贵州	437	61000	993695	16.28	+2.63
	广西	450	53400	918939	17.22	+3.75
	内蒙古	289	34800	449000	12.89	-0.76
	西藏	31	5000	56900	11.41	-2.24
	新疆	354	41100	537700	13.10	-0.55
	青海	106	8900	120300	13.48	-0.17
	宁夏	62	10600	152000	14.29	-0.64
	全国	13383	1695354	24671712	13.65	—

① 数据一部分来源于教育部发展规划司编：《中国教育统计年鉴（2016）》，19页，北京，中国统计出版社，2017。一部分数据来源于国家统计局。

续表

教育层次	地区	学校数（个）	专任教师数（人）	在校学生数（人）	师生比（%）	师生比与全国差距（%）
普通初中	云南	1672	188490	1873200	14.81	+2.41
	贵州	2099	199887	1891400	14.88	-2.47
	广西	1812	185085	1987500	16.10	+3.69
	内蒙古	693	57069	612400	10.73	-1.68
	西藏	98	10061	120300	11.96	-0.45
	新疆	1062	84905	894800	10.54	-1.87
	青海	268	16171	207900	12.86	+0.45
	宁夏	245	19740	274700	13.92	+1.51
	全国	52118	5833939	38483307	12.41	—
小学	云南	11673	227000	3766100	16.59	-0.53
	贵州	7818	197100	3533700	17.93	+0.81
	广西	10173	232500	4513700	19.41	+2.29
	内蒙古	1730	99400	1338100	13.47	-3.65
	西藏	805	21100	302900	14.37	-2.75
	新疆	3526	146400	2159400	14.75	-2.37
	青海	889	26400	457900	17.34	0.22
	宁夏	1536	34100	582900	17.09	-0.03
	全国	26649	5176454	99130126	17.12	—

从表3-18中可看出，2016年民族地区不同教育阶段师生比与全国平均水平存在一定的差距，但是相比往年来说差距在缩小。其中，小学阶段的差距较小，从整体上而言，民族八省区的多数地区

师生比小于全国师生比。初中阶段除了云南、广西和宁夏与全国相比差距较大，其他地区与全国相比差距不大。在高等教育阶段，民族地区师生比普遍高于全国师生比。

从专任教师的学历结构看，整体上 2016 年民族八省区专任教师为 176288 人，博士毕业的有 21430 人，占总教师人数的 12.16%；硕士毕业的有 67851 人，占总教师人数的 38.49%；本科毕业的 83907 人，占总教师人数的 47.6%；专科及以下毕业的有 3100 人，占总教师人数的 1.7%。占据比例最大的为本科毕业生，硕士生紧跟其后，而专科毕业及以下的仅占 1.7%，说明民族地区现今专任教师大多数都接受了本科及以上教育，民族地区教师队伍的整体素质得到了较为明显的改善。从民族八省区各地区基础教育专任教师学历结构来看，整体发展最好的是内蒙古，不论是义务教育阶段还是高中教育阶段，其最高学历的教师占比都远远高于民族八省区的其他地区。民族八省区各级各类专任教师学历结构人数及占比具体见表 3-19。

此外，因民族地区教育的特殊性，对教师的要求也会因民族地区的需求而异，这无疑也是对教师队伍的建设提高了一个难度，即对民族教师普通话和民族语言的要求、现代化教学仪器的使用、先进教育理念的建设、适应民族地区生活习惯等问题也将影响到其教学质量的提升。

表 3-19　2016 年民族八省区各级各类教育专任教师的学历结构及所占比例①

教育层次	地区	研究生（人）	研究生学历占比（%）	本科生（人）	本科学历占比（%）	专科生（人）	专科学历占比（%）	高中生（人）	高中学历占比（%）
普通高中	云南	2201	4.08	50608	93.94	1040	1.93	26	0.05
	贵州	2039	3.34	57248	93.80	1688	2.77	39	0.06
	广西	3421	6.41	48570	91.01	1356	2.54	15	0.03
	内蒙古	3739	10.74	30374	87.22	710	2.04	0	0
	西藏	248	4.97	4640	93.08	96	1.93	1	0.02
	新疆	1307	3.18	38378	93.49	1343	3.27	23	0.06
	青海	430	4.82	8045	90.16	441	4.94	7	0.08
	宁夏	628	5.90	9819	92.29	188	1.77	3	0.03
	全国	121289	7.15	1535109	90.55	38103	2.25	829	0.05
普通初中	云南	1229	0.97	104756	82.80	19954	15.77	556	0.44
	贵州	600	0.47	98816	77.75	27395	21.55	272	0.21
	广西	1350	1.09	96215	77.95	25261	20.47	582	0.47
	内蒙古	2010	3.52	48247	84.54	6800	11.92	12	0.02
	西藏	151	1.50	8605	85.53	1261	12.53	38	0.38
	新疆	798	0.94	61545	72.49	22442	26.43	115	0.14
	青海	351	2.17	12795	89.82	3000	8.32	25	0.10
	宁夏	347	1.76	17731	79.12	1642	18.55	19	0.15
	全国	65193	1.88	2723316	78.35	675293	19.43	11459	0.33

① 教育部发展规划司编：《中国教育统计年鉴（2016）》，324、478、558 页，北京，中国统计出版社，2017。注：相关学历结构所占比例为笔者计算。

续表

教育层次	地区	研究生（人）	研究生学历占比（%）	本科生（人）	本科学历占比（%）	专科生（人）	专科学历占比（%）	高中生（人）	高中学历占比（%）
小学	云南	599	0.26	93071	40.99	113581	50.03	18985	8.36
	贵州	193	0.10	74784	37.95	105451	53.51	16090	8.16
	广西	843	0.36	86789	37.32	121713	52.34	22971	9.88
	内蒙古	849	0.85	59515	59.91	36221	36.46	2773	2.79
	西藏	33	0.16	8706	41.29	11652	55.26	666	3.16
	新疆	228	0.16	60299	41.21	75240	51.41	10598	7.24
	青海	187	0.71	14267	54.03	10909	41.31	1030	3.90
	宁夏	101	0.31	18468	54.13	13908	40.77	1631	4.78
	全国	35417	0.62	2575703	45.31	2612994	45.96	456061	8.02

3. 教育结果实施成效

教育结果实施成效的观测点是少数民族受教育整体程度，包括不同教育阶段少数民族学生占比、高层次人才少数民族占比、不同民族文盲占比、不同民族高层次人才占比。结果平等也称为实质平等，主要是以受教育者的个体差异为前提，追求受教育者发展公平的一种教育价值取向。教育结果平等是教育平等的终极目标，并可以作为一种客观的教育发展评价。因此，本节主要以不同教育数据中显现的少数民族相应学历比例反映少数民族地区教育结果的实施成效。通常意义上认为，民族地区教育结果平等要求少数民族的该教育层次人口所占全国相应教育层次人口比例与其人口所占全国人口比例应正相关①。因此，本书以第六次人口普查少数民族占全国

① 李祥、陈恩伦：《民族地区教育优先发展法律保障研究》，146 页，北京，中国社会科学出版社，2016。

总人数的比重 8.49%作为衡量少数民族教育结果公平的基准参数。相关数据显示，近十年我国少数民族学生教育结果的公平程度逐年提高，不同教育阶段少数民族学生占比在不断增加。如表 3-20 所示，截止到 2016 年，我国各级各类学校中少数民族学生占全国各教育阶段学生的比例有了明显的上升。2016 年小学和初中的少数民族学生占比分别为 11.47%和 11.26%，普通高中与高等学校少数民族学生占比分别为 10.13%和 8.6%。相较于 2007 年少数民族学生占比已经凸显了近几年少数民族学生在教育发展上的逐步提升。经过近十年的努力，高等学校少数民族占比已经超过了第六次人口普查少数民族人口占全国总人口的 8.41%。但是另一方面相比少数民族学生中小学占比，高等教育的发展处于不利地位的状况还没有彻底改变。

表 3-20　历年不同教育阶段少数民族数及占比

年份	2007	2008	2009	2010	2011	2012	2013	2014	2015	2016
高等学校（万人）	107.55	127.99	141.05	150.83	168.84	177.96	184.45	199.24	214.29	231.82
高等学校占比（%）	6.19	6.33	6.58	6.76	7.31	7.44	7.47	7.82	8.16	8.6
普通高中（万人）	169.47	176.94	286.78	183.34	191.45	200.97	210.91	219.59	229.27	239.75
普通高中占比（%）	6.74	7.15	6.71	7.55	7.80	8.15	8.66	9.15	9.66	10.13
普通初中（万人）	519.92	503.28	501.22	497.00	492.22	477.93	471.02	477.36	480.80	487.29

续表

年份	2007	2008	2009	2010	2011	2012	2013	2014	2015	2016
普通初中占比（%）	8.76	9.03	9.24	9.42	9.71	10.03	10.61	10.89	11.15	11.26
普通小学（万人）	1081.28	1070.79	1059.12	1048.24	1044.02	1037.54	1040.95	1058.97	1094.97	1136.67
普通小学占比（%）	10.09	10.36	10.52	10.54	10.52	10.70	11.12	11.20	11.30	11.47

数据来源：根据中华人民共和国教育部网站公布相关数据整理。

“少数民族骨干计划”自实施以来，为民族地区培养了较多的人才。近十年，通过实施“少数民族骨干计划”，共面向西部民族地区培养了近1万名博士研究生和4万余名硕士研究生。对于少数民族来说，高层次人才数量明显增多，少数民族博士生所占比由2005年的3.78%猛增至2016年的6.39%，硕士生由2005年的4.41%增至5.7%（见表3-21）。

表3-21　高层次人才培养少数民族学生占比

	2005年数量（万人）	2005年占比（%）	2016年数量（万人）	2016年占比（%）
少数民族博士生	0.72	3.78	2.19	6.39
少数民族硕士生	3.47	4.41	9.35	5.70

数据来源：根据中华人民共和国教育部网站公布相关数据整理。

接下来将分析民族八省区教育结果公平的实施成效。首先分析的是民族地区教育发展的结果公平。分析表3-22数据可见，根据2016年民族八省区每十万人拥有的在校生数和全国平均水平的对比，贵州、广西、青海和新疆的学前教育阶段发展水平超过了全国的平均水平，内蒙古、云南、西藏、宁夏则落后于全国平均水平。在小学和初中教育阶段，除了内蒙古，其他地区发展水平均高于全国的平均水平。贵州、广西、云南、青海、宁夏和新疆的普通高中教育阶段发展水平超过了全国平均水平，而民族八省区高等教育发展水平落后于全国高等教育发展水平。

表 3-22　2016 年每十万人在校生数①　（单位：人）

地区	学前教育	小学	初中阶段	高中阶段	高等教育
内蒙古自治区	2419	5329	2439	2669	1937
广西壮族自治区	4371	9411	4144	3602	2279
贵州省	4097	10011	5358	4583	2005
云南省	2773	7942	3950	2965	1889
西藏自治区	2987	9349	3712	2316	1765
青海省	3398	7787	3536	3637	1319
宁夏回族自治区	3087	8726	4112	3489	2225
新疆维吾尔自治区	3896	9150	3792	3565	1780
全国	3211	7211	3150	2887	2530

其次分析的是少数民族间教育结果的公平问题。少数民族主要分布在东北、西北和西南地区，并以云贵高原为中心的西南地区的民族种类最为众多。依据第六次人口普查数据，全国 55 个少数民族，均在西南地区有常住统计。以常住人口 5000 人和独有世居民族两个指标为筛选条件，则西南地区常住 5000 人以上少数民族大

① 数据来源：根据国家统计局网站公布相关数据整理。

约共有 30 个，分别为布依族、蒙古族、基诺族、白族、德昂族、满族、阿昌族、羌族、彝族、傣族、纳西族、傈僳族、苗族、回族、土家族、纳西族、怒族、普米族、布朗族、景颇族、藏族、哈尼族、仡佬族、瑶族、独龙族、水族、壮族、佤族、拉祜族、侗族。如图3-8所示①，2010 年西南地区主要分布民族文盲人口占本民族人口比例差异较大，文盲人口占 15 岁以上本民族人口比例在 10%以下的有蒙古族、回族、白族、基诺族、满族、阿昌族等；其中最低的是满族，仅 1.98%。文盲人口占 15 岁以上本民族人口比例在 20%以上的有藏族、珞巴族、德昂族等；最高的为珞巴族，为 31.13%；其次为藏族，29.59%；再次为德昂族，21.39%。相比之下，全国少数民族文盲人口占 15 岁以上人口比为 13.07%。

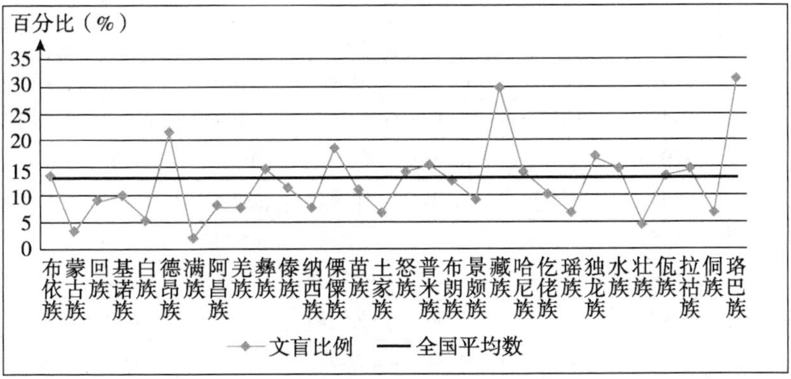

图 3-8　2010 年西南地区主要分布民族文盲人口占 15 岁以上本民族人口比例情况②

① 需要说明的是，图 3-8 和表 3-23 所列的少数民族均主要分布在西南民族地区，但统计数据显示的是全国该民族的状况。

② 国家民委编：《中国民族统计年鉴（2016）》，757~758 页，中国统计出版社，2017。

同时，从高层次人才占比的比例来看，少数民族之间也是相差悬殊。少数民族中研究生人数占比最大的民族是赫哲族，为1.38%，也就是说每万人中拥有研究生138人。研究生最少的德昂族，占比0.01%，也就是说每万人中只培养了1个研究生。从西南地区少数民族研究生人数占比情况来看，整体高层次人才占比不高，仅蒙古族和满族在占比上超越了全国0.33%的占比数（汉族为0.35%）。甚至研究生学历占比在0.1%左右的少数民族都比较少（见表3-23）。

表3-23 “六普”西南地区主要分布的少数民族高层次人才占比

民族	总人数（人）	研究生人数（人）	占比（%）	民族	总人数（人）	研究生人数（人）	占比（%）
布依族	2598781	1622	0.06	土家族	7630400	14567	0.19
蒙古族	5493484	26536	0.48	怒族	34002	22	0.06
回族	9684824	30222	0.31	普米族	39094	38	0.10
基诺族	21014	20	0.10	布朗族	108074	46	0.04
白族	1785320	3550	0.20	景颇族	132808	40	0.03
德昂族	18251	2	0.01	藏族	5652093	4964	0.09
满族	9644853	43161	0.45	哈尼族	1495794	507	0.03
阿昌族	34844	21	0.06	仡佬族	497661	628	0.13
羌族	289490	416	0.14	瑶族	2496825	3554	0.14
彝族	7792892	4276	0.05	独龙族	6220	11	0.18
傣族	1154883	526	0.05	水族	370377	228	0.06
纳西族	307242	812	0.26	壮族	15450124	15980	0.10
傈僳族	640339	172	0.03	佤族	398890	89	0.02
苗族	8509677	7177	0.08	拉祜族	446816	152	0.03
侗族	2619132	2620	0.10	珞巴族	3213	1	0.03

数据来源：第六次人口普查数据。

另外，从全国少数民族平均受教育年限的数据来看，其数据最高的为俄罗斯族，达 11.27 年，而最低的为门巴族仅为 5.23 年。平均受教育年限 10 年左右的少数民族共有 8 个，分别为朝鲜族、仫佬族、达斡尔族、鄂温克族、鄂伦春族、赫哲族、高山族和塔塔尔族（见表 3-24）。

表 3-24　少数民族人口平均受教育年限表（2010）①

（单位：年）

民族	平均受教育年限	民族	平均受教育年限	民族	平均受教育年限
壮族	8.21	傈僳族	5.96	阿昌族	7.33
回族	8.21	东乡族	5.7	怒族	6.09
满族	9.2	仡佬族	7.73	鄂温克族	10.08
维吾尔族	8.08	拉祜族	6	京族	9.01
苗族	7.23	佤族	6.32	基诺族	7.69
彝族	6.54	水族	6.87	德昂族	5.81
土家族	8.23	纳西族	8.5	保安族	6.79
藏族	5.4	羌族	8.03	俄罗斯族	11.27
蒙古族	9.33	土族	7.89	裕固族	8.78
侗族	7.06	仫佬族	10.01	乌孜别克族	9.97
布依族	7.95	锡伯族	8.46	门巴族	5.23
瑶族	7.74	柯尔克孜族	8.21	鄂伦春族	10.58
白族	8.2	景颇族	6.95	独龙族	6.96

① 马正亮：《我国少数民族人口发展状况分析》，载《贵州大学学报（社会科学版）》，2013（2），80~89 页。

续表

民族	平均受教育年限	民族	平均受教育年限	民族	平均受教育年限
朝鲜族	10.4	达斡尔族	10.06	赫哲族	10.76
哈尼族	6.46	撒拉族	6.07	高山族	10.33
黎族	8.05	布朗族	6.35	珞巴族	5.65
哈萨克族	8.76	毛南族	8.34	塔塔尔族	10.73
傣族	6.86	塔吉克族	8		
畲族	7.99	普米族	7.37		

（四）民族地区教育发展机制满意度分析

满意度是反映、监测和评估民族地区教育发展机制运行实效的一个重要维度与评价指标。通过满意度调查，可以管窥民族地区教育发展机制运行中的经验和存在的问题，这为进一步优化民族地区教育发展机制提供了重要的支撑素材。我们从民族地区教育发展中的主体参与满意度、机制运行满意度、机制运行效果满意度三方面对被访乡村教师进行调研，进一步挖掘民族地区教育发展机制运行的经验和存在的问题。

1. 多元主体参与民族地区教育发展的满意度分析

当前，民族地区教育发展的参与主体已经广泛涉及政府、学校、社会组织等诸多主体，对于不同主体的参与效果，被访者满意度并不一致。调研发现，被访者对政府主体参与民族地区教育发展的满意度较高（见表3-25），尤其是中央政府支持民族地区教育发展满意度最高（均值3.97），这与近年来政府积极履责、加大民族地区教育投入有关。同时在调研中许多被访者也认为，民族地区教育发展主要靠政府支持，对其他主体参与重要性认识还不够。

表 3-25　政府主体参与民族地区教育发展满意度

	N	极小值	极大值	均值	标准差
中央政府支持民族地区教育发展	427	1	5	3. 97	0. 743
民族地区人民政府重视教育发展	427	1	5	3. 79	0. 692
有效的 N（列表状态）	427				

社会组织与市场主体参与民族地区教育发展力度加大，总体上，社会组织多以捐赠、帮扶等形式参与到民族地区教育发展中，也有一些直接参与办学的形式，公益性是其基本性质，被访者对其满意度较高（均值 3. 7）；但市场主体参与民族地区教育发展力度不足，因其营利性的性质也难以被被访者接受，其满意度较低（见表 3-26）。

表 3-26　社会组织与市场主体参与民族教育发展满意度

	N	极小值	极大值	均值	标准差
社会组织积极参与民族教育发展	427	1	5	3. 70	0. 730
企业组织积极参与民族教育发展	427	1	5	3. 10	0. 733
有效的 N（列表状态）	427				

此外，被访者对民族地区学校主体发展教育办学自主权满意度（均值 3. 52）不及政府主体参与满意度，但也属于较高，这与近年来政府治理转型背景下民族地区教育发展简政放权有一定关系。民族地区中小学校办学自主空间加大，但也有被访者认为，行政手段干预教育内部事务的现象仍然存在。条件较好的学校受到行政干扰较少，而乡村学校教师受到行政干预较多，许多老师要花费大量精力应对教育教学工作之外的事务。近年来民族地区乡村学校家长对子女教育重视程度逐渐上升，乡村教育发展也从能上学向上好学的优质教育诉求

转变。乡村学校家长对子女教育重视程度呈现较大差别，被访者对其满意度分歧也较大（见表 3-27），均值处于一般偏上水平（3.38），仅高于市场主体的参与满意度。

表 3-27　学校与家长参与民族地区教育发展满意度

	N	极小值	极大值	均值	标准差
民族地区学校主体办学自主权	427	1	5	3.52	0.894
民族地区家长关心子女教育	427	1	5	3.38	0.915
有效的 N（列表状态）	427				

总体上，被访者对民族地区教育发展多元主体参与满意度处于较满意水平（见表 3-25、表 3-26、表 3-27），其满意度排序依次是中央政府>地方政府>社会组织>学校主体>家长主体>市场主体。

2. 民族地区教育发展机制运行的满意度分析

民族地区教育发展机制运行涉及多个视角，在调研中我们仅从政策稳定性、利益处理中的法治路径和平等协商路径进行满意度分析，并在经济导引方面进行机制运行满意度分析。调研发现，一方面，被访者对法治化路径促进民族地区教育发展的满意度最高（均值 3.75）；对民族地区教育发展政策稳定性也较为满意，主要原因在于民族地区教育发展长期得到优惠或倾斜政策支持；此外，平等协商在处理教育冲突中的作用满意度也较高（见表 3-28）。另一方面，被访者对经济激励机制运行满意度认识存在较大差异。近年来，随着民族地区教育发展投入力度增大，民族地区教育发展硬件已有明显改善，在调研的个别乡村学校，投入力度甚至超过同地区城镇水平，因此物质保障满意度较高（均值 3.99）。但是，被访者对乡村教师工资、乡村学校学生负担满意度虽也处于一般偏上，总体还是较低，而且观点分歧较大（见表 3-29）。

表 3-28　民族地区教育发展利益协调机制满意度

	N	极小值	极大值	均值	标准差
民族地区教育发展政策稳定性	427	1	5	3.58	0.814
民族地区教育发展法治化	427	1	5	3.75	0.769
平等协商在处理教育冲突中的作用	427	1	5	3.68	0.760
有效的 N（列表状态）	427				

表 3-29　民族地区教育发展经济投入满意度

	N	极小值	极大值	均值	标准差
乡村教师工资待遇提升	427	1	5	3.35	0.975
乡村学校学生经济负担减轻	427	1	5	3.21	0.997
民族地区教育发展物质保障	427	1	5	3.99	0.801
有效的 N（列表状态）	427				

3. 民族地区教育发展机制运行结果满意度分析

总体而言，被访者对民族地区教育发展机制运行结果较满意，特别是教育提升学生发展机会的价值得到广泛认同（均值 4.13）；同时，民族教育发展对促进社会经济发展能力、民族文化对学校办学影响等满意度也处于较高水平（见表 3-30）。

表 3-30　民族地区教育发展机制运行结果满意度

	N	极小值	极大值	均值	标准差
民族地区教育促进地方社会经济发展能力	427	1	5	3.79	0.685
民族文化对学校办学较大影响	427	1	5	3.76	0.739
接受教育能给学生提供发展机会	427	1	5	4.13	0.747
有效的 N（列表状态）	427				

通过调研可以看出，被访者对民族地区教育发展机制运行总体呈现基本满意状态，其中对政府主体主导民族地区教育发展的作用高度认可，对法治化路径推动民族地区教育发展功能高度认可，对教育发展促进民族地区社会经济发展和学生个体发展方面的价值高度认可，对市场主体和家长参与教育发展、教师工资待遇、学生经济负担等方面满意度虽也处于基本满意状态，但总体低于前述指标，尚有提升空间。

第四章　民族地区教育发展机制优化的问题反思

民族地区教育发展机制优化是适应政府治理转型对教育发展方式变革的必然要求，优化发展机制提升了民族地区教育发展的效率和质量，是实现民族地区教育治理现代化的基本路径。但纵观民族地区教育发展的历程我们可以发现，在民族地区教育发展的不同历史阶段，其教育诉求、内外部环境等的差异使得阶段性发展任务也在不断调适变化之中。当前，民族地区教育发展处于转型升级的关键时期，不同利益主体多样化的教育诉求较为突出，人民群众日益增长的多元优质教育需求与教育发展不平衡不充分的矛盾难以调和，发展民族地区教育事业还需要正视民族地区教育发展机制运行所面临的现实困境，把握住关键影响因素，进而理顺政府治理转型背景下民族地区教育发展机制优化的基本线索，方能提出政府治理转型背景下民族地区教育发展机制优化的可行路径。

一、民族地区教育发展机制运行的现实困境

民族地区教育发展机制围绕动力机制、协调机制、导引机制形成了对民族地区教育发展主体、过程、结果等多维度的协同治理体系，推动民族地区政府教育治理转型是以多元主体共同参与的多元

共治为基础，思考如何提升民族地区自身教育发展能力。民族地区教育治理现代化的推进，涉及多元主体参与的动力如何激发、教育利益如何协调、教育收益如何增值等关键问题，机制运行的现实困境也主要反映在这三个领域。

（一）动力机制的激发困境

尽管民族地区教育发展机制优化的过程中，非常重视其他主体的积极参与，但由于民族地区教育发展的特殊性诉求，政府主体依然是民族地区教育发展的最核心责任主体，例如《国务院关于加快发展民族教育的决定》（国发〔2015〕46号）就明确提出“地方各级政府是推进民族教育发展的责任主体”。从政策文本和实践层面来看，其他主体参与的动力偏差或缺失问题值得我们重视。

1. 学校主体参与动力单一或模糊

学校主体是落实民族地区教育发展政策的主要场所，但随着民族地区教育发展需求的发展变化，学校主体并没有较快地做出反应。一方面是学校主体办学目标多呈现单一性。当前政府与学校法律关系还需进一步理顺，中小学办学自主权未能得到真正落实，学校之间的生源竞争也迫使其迎合短期功利的教育需要。尤其在中学阶段，升学率的单一办学动机仍然发挥主导作用，虽然有内外部评价因素影响，但学校很多在思考自身定位时，没有将学校办学特色的形成与地方社会经济发展和人民群众多元化教育需求结合起来，补课热的问题同样在民族地区较为普遍地存在。另一方面，许多学校主动积极地进行教育教学改革，凸显自身办学特色，虽取得了一些成绩，但经济驱动成为学校主体办学的关键动力。例如许多民族地区职业教育课程的内容选择多与经济利益结合起来，有市场需要的内容得到重视，一些具有很高价值但无法带来市场收益的民族文化内容被忽视，这是值得反思的问题。不仅如此，模糊的特色定位使得民族地区学校办学特色难以彰显，民族文化课程内容选择也存在盲目性。比如笔者在贵州W县调研时发现，一所民族特色示范中职学校大规模开设了仡佬族的唢呐技艺教学课程，一个班四十多个同学都在学习唢呐的礼仪习俗、唱腔舞姿等。但根据当地人的介绍，吹唢呐是当地专门替亡者办法事的一个专有角色，他们有其特有的追悼亡灵的歌词、舞蹈和程序。老人辞世之后家人要表达自己的哀思和悲痛都会为其举办隆重的丧礼，唢呐演奏也就作为仡佬族的一个特色职业留存至今。但是该地正在推行殡葬改革，革除丧事铺张浪费等陋俗，精简的丧葬文化也被人民群众广泛接受。同时当地的这种职业也多是师徒传承制。学校选择传承民族文化教育内容的困惑还不局限如此，在许多地方调研时笔者还发现，许多少数民族的优秀歌曲多是赞美爱情，有一些甚至是与宗教文化有关的歌，学校民族文化传承教育对内容如何进行选择值得关注。如果是民族地区学校自身因为单一的目标定位或模糊的特色追求导致其参与动力机制不足，非民族地区学校主体对民族地区教育发展的参与和支持则更多体现在自身收益的关注上。有学者甚至提出，政治动员和政治任务强制执行是对口支援政策执行的主要方式，而对高水平高校资源进行强行征调，把政府提供公平的社会教育这一公共服务转嫁给高校，实质上这就造成新的不公平。① 由于帮扶政策并不能达成双方共同获利的结果，只是对受援学校单方面有利，在对口支援、教师轮岗等许多相关政策中，优质的教育资源未必能够被受援地所利用，个别学校还出现绩效评价末位支援的怪象。

2. 人民群众参与动力不足或偏差

有学者提出，少数民族教育发展的主要经验是“国家的主导作用、优惠政策的‘雪中送炭’、全国各地的大力援助和民族地区的

① 孙华：《基于问题导向的我国高校对口支援政策分析》，载《上海交通大学学报（哲学社会科学版）》，2010（3），83~90页。

自力更生”。[①] 但通过相关政策梳理我们可以发现，对于优惠政策、倾斜政策、对口支援如何做，政府主体设计了切实可行的推进和考核方案；但民族地区如何自力更生，却成为实践中的难题。学界近年来批判一些地区“等靠要”的不良思想，根本上就是人民群众参与教育发展动力不足的直接表现。近年来，各级政府对民族教育的支持力度加大，笔者在一些少数民族易地扶贫搬迁学校看到，虽然是一所乡村学校，但其办学条件不逊于城镇许多条件好的中小学。黔南布依族苗族自治州政府甚至投资 1.2 亿全新打造了一所易地扶贫搬迁学校，学校可以容纳 1200 人，目前已接受 800 余人入学，80%是少数民族学生，以布依族居多。与政府主体的大力投入相比，一些群众依然存在较为落后的教育观念，一方面受制于自身家庭经济条件有限，家长文化水平制约，无法给子女提供较多的教育支持，一些家庭的父母长期在外打工，本身能不能教育就是非常大的问题；另一方面，一些家长家庭教育理念模糊。当问及对子女的教育期望时，多提出“希望他能成才”，进一步追问何为成才时，回答则五花八门，有的认为考大学，有的认为能赚钱，有家长还提出身体健康就行。若再追问如何成才时，多数家长并无明确想法，有一个家长的回答很具有代表性，他认为“成龙上天，成蛇入草，成啥要看他的造化”。一些家长并不反思自身的教育问题，而将子女智力与其成才与否联系起来，但实际上，即使如此，也并没有为了子女智力进行优生优育。在民族地区教育发展外部环境极大改善、硬件设施水平逐渐提高的情况下，可以预见，如何提升民族地区人民群众尤其是乡村群众教育自我发展意识和能力将成为新时期的难题。除了动力不足，民族地区人民群众参与教育发展还有动力

---

① 张善鑫：《民族教育发展：优惠政策、经验与展望——新中国民族教育发展回顾》，载《民族教育研究》，2009（5），5~10 页。

偏差的问题，即“跳跃农门”“离开穷山沟”成为对教育抱有较高期望的人民群众的直接目的，所以我们不难理解为何当前我国民族地区不仅人才总量的培养上仍有欠缺，部分社会精英却还在流失。在国家对少数民族采取特殊的政策倾斜支持其民族教育，期望培养一批少数民族骨干人才反哺民族地区社会经济发展的时候，一些民族地区培养的人才却在外流，同时带走一部分优质的资源。2013年少数民族骨干人才计划将之前少数民族骨干人才有条件违约的条款直接修改为服务期内不得违约。

3. 社会组织及市场主体参与动力尚需培育

调研数据显示，民族地区教育发展中政府主体和学校主体是最重要的参与角色，但与之相比的社会组织与市场主体则尚处于需要培育的参与地位，其动力激发机制尚不健全。当前社会组织参与民族地区教育发展主要体现在直接参与办学和捐赠等方面，取得了一些效果，但社会组织参与民族地区教育发展动力总体仍然呈现不足。从民族地区内部看，我国民族地区的社会组织多属于自发性或内生性社会组织形态，主要涉及靠血缘关系联结的家族性组织、靠地域性关系联结的区域公社性组织、靠本民族文化联结的文化传承型社会组织几种类型。社会组织影响力小、聚焦内容窄，尚不能对教育发展形成较大的影响力，而民族地区财政不足、观念相对保守、社会组织发展的条件更为偏弱。从民族地区外部看，21世纪以来，社会组织作为政府治理转型的重要切入点受到广泛重视。社会组织本应作为弥补政府失灵和市场失灵的一种有效互补力量，但因其培育过程中多依靠政府力量支持，也就形成了社会组织的行政化现象，本身运行机制尚待优化。其他许多与教育相关的社会组织具有官办或者半官方性质，其去行政化也需要较长的时间去探索。此外，社会组织参与民族地区教育发展动力不足也与回馈机制相关。虽然社会组织并不把经济利益置于首位，但其也有特殊诉求。

在一些调研地点，笔者发现近年来社会组织积极参与和捐赠学校的行为逐渐增多，但因信息沟通等多方面原因，社会组织的贡献并未得到认可。在许多家庭，当问及接受的相关组织捐赠的物品和资金时，许多家长并不清楚这些捐赠来自何方，甚至有家长坦言“我不清楚这是政府还是哪里送来的”，回应积极性的缺乏也打击了社会组织参与的热情。市场主体参与民族地区的动力困境与社会组织有相似之处，但市场主体参与民族地区教育发展还存在的问题在于其合理回报的边界问题。在贵州六盘水某民族村寨调研时我们发现，该村有一所公立小学和一所民办学校，学生进入民办学校读书要比公立学校每学期多缴纳 1300 元，公立小学几乎不需要缴费，但在生源上，两所学校基本持平，均在 300 人左右。经过深入调研我们发现，民办学校在当地能够被接受，主要在于其差异化的办学定位。民族地区乡村的民办学校在师资、资源等方面并不具备优势，但也得到了政府的一定支持，该校的办学定位主要是通过开发民族舞蹈、武术等课程，与外界企业、组织合作，让学生多一些发展的机会。同时该校在学生管理方面有更为严格的制度，有近一半学生属于家长认为“管不动”或有其他厌学情节的，而与公立学校最为不同的是，该民办学校允许住宿（需缴纳住宿费，该村公立小学没有宿舍），满足了一些长期外出务工家长的教育需求。但由于民族地区乡村经济发展较为滞后，群众收入普遍不高，市场主体参与的民办学校的费用并不是所有家庭能够承受，为了招揽生源，民办学校收费也不会太高，教育投入不足、教师流动较大等问题始终困扰其发展。当问及新修订的《中华人民共和国民办教育促进法》实施后该校会选择营利还是非营利办学时，该校负责人回答“肯定会选择非营利，这里的孩子交不起钱的”。可见市场机制给民族地区教育发展提供了多样性的教育产品和可选择的教育空间，但因其自身局限性也很难发挥较大作用。

（二）协调机制的公平困境

在教育治理现代化进程中，追寻民族教育治理法治化是基本目标之一，可以说，民族地区教育发展协调机制主要体现为法治机制。法治机制作为一种权威性、强制性的利益分配机制，更多倾向于解决教育利益分配的公平性问题。除此之外民族地区教育发展其他协调机制还包括依靠道德自律的平等协商机制和依靠经济激励的竞争分配机制。这几种协调机制虽侧重点有所不同，但协调机制本身是要实现利益分配的公平性，因此在实践中这几种机制也存在公平困境问题需要破解。

1. 法治协调机制的实践困境

尽管民族地区教育立法在主体、依据、过程和内容上彰显出自身的立法特色，积累了丰富的民族地区教育发展经验，但从现实情况来看，民族教育发展面临诸多新的问题，地方教育立法协调教育利益、服务民族教育发展的力度仍有待加强。基于特色视角，民族地区教育立法仍有以下难题需要攻克。

第一是民族教育地方法律功能如何发挥。民族地区教育立法在立法目标上更重视发展什么样的民族教育，但忽视如何发展民族教育，这就带来民族教育地方法律功能如何发挥的现实问题。从法律文本来看，在民族地区教育立法中，促进少数民族教育事业发展成为立法主要目标，多数民族地区教育立法只是规定了政府、学校等法律关系主体“应当”“可以”等事项，既缺少其他主体的参与责任和权利，也缺乏保障监督措施。除了《云南省西双版纳傣族自治州民族教育条例》等少数民族地区教育立法对民族教育事业发展中的“奖励和惩罚”有提及外，绝大多数立法重点强调政府和学校主体在民族教育发展中的责任。权力监督和权利救济渠道的法律缺失，造成立法目标变成倡议性、引导性的软性法律目标。民族地区教育立法的软法性质显得较为明显，法律因其权威性、强制性而体现出来的在发展教育事业上的独特优势并没有得到很好体现。

第二是不同教育利益群体冲突如何消解。随着民族地区社会经济发展速度的加快、人民群众权利意识觉醒，以及教育利益日趋多元化，民族地区教育发展进程中不同教育利益群体冲突现象逐渐增多。这既表现在利益相关者对少数民族教育优惠政策（如高考加分）合理性的质疑，也表现在民族地区非自治民族对自身民族教育权益差异性的关注等方面。而且在立法实践中许多地方教育立法并没有很好地关切到其他非自治少数民族的教育利益。伴随新型城镇化步伐推进，各民族群众相互交流的机会逐渐增多，因心理、文化、历史、生活方式等差异呈现出的教育利益冲突以及教育资源分配不均衡产生的教育发展矛盾更为复杂。教育法律本应在促进民族融合、消解不同教育利益群体教育利益冲突中起到积极作用，这也是民族地区教育立法变通性的法理依据之一，但由于立法技术、民族教育复杂性等诸多原因，民族地区教育立法在调解不同教育利益冲突中的作用还没有完全发挥。

第三是民族地区人民群众自主发展教育事业的积极性如何激发。民族地区教育发展的传统路径，主要是依靠政府的主导力量，发挥教育中央集权的制度优势，通过对口帮扶、招生倾斜、资源投入等多种渠道，在较短的时间内缩小民族地区教育发展与非民族地区特别是东部地区的差距。民族教育立法长期以来也是把立法重点放在优先发展民族教育、缩小民族地区教育发展差距这一问题上的，应当承认，这是民族地区教育得以快速发展的根本保证和有效措施。但是，民族地区教育发展的最终出路还是要调动民族地区人民群众自主发展教育的积极性，使其发展动力从政府驱动转向内生发展，这是当前民族地区教育发展转型的关键环节。而要做到这一点，又不得不面对民族地区社会发育程度相对较低、教育观念差异性较大、教育资源投入仍有不足、人民群众文化素质偏低等现实窘境。不仅如此，民族地区在与其他地区深入交流的同时，要进一步传承和创新本地区、本民族文化，只能是依靠自身的主动和积极意识。民族地区教育立法如何激发人民群众发展教育的内生力这一问题，还需进一步思考。

第四是民族地区教育立法的统一性与变通性如何协调。如前所述，民族地区教育立法既要和上位法律精神契合，即做到统一性；又要在法律允许范围内，根据地方和民族实际情况，创造性地发展民族教育事业，即做到变通性，但如何协调两者关系却是十分困难的事情。在实践中发现，民族地区教育立法同质性问题比较突出，民族地区教育立法中普遍存在抄袭上位法、脱离实际、针对性不强等问题，彰显特色无从谈起。尽管强调民族地区教育立法要与《中华人民共和国宪法》《中华人民共和国教育法》《中华人民共和国民族区域自治法》等法律法规中有关民族教育的精神一致，但这些上位法律并没有涉及所有民族教育发展的问题（也不可能完全涉及），而且还赋予了民族地区立法变通权，这就给予民族地区教育立法发挥“补充”作用、填补空白点提供了机遇。但多数情况下，由于立法技术落后、地方立法特色意识不足，这些民族地区教育立法也没有能发挥出应有的效果。现实中许多地方民族教育立法多是应急性政策，缺乏长远的民族教育发展规划和设想。不仅如此，由于对民族地区教育立法意义认识不足，一些地区民族教育法律自20世纪末颁布以来，长期得不到修订，已与民族地区教育发展实际相去甚远。可以说，对统一性与变通性关系不能较好地协调，是导致民族地区教育立法特色不足的根源之一。

2. 平等协商机制的实践困境

本书第一章提到，平等协商机制更多是通过观念引导，促使不同利益主体正确对待利益差别、培养理性妥协的精神以及完善教育利益表达渠道。平等协商机制作为一种逐渐被认可的民族地区教育发展过程中的利益协调机制，在推动教育公平、维护教育正义方面起到了非常积极的作用。但是平等协商机制作为一种教育利益的协调机制存在自身的问题，因为它既不像法治机制那样具有权威性和强制性，也不像竞争分配机制那样通过经济、实力的竞争维持一种基本的机会公平。更多而言，平等协商追求的是利益主体各方自觉的利益退让，从而实现利益矛盾的消解。十九大报告指出我国社会主要矛盾已经转化为“人民日益增长的美好生活需要和不平衡不充分的发展之间的矛盾”，民族地区教育发展现状正是这种不充分不平衡的主要表现之一。教育资源有限导致利益矛盾冲突逐渐增加，这样一来，平等协商机制的效率问题、主体间平等地位的制度设计、协商内容的局限性等问题都成为平等协商机制需要回应的难题。

第一是平等协商中公平与效率关系的平衡问题。平等协商机制是政府治理转型的必然结果，政府治理现代化进程推进促使民族地区教育治理主体实现由政府一元走向政府主导的多元参与机制，基于平等协商的多元化治理也就成为寻求公共利益最大化的动态利益协调机制。但笔者发现，这种多元协商治理机制要以各方主体的利益平衡为前提。在民族地区教育发展利益协商中，还演化出大众协商和精英协商两种不同模式；尤其是社会个体民主意识、权利意识逐渐提升，九年制义务教育普及带来的参与能力增强，都增加了这种协商机制的复杂性。当前，民族地区社会经济发展带来的社会结构的变革、教育生态的多元化态势等都进一步为协商机制的构建增加了挑战。协商机制需要回答因妥协而衍生的公平问题，以及协商过程复杂而衍生的效率问题。

第二是平等协商中主体间事实不平等的问题。民族地区教育发展多元参与机制的逐渐形成，并没有改变政府主体主导地位这一事实，民族地区教育发展过程中利益协调的平等协商机制可能在协商过程中受到多方面困扰。其一是政府主体掌握较多教育资源而拥有更多话语权。调研中发现，一些地区留守儿童较多而急需专业的心理教师，但当地教育行政部门招录教师并没有专设心理健康教师岗位，一些学校心理健康教师的需求则靠其他教师兼职来缓解。其二是市场主体掌握较丰富的信息和优势教育资源，加之市场机制的竞争性和逐利性本质，在条件有利的情况下始终难以抛弃对利润的追求。平等本来应是协商的基本内涵，但一些主体在参与的机会、话语影响程度、信息捕获能力等方面都不具备优势，知识能力、物质条件、社会地位等影响其平等权利的实现，因此其参与热情和协商意愿自然较弱，具有开放性与包容性的协商机制尚未建立，处于不利地位的主体无法感受到民族教育发展命运共同体的获得感和参与感，进而影响这一机制的实现。

第三是平等协商机制在内容上存在局限性的问题。民族地区教育发展利益冲突多属于可协商的范围，这是民族教育发展本身多赢性、共生性等特征决定的，但是民族地区教育发展中的利益冲突诱因更为复杂，一些较为重大的人为或非人为冲突的出现，其应对主体主要是政府。与其他地区教育利益冲突有所不同的是，许多民族地区教育发展中的利益冲突问题属于内嵌于地方文化结构中的结构性差异性冲突，协商本身可以发挥增进相互理解的作用，但一些冲突是以群体性方式呈现，这就更需要借助法治、权威人士或机构、其他经济调节手段等治理，平等协商机制在此问题上呈现出的低效和非强制力，可能会增加相应的内耗成本。再则，平等协商机制对结果并无强制力，可能临时达成的协商结果也会面临被推翻的危险。因此，民族地区教育发展主要是要形成以政府主体为主要供给主体，其他主体积极参与的民族教育服务供给方式，在这一方式尚未形成的背景下，多元主体平等协商的内容还是会受到较大局限，平等协商机制将难以发挥大的作用。

3. 竞争分配机制的实践困境

以经济激励为切入点的竞争分配机制是立足于教育资源稀缺性，激发不同主体参与动力和活力，并认同竞争规则获取不同教育利益，达到社会稳定的利益协调机制。经济激励虽不是唯一有效的教育资源分配机制，但相比而言，其配置资源的高效性却是得到公认的。市场机制在民族教育发展过程中发挥着资源配置优化的关键作用，但是由于受民族地区教育发展诸多条件的制约，这为市场机制的参与发展造成了较多障碍。当前，民族地区教育发展中的市场参与，横向比，比沿海教育发达地区进展较慢；纵向比，中小学及幼儿教育有较快发展，但高等教育领域发展较慢。在云贵等地调研发现的一个直观事实是，这些地区的县城乃至许多乡村，都有民办幼儿园和中小学校，但少见民办职业教育学校，民族地区民办高校同样相比较少，市场机制参与活力不足。此外，“一带一路”倡议给民族地区教育国际化及合作办学带来了契机，但尚未吸引到市场资源的介入。究其原因，由于民族地区教育发展基础薄弱，市场机制更乐于在投资成本低、风险小、运行效率高的小规模、低学段教育进行投资，这些阶段的教育集团化办学模式虽有出现，却也并不多。近年来，民族地区教育发展中的政府投入力度加大，民族地区公立中小学校办学质量得到较大提升，民办教育竞争能力也进一步缩小。

除了市场机制直接参与办学中的竞争困境外，竞争分配机制第二个实践困境还表现在市场主体与政府、学校主体的合作困境上。竞争模式作为政府与市场机制的合作主要模式，体现在多方不形成人事法律关系，政府通过公开招标购买教育服务的方式获取最合适的市场教育资源。近年来，这一模式也得到民族地区的认可并被广泛实践，例如广西壮族自治区，为顺应当地经济的发展，许多社会组织自愿参与到本地职业教育中，通过公开竞争或是签订合作协议等方式给当地职业教育的发展带来资金和就业等方面的援助。如共同开展校企合作或是职业培训，提高当地职业教育就业率，帮助当地职业教育获得广阔发展空间等。但以追求民族教育公共性为核心价值的民族地区教育服务供给行为本身与市场机制逐利性的参与动力矛盾并不容易调和，若相关制度不健全，则会导致服务异化的风险。这些风险包括民族教育公共性缺失、公共教育权力异化、不完全契约风险等，人民群众教育获得感无法满足。在许多时候，民族地区教育行政部门购买公共教育服务在理念上将其视为简单的技术性替代路径，而不是从政府治理现代化角度正视这一教育服务机制创新问题，因此购买教育服务就成为了减轻自身负担、推卸自身责任的异化路径，造成民族地区教育服务购买碎片化、内卷化、短期化、低效化等诸多的复杂问题。

具体而言，可以从多个主体角度审视竞争分配机制的实践困境，这里以学前教育为例。政府层面，政府在购买政策的设计中，以合同来界定政府和社会组织在教育服务提供中彼此的责任和义务。在政策实践过程中，容易出现政府对教育责任的推诿和缺失现象。公共选择理论认为个体在“经济人”本质下参与政治活动的最终目的是为了完成自身利益的最大化。政府在购买教育服务的过程中，由于社会组织所提供的教育服务质量低劣、效益低下而遭到社会公众的指责时，为了维护自身利益，有些政府负责人会将所有责任归咎于社会组织的生产能力、专业资质等方面。民办幼儿园层面，在政府购买学前教育服务的过程中，政府和民办幼儿园双方通过购买方式达成契约。民办幼儿园不再单纯追求自身利益最大化，而是转变为公共服务的提供者；政府也从直接提供公共服务，转变为通过委托专业机构，以间接的方式让同样的财政支付发挥更大的社会效益。通过这一活动过程，原本处于教育“边缘”地带的民办幼儿园，以公共责任主体的角色参与到教育服务政策执行中来，民办幼儿园的角色转变必然会带来新的问题和挑战。从过程的角度来看，政府在向民办幼儿园购买服务时必须对其进行资质认定与质量监督，具体到政府购买学前教育服务的政策，需要政府或第三方来评估民办幼儿园是否遵守了购买协议，评估的目的是为了促进学前教育质量提升，而不科学的评估理念、方式和手段将会阻碍学前教育的发展。教育中介组织层面，在政府购买学前教育服务的教育市场中，教育中介组织扮演着一个重要的角色。目前我国教育中介组织的发展存在以下问题：首先，教育中介组织数量太少。教育中介组织在我国是一个新兴的组织，从国外的经验来看，从起步到发展壮大还需要一个积累的过程，目前我国市场上只有少量的教育中介组织存在；其次，教育中介组织依赖性强，具体表现在教育中介组织的来源和组成人员等方面。①

（三）导引机制的增值困境

导引机制在实践中存在增值困境，这还要先回归到导引机制的分析视角上来，优化民族地区教育发展导引机制的地方实践主要涉及四个维度三个要素。“四个维度”是政治引导、经济引导、文化引导、教育引导，“三个要素”是价值导引、方法导引和评价导引”。导引机制实际是解决民族地区教育发展做什么问题，本质上是回答教育发展收益如何增值问题。导引机制地方实践围绕政治、经济、文化和教育要素，在价值导引、方法导引和评价导引上存在增值困境。

1. 价值导引的定位困惑

民族地区教育发展的价值定位是民族地区教育发展的首要议题，长期以来一直处于价值澄清之中。近年来，民族地区教育发展

① 陈凤、李祥：《民族地区政府购买学前教育服务的路径探析》，载《中国民族教育》，2018（10），19~22页。

的价值得到重新认识，民族地区教育发展从“落后”的处境认识到“跨越”的发展观念转变，再到“差异”的发展诉求，逐渐将民族地区教育发展的独特价值挖掘出来。如本书前述，民族地区教育发展一方面具有特殊性，不能走与其他地区相同的同质化发展路径；另一方面，民族地区教育发展具有外部性，其发展收益不止满足与民族地区本身，其对国家统一、民族团结、社会稳定都有非常重要的意义。尽管这些价值已经逐渐得到厘清，但民族地区教育发展中仍然有一些需要我们厘清的价值问题。以民族文化进校园和民族学校校本课程开发为例，首先必须承认其取得的成绩不可忽视，在民族文化传承、学校特色办学、教师教育教学水平提高、学生个性化发展等方面彰显出独特的价值意义。但是民族地区教育发展实际情况毕竟有别于其他地区，不仅如此，民族地区学校校本课程开发也离不开外部教育环境的影响。笔者认为，正是难以厘清民族地区文化教育资源的差异性和统一性造成了实践中校本课程开发价值取向的偏差。长期以来，过分强调民族地区教育差异性或者统一性的两种价值取向，使得民族地区校本课程开发实践存在两个方面的偏误，也使得人们不得不进一步思考民族地区校本课程开发的应然价值问题。一方面，强调民族地区校本课程开发差异性价值取向，更重视民族文化的传承而忽略民族文化间的交融。基于对民族地区教育发展同质化的担忧，在校本开发问题上，许多民族地区学校更看重本地具有特殊性、差异性的文化教育资源开发，以形成自身的核心竞争力。具体表现为，一些民族地区的校本课程开发更注重基于乡土和传统基础之上的文化传承教育，忽略了现代化进程中文化互动与交融。这种依托乡土和传统，刻意与现代社会知识割裂的校本课程开发尽管在形式上似乎呈现出自身差异性，但如有的学者所言，这使得学校课程与学生的多元文化背景和地方经济社会等方面的发展相脱节，不仅造成少数民族地区学校教学质量低下，也导致了大量既不能融入主流社会也难以回归传统社区的“文化边缘人”的产生。① 以民族地区师生现实为基础的课程建设要时刻关注师生学习与生活的热情，校本课程建设旨在将课本知识与学生学习、生活情境相结合，从而建构生活化课程的设计模式。② 因此我们认为，中华民族传统文化是各民族间文化交融形成的，民族间的文化教育资源各有优势和不足，民族文化呈现出一定的互补性，过于强调民族文化的传承，而忽略了民族文化本身也需要适应社会发展的现实需要，就难以更好地创新和发扬民族文化。校本课程立足于一点一面的民族特色办学，能为民族地区文化传承和创新发挥的作用是十分有限的。另一方面，与差异性价值取向相比，基于教育条件的限制和教育环境的影响，一些民族地区校本课程开发又走到了强调统一性价值的认识偏误中来。校本课程开发统一性的观念，淡化了民族地区学校间的特殊情况和特色资源。这种统一性的课程开发价值取向在实践中典型的表现为，在少数民族的学校教育中，学生所接受的课程文化难以与其生活环境、文化背景相联接。曾有学者就提出在许多小学教材中，让“藏族儿童背诵李白、杜甫的诗歌，而不谈《格萨尔王》”，为培养藏族儿童刻苦钻研的精神“只讲‘悬梁刺股’，却不谈宗喀巴或米拉日巴的艰苦求学”，这样的课程远离了藏族儿童的生活实际，很难让藏族儿童感兴趣。③ 民族地区校本课程开发统一性在实施上忽略了学校和家长主观能动性的发挥。究其原因，一是民族地区许多学校仍然受到应试教育的困扰。据调查，

① 刘卓雯、张天军：《重视乡土知识传承民族文化——“中国乡土知识传承与校本课程开发研讨会”综述》，载《民族教育研究》，2010（1），40~42页。

② 姜波：《让民族地区校本课程建设更“接地气”》，载《中国民族教育》，2016（Z1），75~76页。

③ 陈月明丹：《少数民族地区实施校本多元文化课程初探》，载《民族教育研究》，2004（1），11~15页。

近80%的教师和管理者认为，中、高考制度非常制约或在一定程度上制约了校本课程的开发，甚至有的教师在访谈中直言不讳地说，“我们进行校本课程能提高学校的升学率吗？如果不能，那就很难开展”①。民族地区教育条件和教学水平本身就不太好，校本课程开发更是难以抵制功利化的教育目标。二是校本课程开发需要大量的精力投入，也需要积极发挥学校和老师的创造力。例如编写校本教材，既需要深入研究统一教材和本校校情，又需要高水平的教师队伍，由民族地区学校教师根据自己的生活、工作经验，在结合学校特色、乡土特色和民族特色的基础上，利用蕴藏在当地的文化资源，以学校教师为主体、学校教师之外的其他机构人员参与协助，进而开发出校本课程。这个过程，需要长时间的实践和积淀，既要大量的教育资源投入，也对老师自身提出了更高的教育要求。而简单的模仿和借鉴虽然容易造成同质化的课程开发路径和内容，但从成本、精力和能力考虑，却成为了许多民族学校的实然选择。

2. 方法导引的合力难成

政府治理转型背景下的民族地区教育发展机制优化，出发点就是力图发挥不同参与主体的参与优势，形成最大优势，构建出1+1>2的实践效果。但实践中，追求合力形成的方法导引存在困境，民族地区教育发展的政治、经济、文化和教育路径立足点各有不同，多元参与主体的教育利益的不一致性，使其必然在实践过程中产生各种博弈。教育逻辑、政治逻辑、市场逻辑、文化逻辑等交织在一起，民族地区教育发展始终面临遵循教育发展内部规律与适应地方社会经济发展外部诉求、推动教育个人价值实现与教育社会价值彰显等诸多矛盾。从理想状态看，民族地区教育发展中的多元主体参

① 索桂芳：《基于区域的校本课程开发推进策略研究》，载《中华人民共和国课程教材教法》，2016（4），71~75页。

与，各自应有自身的参与重点及边界，并通过相互间的交流合作构建出协同发展的科学机制，从而形成发展之教育合力，“互通有无”“利益共享”“责任分担”本应成为教育合力的主要表现。但在实践中，这种理想化的合力难以形成，其困境表现最典型的就是多民族地区社会结构和利益格局不断分化，集体行动困境变得较为明显。在教育发展方面，就表现为不同主体都认可教育发展在民族地区社会经济发展中先导性、基础性的作用，但却不愿实实在在付诸行动，往往演化为政府主体一头热的尴尬局面，人民群众观望、社会组织徘徊、学校主体回避等窘境由此发生。在调研中，不同主体都对民族地区教育发展的重要价值予以认可，对自身教育收益抱有期望，但在实践路径上更多反映出对其他主体的要求。如家长更希望政府支持力度加大和学校教师更负责更有能力；学校希望政府关心教师工作压力和待遇，也希望家长能切实履行教育职责等。

从政府主体看，虽然政府主体承担着民族地区教育发展的主导责任，也发挥着非常大的功效，但政府主体本身是由多个微观的组织、个体构成。而一些个体对自身利益的不当诉求，往往会造成诸如对教育基础设施建设等硬件工程有较大程度重视，而提高师资质量、提升教育内容和方法的地方适切性等却难有突破等现象。在某地调研，一些乡村教师抱怨，每年休息时间本就不多，却要被各种各样的培训挤占。有的培训内容完全一样，当问及为何同一培训内容会多次参与时，一些教师回答“这是不同层级组织的活动”。在某民族村寨小学笔者看到，有多个部门在学校挂上了“留守儿童之家”等牌匾。不同政府部门出于自身工作绩效的考量，并没有形成共同合力。在某学生不多的小学我们还看见其修建了两块篮球场，其中一块是社会组织捐赠的，另一块是政府规划投入的。随着近年民族地区教育投入力度加大，资源配置的重复性问题也呈现出来。

其他参与主体同样存在无法形成合力的问题。就学校主体而言，优秀民族文化的传承必须根植于强烈的认同感、归属感和兴趣的基础之上，但当前民族地区乡村学校教师更多是通过统一招考的教师，外县乃至外省教师居多。在多所学校调研，我们发现，很多小学长期没有本地教师和本民族教师，对地方文化和不同民族文化的不了解，本身就成为教师主体工作适应性的一个门槛，更不用提参与到民族文化进校园的教育实践中来。这样一来，民族文化成为一种凸显办学特色、装点门面的教育需求。如苗族的刺绣进入了幼儿课堂，且不说幼儿园的小朋友在视力还没完全发育、手指的小肌肉灵活度不高的情况下很难完成一幅作品，相关物品的安全性本身也需要关注。民族文化的传承“指标化”“被规定”“被学习”也就使其难以得到其他主体理解支持。与之类似的是其他参与主体，也基于自身立场，对民族地区教育发展的着力点关注不同。可见，方法导引的合力机制构建需要破解许多复杂问题。

3. 评价导引的功能不彰

在实践中，民族地区教育发展评价机制本应发挥以评促建功能，但因诸多原因制约，教育评价导引效果不佳。

首先，评价导引主体上偏重教育体制内评价，忽视社会评价。从已有的民族地区教育发展评价机制看，在评价主体上，多依靠教育行政部门牵头组织，虽也重视评价的科学化和民主化，但教育行政部门作为集运动员和裁判员于一身的特殊身份，其评价结果容易受到质疑。一方面民族地区教育发展是专业性较强的公共服务事业，其服务性不能掩盖其专业性的特殊性质，只有对教育发展和民族文化等具有专业知识的专家、教育中介组织能够参与，能有力保障其评价科学性；另一方面，民族地区教育发展是惠及面较广的公益性事业，教育发展成效如何更多应由人民群众满不满意来决定，办人民满意的民族教育应是教育发展的着力点，因此，教育对象的评价缺位也成为评价导引民主性的一个问题。

其次，评价导引内容上偏重硬环境评价和同质评价，忽视软实力建设和特色评价。一方面，民族地区教育发展评价导引机制更偏重学校的硬环境评价，忽视学校软实力建设。从相关评价指标看，对学校的电脑、多媒体、校舍、占地面积、校园环境等外在的硬性要求所占分量较重，而对推动民族地区学校教育长足发展的专业教育的学校文化建设、师生归属感、师资专业水平、学校的地方影响力等软实力缺乏关注；另一方面，民族地区教育发展评价导引机制更偏重学校的同质评价，忽视学校办学特色的评价。同质化评价机制便于统一标准、操作方便、公信力强，也具有较好的指引作用，因此一直受到教育评价实践的青睐。但民族地区教育发展具有自身的特殊性，同质化评价对教育实践过程和结果的关注并不能全面科学地反映民族地区学校的办学实际水平和问题。有学者就认为，在民族地区，传统文化的差异和宗教信仰的差别使民族地区教育现代化的评价更为复杂，如果简单照搬非民族地区教育现代化的评价指标体系，不仅不利于民族地区教育现代化的实现，还会有取消“民族性”的危险。[①] 不同学校所处地理、文化环境和家长素质都存在较大差异，无视生源基础、办学的地方物质条件和文化差异环境，使得评价机制成为一种马太效应的吸金机制。办学基础薄弱的学校无法招聘优质的师资，也没有更为优秀的生源，城镇学校大班额和乡村学校空心化的矛盾就是这一问题的直接表现。此外，民族地区学校基于地方实际开展的教学改革、民族文化课程开发也更容易在同质化评价中受到忽视，这也进一步打击了基层学校的特色办学热情。

第三，评价导引方式上偏重短期评价和单向评价，忽视学校长

---

① 罗云、武建鑫：《民族地区教育现代化评价指标体系研究》，载《教育发展研究》，2015（1），43~47页。

期建设和反馈性评价。评价导引方式上偏重短期评价具有高效性、低成本的优势，同时能给学校带来最直观的教育激励。但短期评价本身具有周期性、不稳定性，因此短期评价迫使学校每年均要安排专门教师、花费大量精力应对不同机构不同主体的多方面评价，增加教师工作负担。同时短期评价无法对学校办学的整体质量提升过程进行观察，导引学校关注到教育收益快、展现直观的教育实践领域，唯分数论、升学率、具有表演性观赏性的教育活动成为其追逐的方向。调研中一些教师认为，评价过于频繁、周期较短，“这忽略了学生本来的基础和学校以前的办学状况，对我们的付出并没有客观的评价”（被访教师语）。评价导引方式上偏重单向评价，表现为虽然“以评促建”的理念已被广泛认可，但在实践中这一理念却很难践行。在评估结果使用上，评估政府绩效、学校挂牌、奖励学校、考核校长等成为主要目的，评价后学校的发展如何进行和指导，成为缺失的环节。如青海省在相关文件中提及对县（市、区）人民政府履行教育职责督导评估的评估结果运用中，明确提出以下要求。

> 根据督导评估结果，每三年表彰奖励一次履行教育工作主体责任先进单位和先进个人。省级督导评价结果作为市（州）政府领导干部考核、奖惩以及提拔任用和问责的重要依据。对履行教育职责不到位、整改不力的，省政府教育督导委员会将按照有关规定，采取适当形式对有关责任人进行通报批评，并提出给予处分的建议。[①]

① 摘自《青海省人民政府办公厅关于印发〈贯彻落实〈对省级人民政府履行教育职责的评价办法〉实施方案〉的通知》（青政办〔2018〕3号）。

此外，民族地区教育发展评价问题还存在于对教育资源利用效率评价、民族文化特色课程和双语教育等对学生个体学业影响的评价，以及对评价本身的再评价等方面。

二、制约民族地区教育发展机制运行的因素分析

尽管民族地区教育发展内生型路径具有自身的独特优势，也是从根本上解决民族地区教育发展问题的必由之路，但是民族地区教育发展内生型路径的推进是十分艰难的。许多学者并没有意识到这一点，因此提出的许多内生型发展措施并不具备可行性。例如多数学者提议教育部门要增加民族地区教育投入，但穷财政与大教育本身就是民族地区教育发展的基本矛盾；又有学者提出教育应为民族地区社会经济发展服务，但民族地区社会经济发展基础薄弱使得教育服务社会经济功能难以在短期得到彰显，如此等等。要思考如何推进民族地区教育发展内生型路径，必须先思考民族地区教育发展内生型路径所面临的现实难题，这个难题主要体现在制度供给缺失、经济基础薄弱、教育功能不足、思想观念滞后四个方面。

（一）制度供给缺失造成的制度障碍

通过对民族地区教育发展相关政策梳理可以发现，民族地区教育发展多由政府部门以通知、指示、意见、命令等形式发布，虽然民族地区教育立法进程较快，但中央层面的民族教育立法工作推进一直迟滞，相关政策本身呈现碎片化、倡导性的特征，这就使得民族地区教育发展内生型路径的制度供给不足，政府难以转换民族地区教育治理角色，这是民族地区教育发展内生型路径的制度障碍。

从现状看，当前民族地区教育立法存在以下问题，一是内容上立法膨胀与立法缺位的问题突出，二是民族地区教育立法发展不平衡，三是变通和补充规定涉及内容相对较窄，四是民族教育法律法

规特色凸显不足。[①] 可以说，只有改善民族地区教育发展制度环境，才能清除民族地区教育发展内生型路径推进的制度壁垒，但因多重原因，导致制度供给不足，难以为民族地区教育发展内生型路径推进服务，尤其是难以为政府教育职能转变提供制度基础，即本书提及的民族地区教育发展内生型路径难以推进的制度障碍。事实上，政府治理转型是民族地区教育发展内生型路径的宏观境遇，民族地区教育发展无法依靠政府一己之力完成。在教育精准扶贫和全面小康的战略背景下，实行政府对教育的包办管理路径已经不能适应民族地区教育发展需要。

但是，政府治理转型要求政府转换教育治理角色，这在制度上存在两个方面的障碍。一方面是当前民族教育政策法规无论从理念、原则、路径上都强调了政府的绝对责任，政府是作为全能型角色参与到民族地区教育发展中来的。政府教育治理角色转换的分析框架是以政府主导民族教育发展为核心的，由于长期以来形成的教育治理路径依赖，政府在民族地区教育发展中的权力重组和转换必然面临风险和压力；另一方面是即使政府治理转型给民族地区教育发展机制优化带来了机遇和空间，但民族地区市场经济发展不成熟、社会组织培育不充分的尴尬局面使得政府转化出来的教育职能难以找到“接棒”对象，人民群众参与的动力也难以得到激发。这些问题从根源上讲，均来自制度障碍本身，政府教育治理角色转变要构建在建立健全民族教育法律保障机制基础之上，重点是化解制度性障碍。通过法律制度的设计，加强政府教育职能的简政放权，建立全方位包容的教育体系，广泛吸纳社会力量助力民族教育的发展，形成全民参与和多元化发展的大教育发展格局，这是最理想的

① 李祥、陈恩伦：《民族地区教育优先发展法律保障研究》，92~95 页，北京，中国社会科学出版社，2016。

状态，亦是难以完成的复杂目标。

不仅如此，制度性障碍还表现在民族教育政府事权划分的模糊性。一方面政府教育管评办分离的体制机制变革措施跟不上民族教育发展的需要；另一方面，即使在政府主体内部，也需要尽快破解中央与地方纵向间的教育权力配置问题。有学者调研发现，一些民族地区在执行中央层面教育政策时，基于多种原因并没有充分考虑地方实际，用变通方式执行相关精神。中央层面的教育政策只能基于宏观做出方向和原则性规定，并不能成为在民族地区实践层面的操作技术和方法指导。由于地方配套适切性政策缺位，民族地区教育发展制度保障难以从文本转变为实践的指南。有学者以《C 县第二期学前教育三年行动计划实施方案（2014—2016 年）》为例，指出当地边境民族特色不够鲜明，规划文本只移植了国家和地区“第二期学前教育三年行动计划”中具有普适性和宏观指导性的内容，其指导思想、目标、任务和措施的一些表述放在很多地区都适用，没有彰显出鲜明的地域性和民族性。① 制度供给缺失还表现在民族地区政府主体购买教育服务方面。在实践中，教育服务的受益者在政府购买教育服务的机制设计中未能得到关照，学校、教师及学生作为政府购买教育服务的终端需求者和受益者，却无法在教育服务购买过程中拥有话语权。政府偏好替代教育需要，供给侧与需求侧无法契合的矛盾就开始出现。

（二）经济基础薄弱造成的物质障碍

民族地区教育发展需要充分的物质条件保障，但民族地区经济基础薄弱，穷财政与大教育的矛盾本身就是民族地区教育发展内生型路径推进的物质障碍。一方面，民族地区的经济发展水平普遍在

① 张进清、张宏宇：《边境民族地区县域教育发展规划研究——以广西边境民族地区 C 县为例》，载《民族教育研究》，2017（6），12~19 页。

全国处于落后状态，财政能力薄弱，有限的资金要分配到教育、农林水利、交通运输、医疗卫生与计划生育等方面，在经费总量一定的前提下，公用经费这块“蛋糕”中分配给教育的经费必然表现乏力。另一方面，发展“大教育”需要足够的资金投入，用于加强教育基础设施建设，促进各级各类教育快速发展及其质量的全面提升。民族地区多是基于这样的经济条件，想方设法把教育经费做到“小材大用”。民族地区在破解“穷财政”与“大教育”之间的矛盾方面的实践中，主要采取了三种思路，即财政倾斜和优先投入的注血模式、扩大经费来源的受援模式、优化资源配置的效率提升模式。在实践中分别表现为：通过财政倾斜和优先投入，扩大教育经费投入总量，缓解“大教育”经费不足难题；积极争取上级部门教育专项资金和项目支持，扩大教育经费来源渠道；优化教育资源配置，加强教育经费科学管理，提升教育经费使用效率。这些措施尽管产生了较大效果，但在教育经费投入上，民族地区与发达地区的差距却并没有缩小。以民族八省区之一的贵州为例，2011—2014 年贵州省公共教育财政教育支出由 365.52 亿元增至 631.83 亿元，增幅为 72.8%，增长速度明显高于广东省的 51.9%。但广东省 2014 年公共教育财政教育支出总量已经达到 1779.5 亿元，为贵州省的 2.8 倍。民族地区教育资源总体有限，导致教育投入总量小，各级各类学校学生享有的教育资源也与发达地区存在较大差距，且在全国水平上处于相对落后位置（见表 4-1）。民族地区教育内生发展的物质保障更多依靠优化资源配置来解决，因此加强教育经费科学管理，提升教育经费使用效率成为教育内生发展路径的主要方法，而且这也仅是一种无奈的选择。因此，经济基础薄弱已成为民族地区教育发展内生路径推进的物质障碍，其解决途径不能只强调要加大教育投入，更应多思考教育经费从哪里来的问题。在贵州某县乡村民族小学我们看到，为了保障易地扶贫搬迁工作的顺利进行，实现“以学促迁”（通过学生学习条件改善实现父母主动或被动搬迁），该小学得到了上级政府1.2亿的经费投入。但很显然，这种个案无法作为成功经验在民族地区普遍推广，经济基础薄弱成为民族地区教育发展的物质难题，同时也制约着民族地区教育发展的社会经济服务功能的发挥。

表4-1　2014年全国各级教育生均公共财政预算教育事业费情况①

（单位：元）

地区	小学	初中	高中	中职学校	高等学校
全国	7681.02	10359.33	9024.96	9128.83	16102.72
北京	23441.78	36507.21	40748.25	28765.51	58548.41
天津	17233.85	26956.43	30090.12	22753.14	18667.98
上海	19519.88	25456.58	30819.14	20710.22	27111.7
江苏	11175.06	16690.42	14642.12	9885.4	15728.38
浙江	9811.88	14204.93	13772.12	13456.14	14868.84
广东	7738.55	9264.05	8979.99	7996.61	14361.68
广西	5945.96	7360.62	6835.22	6978.79	12794.96
重庆	7259.92	9224.77	7792.64	7387.96	13119.07
四川	7530.41	9111.07	6955.99	7910.81	11623.22
贵州	6789.79	6924.7	6820.4	7135.92	13093.56
云南	6200.67	7586.92	6796.01	7286.75	11570.24

（三）教育服务地方能力不足造成的功能障碍

虽然教育发展收益难以在短期内呈现出来，但教育服务地方社

① 中国教育部：《2014年全国教育经费执行情况统计公报》，2015-10-13。

会经济发展的能力还是能被客观测量。如前章可见，近年来民族地区教育发展为社会经济发展提供了重要的智力支持，但其服务能力仍然不高，可以说，教育服务当前地方社会经济的能力不足是民族地区教育发展内生型路径的功能障碍。也正是难以较快看到发展教育的收益，政府主体、家长主体等在进行教育实践选择时呈现出功利性，更为关注教育带来的短期收益。

众所周知，教育是基础性、先导性的事业，同时更是长期性的事业，教育发展的长期性特征表现之一即是难以在短时期内彰显为地方社会经济发展服务的能力。有学者通过对贵州教育发展的研究提出，虽然教育能够帮助实现经济的转型发展，最终解决“穷财政”的问题，但教育投入对经济增长的促进作用存在滞后效应，贵州省财政性教育投入对经济发展的促进作用要在七年以后才体现出来。[1] 笔者认为这还是比较乐观的预见，特别是学前教育、基础教育，可能十年也未必能见到促进社会经济发展的直接效果，这样一来，教育服务地方社会经济发展的功能就受到质疑。不仅如此，即使高等教育、职业教育等服务地方社会经济见效较快的教育领域，也未必真正地服务到民族地区社会经济发展中去。民族地区高等教育投入的溢出效果并不明显，有研究表明，我国东部、中部和西部地区高等教育产出弹性和对经济增长的贡献率依次递减[2]，原因之一就是西部高层次人才不断“东南飞”。例如对于少数民族骨干人才计划，有学者就关注到，少数民族学生呈现出个性化、多元化特性，这导致了国家为边远民族地区培养研究生的扶持政策在实施效

① 肖小虹：《贵州经济增长与教育投入的实证分析》，载《财经问题研究》，2010（8），119~122页。

② 解垩：《高等教育对经济增长的贡献：基于两部门内生增长模型分析》，载《清华大学教育研究》，2005（5），74~80页。

果上有所削弱。[①] 如果说高等教育是因为人才流失无法彰显服务地方社会经济发展功能的话，那么职业教育就是因办学定位的东部追赶策略偏离了地方需要。反过来地方经济发展也无法为职业教育发展提供平台，这造就了职业教育与地方社会发展脱节的尴尬局面。民族地区教育内生发展路径必须回应教育功能难以彰显这一难题，提升教育服务地方社会经济的能力。

值得一提的是，民族地区教育服务地方能力不足还与文化适切性有关。以民族地区师资队伍建设为例，作为民族地区教育发展的核心力量，教师队伍建设一直是重点和难点，当前，民族地区教师队伍建设的问题已经从数量绝对不足转变为资源配置不优化和教师质量总体不高。诚然，造成教师队伍建设的原因有多方面，但民族地区教师队伍建设的困境主要还反映在文化适应力上。当前在民族地区即使是乡村教师，多数也并不来自于本地，民族文化的差异性就造成了新进教师“水土不服”，难以适应地方教育需要，造成教育质量偏低和流动率较高。民族地区教育教学活动应与学生文化适应性紧密相连，有教育研究者在访谈中就提出“深厚的文化历史底蕴赋予了民族地区特有的民族信仰及特征，而部分外来教师到民族地区从事教教师工作本身并非自愿，只想着尽快熬到服务期满回到条件好的城市，而缺乏积极地为民族教育建设做奉献的精神，不能真正融入他们的文化习俗，缺乏文化认同感使其缺乏根本的内在动力源泉，最后在教学实践中表现出一种疲态，影响教学质量”。再以家长为例，民族教育的发展和改革中直接利益相关者参与决策有着促进决策科学化、具备可操作性、提升满意度等重要意义，但民族地区家长主体教育参与程度不高。这与民族地区的特殊实际相

① 朱志勇、向思：《凤凰为何不还巢？——“少数民族高层次骨干人才计划”毕业生违约个案研究》，载《清华大学教育研究》，2013（1），110~117页。

关：第一，语言不畅。现在很多民族学校都采用汉语教学，管理人员或教师都说汉语，但是很多家长特别是老一辈监护人都只会说地方的少数民族语言，双方不能沟通的现象在一些民族学校很常见。很多家长意见经过学生或第三方的传达，部分会产生歧义，这样劳心劳力的麻烦事很多，家长也就避而不谈了。第二，家长自身水平有限。一些家长自身知识水平有限，没有能力建言献策或者只能参与低层次的民主决策。更为极端的是，个别家长缺乏教育责任心，在家庭教育法律缺失的背景下，一些家长不履行子女教育义务却难以受到约束。一位乡村校长这样坦言："个别家长根本谈不上如何教育的问题，教与不教都还是个问题。"

（四）教育观念滞后造成的思想障碍

改革开放四十年给民族地区带来最大的变化就是，民族地区长期封闭性的生活边界被逐步打破，少数民族群众的教育观念也在逐渐发生变化。但是，民族地区人民群众的教育观念是根植于民族地区社会中的地方性知识，未必能与现代教育观念形成一致。不仅如此，经济全球化的今天，民族地区人民群众的教育观念可能受到遮蔽，其价值未能得到重视和开发。不过，相比少数民族教育观念呈现差异化的现实，民族地区教育观念滞后的问题更难以回避。如果说民族地区教育观念的差异性是民族文化心理造成的，民族地区教育观念滞后则还与教育现代化水平有关，这已经成为民族地区教育发展内生型路径的思想障碍。

民族地区人口整体文化水平低、文盲率高成为制约地方经济社会发展的主要"瓶颈"。近些年来，少数民族教育事业得到了较好发展，平均受教育年限正与汉族人口缩小差距。但数据显示，从2000年到2010年，我国少数民族受教育程度在未上过学、小学和研究生三个阶段处于差距扩大状态。① 由于人口文化水平低，民族地区许多群众教育观念落后，民族地区教育发展内生型路径不仅需要克服教育资源匮乏的窘境，更要面对部分人口教育观念落后的尴尬局面。调研发现，这种观念落后表现在两方面：一是“读书无用论”的教育观念。家长不愿意为子女教育进行投资，即使一些外出务工人员通过辛勤劳动使得自身生活条件得以好转，其更关注的是翻修房子、购买交通工具和改善物质生活，并没有强烈的子女教育意愿。更有甚者将一年辛苦钱投入赌博等活动，来年子女生活费都无着落。二是个人功利主义教育观念。与“读书无用论”相比，另外一部分群体则呈现出个人功利主义的教育观念，其表现为对子女教育的极端重视，但目的是为了让其“离开这个穷山沟，永远别回来”（被调研者笔录）。许多优秀人才依托民族地区教育发展优惠政策得到了较好的受教育机会，但却并没有服务到民族地区社会经济发展中去。人口教育观念落后，使得民族地区教育发展呈现为政府孤军作战的局面，缺乏社会其他主体的积极参与。因此，如果说民族地区教育发展内生型路径难以推进来源于财政能力限制，但本质上是受制于人民群众教育观念偏差。

民族地区教育观念滞后的典型表现之一是对大学生职业选择的片面性。笔者在许多地方调研，当问及对子女期望时，家长回答通常是“成才”，而考入大学是成才的主要表现，其最终的期望在于“大学毕业后，能考上公务员”。与其说对公务员职业向往是民族地区经济发展条件滞后、就业面狭窄所致，倒不如说更深层原因在于，民族地区人民群众长期形成的务实求稳的发展思维影响其对发展风险的预见性和可接受性。当然，有一些民众教育观念还受到自

---

① 郑长德：《2000 年以来中国少数民族受教育程度变化的族际比较研究》，载《西南民族大学学报（人文社会科学版）》，2014（5），176~180 页。

身经济条件影响，如多子多福的落后观念造成子女众多，但自身又无条件支持其完成学业；还有对家庭教育的漠视，把子女教育严格区分为学校教育的事，认为家庭的任务就是赚钱养家，一般性的学习指导既无意愿也无能力参与，更别提疏导子女心理健康问题。

三、政府治理转型背景下民族地区教育发展机制优化的线索梳理

基于政府治理转型背景，笔者认为推动民族地区教育发展机制优化有三条基本线索，即实现民族教育内生发展是优化民族地区教育发展机制的基本目标、政府在公共教育服务中角色位移是发展机制优化的现实要求、教育治理现代化进程推进是发展机制优化的条件保障。民族地区教育发展机制优化要基于这三条基本线索，进而展开路径思考。

（一）实现民族教育内生发展是优化民族地区教育发展机制的基本目标

认识民族地区教育发展内生型路径，需要明确以下两个基本问题：一是教育发展内生型路径不同于民族地区其他发展的内生型路径，二是民族地区教育发展内生型路径不同于其他地区教育发展的内生型路径。长期以来，对这两者认识的模糊和不确定性，使得尽管民族地区教育发展内生型路径这一理念已被社会接受，但相应的政策设计却一直游离于民族地区教育发展现实之外。

事实上，虽然极少有学者对民族地区教育发展内生型路径的基本内涵做梳理，但从源头上看，这一理念多受了内生发展理念的影响，可以说是内生发展理念与民族地区教育发展实际相契合，形成的民族地区教育发展的特色路径。内生发展理论作为一种社会发展理论，兴起于 20 世纪中叶，主要提出者包括穆斯托（Musto）、加

罗福利（Garofoli）、弗里德曼（Friedmann）等，这些学者在讨论内生发展理论时，多将“内生式”（endogenous）和“外源型”（exogenous）对立，核心观点是发展只能由社会内部推动。尽管不同学者对内生发展理论的认识不同，但一般认为内生式发展的内涵应包括三方面，即一是目的上，培养地方基于内部的生长能力，同时保持和维护本地的生态环境及文化传统；二是途径上，以当地人作为地区开发主体培养本地发展的能力；三是机制上，建立一个能够体现当地意志，并有权干涉地区发展决策的有效基层组织。[①] 教育事业具有复杂性、先导性、基础性等特征，既是民族地区社会经济发展的根本基础，其内生型发展路径也不同于民族地区其他事业的发展。笔者认为，民族地区教育发展内生型路径是在内生发展理论影响下形成的一种民族地区教育事业发展的科学途径，其因教育发展优先性而不同于民族地区内部其他内生发展路径，因民族地区教育发展的均衡性和差异性而不同于非民族地区内生型教育发展路径。因此，从内涵上理解，我们可以把民族地区教育发展内生型路径做以下界定，即民族地区教育发展内生型路径是指为了增强民族地区教育发展的适切性和可持续性，以民族地区人民群众为实践主体，以民族地区教育资源和文化背景为实践基础，以优化资源配置、教育技术变革、制度载体创新为切入点，最终实现民族地区教育自我发展能力的提高，构建适应不同民族地区教育发展的内生模式（见图 4-1）。

根据图 4-1 我们对基本内涵的理解可以发现，实际上民族地区教育发展内生型路径基本内涵回应的是三个基本问题。第一是从发展目标看，回答民族地区教育发展内生型发展“为什么”这一问

① 张环宙、黄超超、周永广：《内生式发展模式研究综述》，载《浙江大学学报（人文社会科学版）》，2007（2），61~68 页。

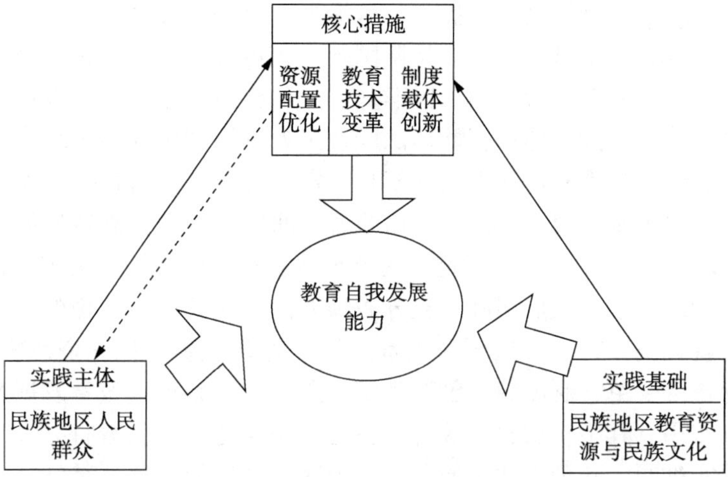

图 4-1　民族地区教育发展内生型路径的基本内涵

题。长期以来，民族地区教育发展多是依靠制度力量推动的外源型支援模式，这种模式将教育资源和利益向教育发展基础薄弱的民族地区倾斜，促进了民族地区教育快速发展。但是，外部注血式的支援具有自身的不足，这来自外源型发展路径不具备可持续性和地方适切性，而且外源型发展路径很难在观念上认同民族地区教育发展的差异性。而内生型路径立足于民族地区教育本土问题，其最终目的是提升民族地区教育自我发展能力，这在适切性和可持续性方面具有自身的优势，是内生型路径的核心内容。第二是从实践基础和主体看，回答民族地区教育发展内生型“发展靠什么”这一问题。民族地区教育发展内生型路径在实践基础上要依靠民族地区教育资源和民族文化，这决定着内生型路径核心措施的具体内容。民族地区教育资源和民族文化是民族地区历史、地理、经济、社会发展等多方面综合作用形成的内生要素。同时，民族地区教育发展内生型路径在实践主体上要依靠民族地区人民群众。民族地区教育内生发展所追求的自我发展能力提升，从根本上说是人民群众自我发展能力的提升，内生型发展路径强调民族地区各族人民群众是教育发展的参与者而非旁观者。而人民群众应是民族地区教育内生发展的受益者，但是实践主体是否能从民族地区教育发展中受益，取决于发展措施的科学性和适切性，并不是确定性的结果，因此图 4-1 中此处用虚线表示。第三是从发展措施看，回答民族地区教育发展内生型发展“怎么做”这一问题。民族地区教育内生发展的措施，是基于民族地区教育发展实际，充分激励人民群众参与所选择的科学路径。就现实而言，民族地区教育发展内生路径要以优化资源配置、教育技术变革、制度载体创新为切入点，为民族地区教育发展发挥巨大作用。其中，教育资源有限决定着民族地区面临穷省办大教育的现实难题，地理交通不便是民族地区教育发展的普遍特征，民族教育立法滞后使得民族地区教育发展不确定性因素增多。因此，从教育资源、教育技术和教育制度角度入手是当前民族地区教育发展内生型路径的核心措施。

（二）政府在公共教育服务中角色位移是发展机制优化的现实要求

现阶段我国的公共教育服务供给模式中，政府所提供的单一或主导的供给模式早已无法满足日益增长的公众教育需求。尽管对民族地区教育发展来说，因地理、文化、政治、经济等诸多原因，政府往往承担着更为艰巨的主导责任，但过多强调政府主体责任而忽视其他主体参与，无法推动民族地区教育治理现代化的实现。教育管理体制以政府为主导，在“政府本位”的模式之下，教育改革多为自上而下的政策推进，这需要完善的顶层设计和有效率的教育资源分配作为保障。任何层面（国家、省、地市、县）上的方案设计和资源分配的核心均在政府部门，在教育改革中过于集权，其众多的具体职能部门也在改革中分别承担了设计、指导、监督、调控、评价及反馈等众多环节的践行者身份，虽对教育改革的控制力强大，但政府信息的不对称性导致了政府教育治理的失灵可能，不利于民族地区教育发展目标的实现。正如有学者所指出的，在我国长期实行“管办不分”的事业体制中，政府部门对于学校的管制具有“全方位控制”“全过程控制”“高强度控制”三个基本特征，已成为“妨碍教育改革深入推进的一个要害性问题”。[①] 在教育领域，我国关于政府职能转变改革的政策提出较早，可以追溯到20世纪90年代。1993年，中共中央、国务院发布了《中国教育改革和发展纲要》，政府职能转变的命题在这份文件中被明确提出，要求“建立健全社会中介组织”，“发挥社会各界参与教育决策和管理的作用”。2010年，中共中央、国务院颁布《国家中长期教育改革与发展规划纲要（2010—2020）》，对推进教育管理体制改革的必要性和紧迫性做了强调，并明确指出教育管理体制改革的重点在于转变政府职能、简政放权和提高公共服务水平三个方面。该文件还提出了推进教育管理体制改革的具体措施，包括：培育专业教育服务机构，完善教育中介组织的准入、资助、监管和行业自律制度，积极发挥行业协会、专业学会、基金会等各类社会组织在教育公共治理中的作用等。实际上，21世纪初政府主体所追求的教育公共治理体系的构建，核心是政府角色的位移。胡伶在《地方教育行政部门的职能转变——基于公共治理视角的分析》一文中指出：“构建教育公共治理体系，意味着政府履职方式将从‘全能政府’向‘有限政府’过渡，意味着教育管理体制从政府‘一元中心’转向政府、社会、市场共同构成的‘多中心’公共行动体系，而在这一过

① 吴康宁：《政府部门超强控制：制约教育改革深入推进的一个要害性问题》，载《南京师大学报（社会科学版）》，2012（5），6~11页。

程中转变教育行政职能则是关键。”① 政府角色位移意味着政府不再是民族地区教育发展事务的唯一责任主体。这一理念在《国家中长期教育改革和发展规划纲要（2010—2020）》中得到进一步细化，“管办评分离”成为民族地区教育治理中政府角色位移的重要着力点。

党的十八大提出要深化教育领域综合改革，构建政府、学校、社会之间新型关系之后，民族地区教育发展中的政府角色出现了服务者、监督者、合作者、主导者等不同的定位。无论走向如何，但“政府宏观管理、学校自主办学、社会广泛参与的格局”已经成为学界的广泛共识和民族地区教育实践的基本导向。有限管理、权力下移直至多元治理成为民族地区教育治理现代化的必然追求。在近年来民族地区关于民族教育发展的相关文件中，鼓励和引导社会力量支持民族教育发展，鼓励高校招生倾斜，探索多元化的教育评价机制，鼓励教师扎根边疆、扎根农村、长期从事民族班教育等具体政策均是对政府角色位移的直接回应。可以预见，在当前全面深化教育领域综合改革中，民族地区政府主体对教育的管理模式和所扮演角色仍然将不断发生转变，以适应新时代民族地区教育发展的现实需要。具体而言，政府在公共教育服务中角色位移是发展机制优化的现实要求，主要反映在以下方面。

第一，优化目标上从教育管理到教育治理的角色位移。管理和治理虽仅一字自差，但体现出从政府单向性发展教育向以政府为主导的多元参与教育发展路径的转变，体现的是民族地区教育发展平等、民主、法治、高效的基本理念。威廉姆森的交易费用经济学对治理的目标定位在使交易费用最小化的制度设计。传统上，政府教

① 胡伶：《地方教育行政部门的职能转变——基于公共治理视角的分析》，载《教育发展研究》，2010（6），14~20页。

育管理的角色定位难以适应民族地区教育发展的现实需要，这主要是政府教育管理的目标并不容易确定，也更难实现。从内部看，其原因之一是政府主体教育权力的分散性，尤其是民族教育权力更是分散在不同行政部门；之二是政府主体教育管理目标是多样的，民族教育管理更是要基于民族地区社会经济发展、少数民族群体发展、少数民族个体发展等诸多目标；之三是政府主体教育资源供给多处于垄断状态，民族教育资源供给更依靠外界的政策倾斜和支持。从外部看，政府主体绩效考核目标多样性也迫使民族地区从教育管理向教育治理目标优化。传统路径上的 GDP 作为政绩考核的最核心目标一直受到批判，近年来政府主体政绩考核指标更加综合化，但也难以放弃对教育管理效果的偏爱。究其原因，多中心的考核目标必然需要政府主体分配不同精力，而从收益看，教育发展基础性、长期性的特征决定其投入大、收效慢，并不符合地方政府政绩收益的需求，将精力聚焦在更容易实现的目标成为一种理性选择。同时，政府主体又掌握着大量的教育资源。如前述，长期以来，我国对教育的管理方式是政府集权的模式，国家控制着近乎所有的教育公共产品的生产以及供给。政府既是办学主导者，又是教育的管理者、经营者和监督者，是一种近似“垄断”的教育生产供给状态。这种高度集中的教育管理模式有着自身的优势，但并不利于教育资源配置的优化，也不利于教育产品供给的多样性，加之若缺乏完善的制度制约，极易导致供给端与需求端教育资源不契合的现象。因此，民族地区教育发展不能仅靠政府主体基于教育管理的封闭性、单向性目标实现，应推动民族地区教育治理现代化，最终实现教育善治。这是因为，民族地区教育治理的难点在于政府主体如何与其他主体形成互动机制，进而实现教育利益最大化，这种利益最大化是体现在满足各方主体教育需要的教育善治。有学者直接提出，教育治理的直接目标是善治，即“好治理”；最终目标是

"好教育"，即建立高效、公平、自由、有序的教育新格局。[①] 很显然，当前政府在公共教育服务中角色位移优化，体现在目标上是从教育管理目标到教育治理目标的角色位移，而不同于教育管理对结果目标的追求，教育治理目标在参与度、参与效率、自由与秩序、法治、公平等诸多维度体现出自己的独特性。

第二，参与方式上从管理教育向规范教育的角色位移。政府教育治理的转型，在方式上最典型的就是通过法治化的教育治理方式实现从管理教育向规范教育的角色位移。我们认为，遵循教育治理现代化的法治逻辑，要用法治思维深化教育改革，在目标上追求教育制度正义，在着力点平衡教育自由与教育秩序关系，在落脚点通过教育法治实现教育善治。[②] 在教育治理法治化的治理方式引导下，政府逐渐从管理教育转向规范教育，即政府不再是发号施令的权威机构，而是以公众需求为中心的服务提供者，政府以人民的需求为导向，以办人民满意的教育为根本目标。政府主体由管理者向治理者转变，就是要为其他利益主体参与教育治理提供机会和平台，创造公平、开放的教育治理参与环境。多元主体参与民族地区教育治理本身是一种平等自愿的行为，政府行为规范性作为教育治理法治化的基本表现，其意义可以理解为"它使社会中介组织、市场主体和普通民众得以理性地预期政府的行为，并在此基础上理性谋划自己的行为，同政府形成合作性的互动关系"[③]。当前，政府面向规范教育的角色位移还未完全形成，主要存在政府主体教育治理权力边界尚未完全明晰、政府主体购买公共教育服务制度还不完善、其

① 褚宏启：《教育治理：以共治求善治》，载《教育研究》，2014（10），4~11页。

② 李祥：《教育治理现代化的法治逻辑》，载《现代教育管理》，2017（7），72~77页。

③ 胡家勇：《政府职能转变与政府治理转型》，64页，广州，广东经济出版社，2015。

他主体参与教育治理的机会和能力不足。要解决这些问题，均需要基于教育法治立场，通过健全相关制度规范政府的教育治理行为。

第三，实施内容上从全能政府向有限政府的角色位移。在20世纪70年代以后，西方各国都深深陷入了“扮演社会福利的供给者，与成为经济增长的主力舵手之间的矛盾紧张关系中，以致同时面临严重的财政危机和公民（消费者）需求持续扩张的双重困境”①，在2015年教育部《若干意见》中规定，推进教育管办评分离“既要解决政府越权越位问题，把该放的权坚决下放，又要完善监督制约机制，切实做好事中、事后监管”。这确定了政府从全能走向有限提供的工作重点。经验表明，从全能政府转向有限政府重点需要依法履职、简政放权，逐渐地将政府从“全能、全管的管理模式向寻求市场合作、多元主体参与的模式转化，逐渐地将政府职能从集权向分权转变”。

（三）教育治理现代化进程推进是发展机制优化的条件保障

2010年，在中共中央国务院颁布的《国家中长期教育改革与发展规划纲要（2010—2020）》中强调，到2020年的战略目标包括基本实现教育现代化。十八届三中全会提出要“完善和发展中国特色社会主义制度，推进国家治理体系和治理能力现代化”②，同时将其作为推进的总目标。教育治理现代化进程积极推动着民族地区的教育发展，同时也是民族教育发展机制优化的重要保障条件。教育现代化包括各级各类的教育现代化，实现基础教育的优质均衡发展、建立现代职业教育体系、促进高等教育内涵发展、建设学习型城市等都是重要内容和主要目标。实现这些目标，取决于政府、学

① 陈振明：《加强公共服务提供机制与方式的研究》，载《东南学术》，2007（2），69~76页。

② 《中共中央关于全面深化改革若干重大问题的决定》，载《人民日报》，2013-11-16。

校、社会各主体的行为及互动关系，也就是取决于教育治理体系和治理能力建设。[①] 民族地区教育发展同样要跟上教育治理现代化的进程，但由于我国民族地区受到自然、历史、社会、文化等因素的影响所表现出的民族教育特殊性，在自然因素、社会因素和文化因素等方面都与非民族地区有些差异。因此，在民族地区教育发展机制的变革中一定要创新民族教育管理体制以及改善民族地区教育发展机制的运行环境，以此推进教育治理现代化进程。

一方面，民族地区教育发展机制变革中要创新民族教育管理体制。民族地区教育是我国整体教育事业中不可分割的一部分，受民族地区社会发展、地理环境、文化等多方面因素的影响，民族地区教育管理具有特殊性，也具有一定变通性。教育自治权是民族区域自治的重要内容之一，是指各少数民族聚居的地区在国家统一领导下设立教育行政机关、行使自主管理权力的管理制度，并以尊重和保障各少数民族管理本民族教育事业发展权利为基本原则，也是国家实行民族教育优先发展的基本政策精神的具体体现，符合民族地区的教育发展规律。根据我国法律相关规定，民族地区具有教育管理自治权，为了保障这一权利的顺利实现，首先是在民族教育管理体制上进行改革。从实践历程看，民族地区教育管理体制的变迁围绕着民族教育组织领导权、民族教育机构设置、民族教育权责分工、少数民族干部参与民族教育管理、非政府主体在民族教育中的参与路径等展开。此外，基于我国少数民族分布的实际，民族教育管理还涉及区域间教育合作的问题，这不仅是非民族地区对民族地区的对口支援，特殊性还在于民族地区因民族分布产生的区域内的合作关系。有学者就以中小学民族文字教材协作组为例，介绍了主

① 线联平：《以改革创新推进首都教育现代化》，见北京教育科学研究院：《教育现代化的理论进展与实践探索论文集》，23页，北京，北京师范大学，2015。

要存在的蒙文协作、藏文协作、哈文协作、朝文协作等情况。① 民族地区教育管理体制的设立和运行受到多方因素的影响，其中主要包括政治、经济和文化因素。在政治上，民族地区教育发展虽有一定的自治权，但也要符合我国教育的基本方针政策；在经济上，民族地区发展不均衡且总体上落后于其他地区，教育投入需要聚集多方合力；在文化上，民族地区教育事业的民族性、区域性和教育性要求教育行政部门、民族宗教部门等共同承担责任。历史经验表明，运转良好、效率较高的民族地区教育管理体制，应该既具有我国教育管理体制的共性，又要具有民族教育的特性。也就是说，要从宏观上思考如何创建具有民族特色、民族特点的新型教育管理体制。②

另一方面，民族地区教育发展机制变革中要改善机制运行环境。国务院《关于加快发展民族教育的决定》（国发〔2015〕46号）指出："民族教育发展面临一些特殊困难和突出问题，整体发展水平与全国平均水平相比差距仍然较大。"民族地区教育发展机制处在一个大环境中，包括整个社会环境以及民族地区教育环境。民族地区教育发展受外界影响程度较深。这是因为，在教育发展的许多方面，例如，物质基础、教学手段、教育管理等方面，东部地区拥有比民族地区相对的优势，教育发达地区给予民族地区教育发展的全方位支持和援助，可以加快民族地区教育发展的速度。因此，民族地区教育优先发展，需要非民族地区，特别是东部教育发达地区的外部条件援助。发展民族地区教育，需要其他地区做出某

---

①　孟立军：《新中国民族教育政策研究》，205~206页，北京，科学出版社，2010。

②　李波：《关于西藏教育管理体制改革若干问题的分析与思考》，载《西北第二民族学院学报（哲学社会科学版）》，2008（5），133~136页。

些利益输送，外部因素是推动民族地区教育发展的有利条件。① 但是，民族地区教育发展最终需要依靠民族地区的教育内生发展能力，只有民族地区自身教育发展环境得以改善，民族地区教育发展机制运行的目标、路径和结果方能得到保障。

具体而言，民族地区教育发展机制运行的环境主要涉及民族教育治理理念、民族教育治理主体的治理能力、民族教育治理的法治环境三个基本问题。第一，民族教育治理理念。在当前阶段，民族地区教育发展的主要矛盾已经发生转变，发展境遇也不同以往，发展诉求也有较大变化，教育管理理念本身作为一种治理思维需要跟上民族教育发展的步伐。可以说，“教育治理思维是一种主观活动，但对政府的教育治理实践具有不可或缺的导向作用，是攻破政府能力陷阱的必要条件”。② 转变民族地区政府教育管理理念，是推进政府职能转变、促进民族教育转型升级的首要环节。

第二，民族教育治理主体的治理能力。考虑到我国民族地区教育发展的特殊性，教育立法应充分考虑到其变通权，特别是民族学校课程计划变通或补充，民族师资的培养、培训，教师资格评定和聘任，民族文字教材的编写、编译、审查和出版，民族学校授课用语和双语教学体制的确定，民族教育行政机构职能的改革，以及其他教育具体政策措施的制定等，都需要从各民族地区实际情况出发，继续探索新的管理思路和办法。③ 民族地区教育自主管理能力从横向上可分为教育发展的规划能力、均衡发展的统筹能力、教育

---

① 李祥：《论民族地区教育优先发展的基本内涵及其法律保障》，载《民族教育研究》，2016（3），5~11页。

② 陈良雨：《教育治理现代化视阈下政府能力陷阱研究》，载《教育发展研究》，2015（12），11~15页。

③ 金东海：《论我国民族教育自主管理政策的实践与完善》，载《兰州大学学报（社会科学版）》，2004（3），128~132页。

资源的配置能力、制度创新能力以及公共服务能力等；纵向上包括各级政府自主管理教育的能力和教育机构的自主管理能力。[①] 这最终要反映到治理主体的治理能力上来，民族地区要想尽快摆脱教育发展困境，必须提升民族教育治理主体的治理能力，特别是有能力去推动政府与社会、与学校、与群众之间的教育关系优化，积极寻求多方主体参与的方式进行管理的基本治理能力。

第三，民族教育治理的法治环境。按照《中华人民共和国民族区域自治法》第六条的规定："民族自治地方的自治机关根据本地方的情况，在不违背宪法和法律的原则下，有权采取特殊政策和灵活措施，加速民族自治地方经济、文化建设事业的发展。"教育发展变通权是民族地区依法享有的教育管理权力，政府治理转型推进是社会经济发展的必然结果，要求我们正视治理环境的变迁，思考当下具体的教育治理情境，转变教育治理思维，依据相关法律治理民族教育。不仅如此，我们认为，民族地区教育发展机制优化强调制度创新，通过制度完善，进而优化民族地区教育发展的权力配置，其核心是建立民主参与的治理方式。多元主体民主参与不仅只是提升教育发展的效率需要。从程序正义方面看，公共教育权力作为一种公权力，本应遵循"法无授权即禁止"的基本法治理念，为了预防公共教育权力的滥用，通过程序规范是极为必要的，在实践中，这种程序正义更多集中在参与权、知情权、申诉权等问题上。[②] 实现民族教育治理程序的法治化，同样是民族教育治理法治环境改善的要求之一。

---

① 李波：《关于西藏教育管理体制改革若干问题的分析与思考》，载《西北第二民族学院学报（哲学社会科学版）》，2008（5），133～136页。

② 李祥：《教育治理现代化的法治逻辑》，载《现代教育管理》，2017（7），72～77页。

第五章　内生发展：民族地区教育发展机制优化的路径思考

在前面四章，我们分别从理论基础、机制运行现状、机制运行效果和机制运行困境四个方面分别分析了民族地区教育发展机制优化的理论、现状、成效和问题，形成了以下基本结论。一是民族地区教育发展机制优化是民族地区教育发展路径的整体式变革，这种变革受到政府治理转型背景的影响，以实现民族教育治理现代化为根本目标；二是民族地区教育发展机制优化是新时期民族地区教育发展的必然选择，它并不是对以往民族地区教育发展路径的否定，而是认为民族地区教育发展进入了新的历史阶段，新时期的民族地区教育发展要着力于民族地区内部自我教育发展能力提升这一关键问题，走适切性、可持续性的民族教育发展道路。基于以上认识，我们认为民族地区教育发展机制优化，要将政府治理现代化的时代命题纳入宏观变革背景，从内生发展视角多维度思考优化民族地区教育发展机制的路径问题：一是民族地区教育内生发展是复杂性、综合性问题，涉及政治、经济、文化和教育多维度；二是民族地区教育内生发展机制优化要遵循法治原则、特色原则、科学原则和效率原则；三是民族地区教育内生发展机制优化涉及动力机制、协调机制和导引机制三个基本路径问题。

一、内生发展是优化民族地区教育发展机制的切入点

以民族地区教育内生发展视角再来审视教育发展外源模式，笔者发现对其批判紧紧围绕忽视民族地区教育自身发展能力培育这一核心问题上，并关注了此衍生出的重物质轻观念、政府主导社会缺席、发展路径同质化、民族文化教育被忽视等诸多问题。包括教育发展在内的民族地区社会发展所有外源路径，实际上都存在这样的问题，它们所展现的共性缺陷就是真正的主体在发展中处于边缘，群众的创造性以及社区的内在能量得不到激发，群众的自我发展能力和自信心无法获得提升，形成依赖心理，缺乏可持续动力，社会、文化、经济发展失调。[①] 由此，民族地区教育内生发展要彰显自身优势，其标准之一就是要克服外源发展路径的诸多不足。这种以提升民族地区自身教育发展能力为核心的发展路径，必须充分尊重民族教育发展基本规律，并立足于民族地区文化、经济、政治和法律等诸多本土背景，方能寻求到推进民族地区教育内生发展的实践智慧。这又需要我们基于以上背景进行多维度思考。

（一）文化维度下的民族地区教育发展内生路径

尊重和维护民族文化是民族地区教育内生发展路径的重要组成部分，忽视民族文化的差异性，就无法实现民族地区教育发展的实质公平。不仅如此，尊重和维护民族文化作为审视民族地区教育发展内生路径的重要维度，还在于这是激励、稳固民族地区人民群众参与教育发展的关键性因素。如有学者所言，内源性发展是一种尊

---

① 马忠才、郝苏民：《外源式扶贫的局限：对民族地区扶贫实践的反思》，载《北方民族大学学报（哲学社会科学版）》，2012（1），55~59页。

重民族文化个性、在人民的广泛参与下并且强调民族文化特色的发展观。[①] 因此，民族地区教育内生发展源自于民族地区人民群众的参与向心力和参与能力，民族文化在生成人民群众教育内生发展观念和发展能力上是基础性力量。但文化维度审视民族地区教育内生发展路径，不是仅仅停留在文化差异问题上，更多应考虑的是文化共生问题。党的十九大强调要铸牢中华民族共同体意识，这就需要从文化维度厘清民族间文化的关系，认识到文化上的兼收并蓄是“你中有我、我中有你、谁也离不开谁”这一多元一体格局的具体体现。我们应看到民族之间、地区之间文化虽然存在差异性，但同样他们也是异质共存、相互促进的文化形态。文化共生视域下民族教育的发展应强调各民族教育要素之间的异质共存，注重教育过程中各种关系的和谐与相融。[②] 由此，我们认为文化维度下的民族地区教育发展内生路径应把握三个基本问题。

第一是尊重民族文化的差异性和特殊性。尊重民族文化的差异性和特殊性是从文化维度认识民族地区教育发展内生型路径的基点，这是因为文化是“人们在体力、脑力劳动过程中所创造出来的一切财富，包括物质文化、精神文化和制度文化，以及人们所具有的各种生产生活技能、社会生活经验、各类知识、历史传统、风俗习惯等”[③]。民族教育是在民族文化的土壤中孕育的，民族文化又是民族地区历史发展进程中逐渐形成的，民族教育问题离不开对民族文化的关注。民族文化因其历史积淀而具有差异性和特殊性特征，这种各民族在自己独特的发展历史中造就的独特民族文化，理

① 钱宁：《文化建设与西部民族地区的内源发展》，载《云南大学学报（社会科学版）》，2004（1），38~46页。

② 孙杰远：《文化共生视域下民族教育发展走向》，载《教育研究》，2011（12），64~67页。

③ 林耀华：《民族学通论》，384页，北京，中央民族大学出版社，2014。

应被我们所理解和尊重，而且这是激发民族地区人民群众参与教育内生发展的文化前提。

第二是整合不同民族之间文化的共生性资源。我国是统一的多民族国家，少数民族文化是中华文化的重要组成部分。民族地区各民族因生计方式、地理环境等的差异，在教育环境和教育需求上并不呈现一致性。但各个少数民族虽然在历史发展过程中形成了各具特色的民族文化，但他们并不是非此即彼的关系，彼此之间呈现出相互影响、相互交融的特征，这使中华民族文化的内涵更加丰富、更富底蕴。整合不同民族文化的共生性资源，既包括不同民族之间文化的交融和影响，也包括民族地区传统文化和现代文化的连接与延续，更包括社会主流文化与地方文化的协调与共生。只有这样，民族地区文化因素才能成为民族地区教育内生发展的助力因素。

第三是正确对待民族文化与民族教育的关系。文化和教育界限本身就难以厘清，抛开民族文化谈民族教育发展更不可能。民族文化和民族教育之间的交融性体现在，一方面民族文化是民族教育特色彰显的主要内容，离开了民族文化，民族教育就如同没有了种子；另一方面，教育是民族文化传承的主要方式，教育作为一种有效的文化传递方式，是传承和创新民族文化的重要载体，它推动了民族文化的更新和再创造。不仅如此，从教育开放性特征来看，民族文化正是在教育活动中得以交流和互动，进一步得到发展。正确处理民族文化与民族教育的关系，既要认清两者的联系，还要认识到民族文化在教育活动中的参与路径，应通过民族教育文化选择的方式、学校教育各方联动制度、关注学生民族文化学习的情感体验等，进一步提高民族地区教育内生发展的文化适切性。

（二）经济维度下的民族地区教育发展内生型路径

经济维度下民族地区教育发展内生型路径需要回答的是“基于教育如何适应和促进地方经济发展”这一现实问题。正如前所述，

“穷财政”与“大教育”是民族地区教育发展的一对根本性矛盾。多数民族地区经济发展水平在我国处于落后状态，产业结构滞后、产业层次偏低、新兴产业基础薄弱，特别是第三产业发展滞后是民族地区经济发展短板的真实写照。尽管近些年民族地区经济发展成效明显，但经济发展滞后的总体状况并没有完全改变，这也使得教育投入总量不足，民族地区经济发展水平难以为教育发展提供物质保障。这种经济情况导致民族地区教育发展外部依赖性加强，民族地区教育发展内生型路径物质基础薄弱。这也就是为什么许多学者提出要加大民族地区教育投入，但却很少涉及如何投入的原因。本书认为，民族地区经济发展虽然面临支柱产业缺失、经济发展转型等现实性问题，但劳动力素质低下是制约民族地区经济发展的主要原因，而只有通过教育的发展，才能割断贫困的代际传递。因此，民族地区教育发展战略框架必然要充分考虑到经济发展的区域实际，做到与地方社会经济发展的双重契合。

民族地区的经济贫困问题有自身的特殊性，这表现在民族地区多属于边疆地区或边远山区，地势相对较高，交通不便，信息不畅，部分地区灾害频发，民族地区扶贫攻坚问题多、难度大。“十三五”期间，经济维度下的民族地区教育发展内生型路径应服务于教育精准扶贫，这是因为教育在西部民族地区扶贫工作中具有重要作用，应是西部地区扶贫工作开展的优先事项。教育扶贫的优势在于它是基于提高人口素质、克服贫困恶性循环的重要抓手；教育扶贫效果虽然具有滞后性，但具有可持续性、长期性、彻底性的优势。

一方面，民族地区教育精准扶贫核心议题是对教育资源的优化配置，因此教育精准扶贫围绕着教育资源配置的合理性和合法性，必然涉及供体和主体之间的利益关系调整问题。教育治理主体间利益联结点的不一致是阻碍教育发展的根本因素，而促进民族地区教育扶贫资源供给方和接受者之间关系的良性发展，必须解决好资源供给和需求的关系。供给侧结构性改革从供给调控的视角出发去影响供体和主体之间的供需关系，主要受到制度供给动力、技术创新动力、结构优化动力三个动力要素的影响。[①] 民族地区教育精准扶贫应当根据本地区的具体情况，深入分析和研究供给侧结构性改革包含的三个动力要素如何发挥实质性作用，提高精准扶贫的实效性。这要求既要发挥制度供给动力，提高教育精准扶贫制度体系的适切性；还要发挥结构优化动力，优化教育精准扶贫的供给侧结构；特别是要拓宽教育资源来源渠道，激发社会组织、市场、人民群众等其他利益主体参与民族地区教育发展的积极性，从教育资源来源、分配、使用、供给、质效等角度提高精确度和实效性。

另一方面，教育精准扶贫就是要消解传统教育优惠机制难以确保针对性的弊端，根据不同地区和人民群众的不同教育需要，制定适切性的教育帮扶政策。构建与民族地区教育精准扶贫相适应的实施机制，主要涉及三个方面：一是精准识别的机制，民族地区教育发展形态的多样性要求对其诉求的多元化予以关注；二是教育精准扶贫的考核机制，这需要建立基于民族地区教育发展实际的科学评价机制；三是创新教育精准扶贫的受益机制，这需要构建充分发挥教育受益者效果和作用的创新机制，确保教育发展惠及不同地区不同民族。值得一提的是，经济维度下审视民族地区教育发展内生型路径，还要关注到民族地区城乡教育差距的共性和差异性问题，因此，教育精准扶贫要充分考虑到城镇化背景下的农村教育。当前民族地区面临农村劳动力转移带来的农村学校空心化、小规模以及流动儿童上学难的问题，也有农村本身治理现状不乐观、农村教育思

① 邓磊、杜爽：《我国供给侧结构性改革：新动力与新挑战》，载《价值理论与实践》，2015（12），18~20页。

想观念变化、农村教育政策的制度缺陷等带来的农村留守儿童教育问题、农村教育发展转型问题等棘手难题。归根结底，这些问题都是源于乡村社会变迁和社会经济发展的必然结果，将教育精准扶贫瞄准单元下移至乡村，将靶向指向农村教育，是促进民族地区教育公平、提高教育发展质量和效率、为地方社会经济发展做出积极贡献的重要切入点。

（三）政治维度下的民族地区教育发展内生型路径

民族地区教育发展从外源型路径向内生型路径转变，强调发挥民族地区自身的教育发展能力，虽然这种能力是对民族地区政府、学校、社会、市场、民众个体等诸多主体的共同要求，但从政治维度看，它并不会消减民族教育发展多元一体的基本特征，也不会淡化民族地区教育发展的政府责任。从前者来讲，无论民族教育内生路径在实施主体、实践基础、实践路径、实践目标上发生怎样的改变，多元一体的民族教育特征决定着民族教育必须遵循社会主义教育发展的基本方向，秉持国家认同与民族认同相统一的基本原则。在多民族国家中，人们总会不断思考自身的群体属性和身份特征，国家认同和民族认同是分析群体属性和身份特征的两个重要路径，但两者之间并非对等的关系。长期以来，中国在民族地区国家认同教育问题上进行了积极的实践探索。仅从民族认同和国家认同关系来看，两者虽可以共生共存，但因立足点具有一定差异性，如何做到民族教育中的国家认同与民族认同的统一是民族地区教育发展内生型路径的难点。笔者认为，民族地区国家认同理念的构建需植根于中华民族的共同文化。正如有学者提到，民族认同不能超越或凌驾于国家认同之上，国家的文化认同必须大于民族文化认同。因此，民族地区教育发展内生型路径“应该通过构造中华民族文化共同的文化基础和文化象征符号的重建，增加民族认同与国家认同的重叠内容，以形成统一的中华民族共同体”①。

从后者看，民族地区教育发展内生路径强调参与主体的多元化，会对政府治理的角色和路径提出新的要求。政府教育权力的存在方式将从全能型管理模式变为主导型服务模式，这并不会消减政府的教育权力和责任，而是对其职权的优化和重组，从而推进民族地区教育治理现代化。这包括两个方面，一方面，民族地区教育发展内生型路径要改革教育行政管理体制。教育行政体制一般体现的是国家对教育管理权力的一种纵向分配倾向，国家治理现代化背景下我国中央与民族地方教育权力分配改革的问题具有复杂性，中央和地方分权的思路应该是“既要解决好行政权力的层次性划分，又要解决好同一层次行政权力的功能性划分，还要解决好层次性划分和功能性划分的配套衔接”②。因此，民族地区教育发展内生路径一是应改革民族地区教育行政管理体制目的，优化权力分配机制，在教育总方针不变的情况下，激发地方教育发展的主动性、积极性、创新性。二是要解决教育分权后政府部门教育责任问题。民族地区教育权力分散在教育局、地方民委等多部门，而且少数民族居住的分散性等因素决定了民族教育权力行使需要区域间的合作；另一方面，民族地区教育发展内生型路径要改革办学体制，转变政府教育职能。受服务政府、有限政府、法治政府理论的影响和导向，教育行政管理权力分权不仅出现“下移”，还出现向其他组织分化的现象，这促进了教育公共服务渠道多元化的发展。民族地区政府教育职能转变的本质就是一种适应性变化，随外部生态环境的变化，理性的政府会“有意识地对其子结构和内容不断进行调整，使

① 韩震：《论国家认同、民族认同及文化认同——一种基于历史哲学的分析与思考》，载《北京师范大学学报（社会科学版）》，2010（1），106~113页。

② 杨小云：《试论协调中央与地方关系的路径选择》，载《中国行政管理》，2002（3），63~64页。

其发展成新的形态，以谋取它与环境的动态平衡，进而实现其对经济增长和社会发展的现实推动”①。

可以说，民族地区政府教育职能转变是民族地区教育发展的实际需要，只有坚持社会主义教育发展方向，秉持民族认同和国家认同相统一的原则，着力于改革办学体制，推进民族地区政府教育治理现代化目标的实现，才能为民族地区教育发展内生型路径提供扎实的政治保障。

（四）法律维度下的民族地区教育发展内生型路径

法律维度下的民族地区教育发展内生型路径目标就是改善教育发展法律制度环境，清除民族地区教育发展的制度壁垒，这是民族地区教育发展规范化的制度保障。民族地区教育发展内生型路径的法律制度关注点主要集中在两个方面，即少数民族受教育权的特殊性和民族地区教育法律实施的变通性。

第一是少数民族受教育权的特殊性。这体现在少数民族受教育权受益主体、保障目的、基本内容、实现路径等方面的特殊性上。少数民族受教育权是少数民族的基本权利，是其他权利得以实现的前提和基础。少数民族与其他群体受教育权的显著区别在于，受教育权对于少数民族而言，不仅仅是个体人权或权利。有学者提出少数民族受教育权更强调的是集体受教育权，具有公权属性。② 因此，对于少数民族而言，受教育权还是一种民族发展权的基本表现形式。我们知道，民族教育的特殊性源自于民族地区政治、经济、文化等诸多因素的差异性，但更来自于教育与民族发展的密切关联。民族教育发展能够推动民族文化的传承与创新，增强少数民族的国

① 毛寿龙、景朝亮：《近三十年来我国政府职能转变的研究综述》，载《天津行政学院学报》，2014（3），12~18页。

② 朱祥贵、聂武莲：《少数民族受教育权的基础理论探析》，载《民族教育研究》，2009（4），5~9页。

家认同和凝聚力，因此少数民族受教育权呈现出集体人权的法律属性。有学者提出，民族教育和少数民族受教育权利这两个密切相关的问题不论是对民族成员个体还是民族整体而言，都具有极为重大的意义。其缘由在于，民族单元是少数民族权益保障的一个基本社会构成，关注民族个体的权利保障与正确对待民族问题是互为表里的。[①] 法律制度保障少数民族受教育权，需要认清这一特殊性质，方能发挥其应有效果。

第二是民族地区教育法律实施的变通性。民族教育法律是我国教育法律体系的重要组成部分，一方面，它要与上位法律精神契合，体现出立法价值的一致性；另一方面，民族地区教育发展具有特殊性，因此民族地区教育法律实施中具有一定的变通权。根据我国《中华人民共和国立法法》规定，在不违背《中华人民共和国宪法》和《中华人民共和国民族区域自治法》相关规定，以及不违背法律和行政法规基本原则这一前提下，“自治条例和单行条例可以依照当地民族的特点，对法律和行政法规的规定作出变通规定”。可以说，民族地区教育发展的法律变通权是法律维度对民族地区教育发展内生型路径推进的依据和基础，是探索和创新民族地区教育发展内生型路径的制度保障。因此，加强民族教育政策法规变通权的运用，对促进民族地区教育事业的发展具有重要的现实意义。

二、民族地区教育内生发展机制优化的基本原则

民族地区教育内生发展机制优化的基本原则是连接其价值与规

---

① 宋海彬、许仁顺：《少数民族教育的民族性与少数民族受教育权保障的国家义务》，载《甘肃政法学院学报》，2015（2），43~50页。

则的桥梁，作为一个确定的引导性理念，它是民族教育内生发展路径的立足点，对民族教育内生发展机制优化具有不可替代的指导作用。笔者认为，民族地区教育内生发展机制优化应当遵循法治、特色、科学和效率四大原则，其确立有利于在实践中评价和衡量民族教育内生发展各阶段的成效，是进行民族教育内生发展机制优化的方向指南。

第一，法治原则。教育治理法治化是教育治理现代化的重要内核，国家现代教育治理体系的构建要以教育法制建设作为基础，以教育法治思维引领民族地区教育发展的方向、形成民族地区教育发展的共识、达成民族地区教育发展的目标。改革开放以来，民族地区教育发展是与教育法律体系的建立和完善相伴逐步成长的，教育法律在民族地区教育发展实践中发挥着日益重要的作用。从内容看，民族地区教育发展要坚持党的领导原则、法律至上原则、正当程序原则、权力制约原则等。民族地区教育发展内生路径虽更强调民族地区自我教育发展能力的提升，但这一提升路径本身是在法治框架下进行的。一方面，民族地区教育发展必须坚持党的领导，遵循党的教育方针，走中国特色的社会主义教育道路。在 2018 年 9 月全国教育大会上，习近平总书记发表重要讲话，从党和国家事业发展全局出发，突出强调了加强党的领导对于做好教育工作的极端重要性，对加强党对教育工作的全面领导提出了明确要求。可以说，民族地区教育发展机制优化既要依托“党的领导”获得自身的正当性，还要通过党的正确领导促进民族教育事业科学发展，这是办好人民满意教育的根本保证。有学者认为，当前我国民族教育的发展成果均依赖于党中央的正确领导。① 另一方面，法治原则强调

① 胡艳桢：《党的领导是少数民族教育科学发展的根本保证——促进伊犁哈萨克自治州民族教育科学发展的思考》，载《中共伊犁州委党校学报》，2012（4），73~75 页。

把教育公平作为民族地区教育内生发展机制优化的落脚点。回顾民族地区教育发展历程，本质上就是追求教育公平、实现教育正义的发展过程，受教育权保障作为彰显教育公平的关键指标，贯穿到民族教育相关法律法规之中。《中华人民共和国教育法》第9条规定："公民不分民族、种族、性别、职业、财产状况、宗教信仰等，依法享有平等的受教育机会。"第36条规定："受教育者在入学、升学、就业等方面依法享有平等权利。"但民族地区教育发展条件普遍落后，因此为了保障民族地区人民群众受教育权的实现，相关法律法规对其采取优惠或倾斜政策。如《中华人民共和国民族区域自治法》第71条规定："国家加大对民族自治地方的教育投入，并采取特殊措施，帮助民族自治地方加速普及九年义务教育和发展其他教育事业，提高各民族人民的科学文化水平。"

第二，特色原则。"特色"一词意指一个事物或一种事物显著区别于其他事物的风格、形式，特色形成是由事物赖以产生和发展的具体环境因素所决定的。民族地区教育内生发展机制优化的特色原则，更突显民族教育发展规律、民族地区社会经济发展现实要求，强调的是发展机制的适应性问题。笔者认为，民族教育内生发展机制的特色原则作为在实施民族教育内生发展过程中必须遵守的基本准则，既强调中央层面要基于民族地区教育发展实际指导、支持民族地区教育发展，又强调民族地区自身在不违背上位法律基本精神的前提下，结合地方实际因地制宜发展民族教育。就前者而言，中央层面和其他地区支持民族地区教育发展要充分考虑民族地区教育发展实际需要，这就要求精准把握民族地区教育发展的短板和现实需要，不仅要重视民族地区教育基础设施建设等硬件条件改善，更要关注民族地区教育教学方法、内容的适切性等问题，避免造成教育资源供给侧与需求侧不契合的尴尬现象；同时，对于民族地区应该或者可以自己发展的民族教育内在性事项应在不违背基本教育发展根本方向前提下，保障其发展的变通权。就后者而言，民族地区要在不违背教育法律相关精神条件下，适应民族地区经济社会、民族文化特色的现实需要，发挥民族教育内生发展的自主性和创新性。民族地区教育内生发展机制要充分反映本地经济、政治、文化、民情等教育发展需求，体现出较强的针对性。

第三，科学原则。民族地区教育内生发展机制优化的科学原则，是从民族地区教育发展实际出发，深刻认识民族地区教育发展的基本规律，从而构建适应民族地区教育发展的实践机制。科学原则本身强调准确、客观，遵循科学原则既要有科学的决策体系，更要有具有教育现代化理念的决策者和实践者。民族地区教育发展机制优化强调科学性原则，首要问题是把握住民族地区当前教育发展的主要矛盾，认识到民族地区自身发展能力提升在实现教育可持续发展中的重要价值。在此基础上，理清楚三个基本问题。其一，科学发展是可持续发展和协调发展。这强调民族地区教育发展机制优化应着力于发展的长期性和可持续性，仅靠外力支持难以完成，必须激发民族地区教育发展的内生力。同时民族地区教育发展是协调发展，既要起到社会经济发展的基础性、先导性作用，也不能脱离实际盲目发展。特别是党的十八届五中全会提出的五大发展理念，更集中体现了科学发展的根本要求，值得我们深入思考。其二，科学发展是以人为本的发展。民族地区教育发展机制优化遵循科学发展原则凸显以人为本的核心价值，从根本上说反映的是坚持人民主体地位。人民是推动民族地区教育发展的根本力量，不能激发民族地区人民群众的参与动力，民族地区内生发展无从谈起。如何把尊重教育发展规律与人民主体地位统一起来，把实现民族地区社会经济发展与促进人的全面发展统一起来，是民族地区教育发展机制优化的难点，更体现出发展为了人民、发展依靠人民、发展成果由人民共享的科学发展理念，必须深入反思加以解决。其三，科学发展是决策现代化的发展。一方面，实施民族地区教育内生发展必须依赖科学管理手段和理念。科学的管理手段和理念是进一步优化民族教育内生发展机制的重要途径，是切实提升民族地区教育实践管理水平的内在需求，它不仅依靠现代化的管理技术和平台，更强调植根于管理者内心的现代化教育治理理念。此外值得一提的是，科学发展还强调，优化民族地区教育内生发展必须依靠民族教育科研事业。民族教育科研事业发展能为民族教育科学发展提供理论指导和智力支持的积极作用。

第四，效率原则。我们强调民族地区教育发展追求教育公平，并不排斥对效率的关注。阿瑟·奥肯指出："如果平等和效率双方都有价值……那么在它们冲突的方面，就应该达成妥协。"而这种妥协"必须是公正的。尤其是，那些允许经济不平等的社会政策，必须是公正的，是促进经济效率的"。[①] 一方面，遵循效率原则有利于民族地区教育的长期发展。我国前期对民族教育的关注与扶持更多是集中在外源性扶持上，如经费的拨款、师资支援、特殊优惠政策的颁布等，这些政策在民族教育发展过程中发挥了作用。但还需加强对民族地区自身发展能力的关切，而且由于外界支持并不一定适合民族地区教育发展需要，这就可能造成资源的浪费。遵循效率原则更需要依靠民族地区自身提升发展能力，这有利于民族地区教育的长期发展。另一方面，遵循效率原则更能促进民族教育内生发展机制的良性发展。教育的公平与效率问题应当做具体分析，其冲突主要表现在教育资源的配置上。[②] 民族地区教育资源本身就不丰富，"穷省办大教育"是民族地区教育发展面临的尴尬局面，这

① ［美］阿瑟·奥肯：《平等与效率》，王奔洲译，80页，北京，华夏出版社，1987。

② 杨东平：《教育公平是一个独立的发展目标——辨析教育的公平与效率》，载《教育研究》，2004（7），26~31页。

必须强调在教育资源供给上实现高效化，精准配置教育资源，实现民族地区教育良性发展；要正视民族地区教育发展资源限制这一问题，基于效率原则，破解教育发展结构性、财政性的紧缺问题。同时积极提升社会其他主体参与动力，实现教育发展资源供给渠道的多元化。

三、民族地区教育内生发展机制优化的主要路径

民族地区教育发展机制涉及动力机制、协调机制和导引机制三个基本要素，因此其优化路径主要也应基于这三要素展开。即民主参与优化民族地区教育内生发展的动力机制，法治路径优化民族地区教育内生发展的利益协调机制，科学评价优化民族地区教育内生发展的导引机制。

（一）民主参与优化民族地区教育内生发展的动力机制

民族地区教育发展机制的多元主体参与积极性不高，机制运行就没有实施者，机制运行效果更无从谈起。根据本书前述观点，笔者认为尽管民族地区教育发展机制运行具有自身的客观规律，但人的主观能动性在其中也要发挥积极而重要的作用。民族地区教育发展的动力机制是系统合力机制，政府、学校、社会组织等不同主体在其中发挥着自身的作用，共同推动民族地区教育发展。但是，我们也要意识到，实践中不同主体的作用发挥并不是同等的，实际也无法追求同等作用。不仅如此，从内容上看，经济力、教育力、文化力、政治力等也对民族地区教育发展产生影响，但它们之间也不是平等的。当前的民族教育没有与民族地区的社会发展形成良好的互动关系，其主要原因在于民族教育没有树立内生发展的价值导

向，从而忽视了教育与区域的嵌入式关系。[1] 许多学者关注到民族地区在国家政策红利推动下取得成效的同时，政府力量的作用效力不断弱化，并造成一些人民群众弱势和依赖心态。因而提出，外在政策动力同激发内源动力要结合起来，“使少数民族农村社会发展从政府行为转变为自发自主行为”[2]。我们知晓内生发展的旨趣在于发现并开发个体的潜在可能性，在民族教育发展中，即是开发民族地区参与主体发展教育的潜在可能性，从而让其不依赖外在援助，实现自身的独立与发展。我们必须明晰，推进民族地区教育的发展过程中，必须首先明确各参与主体的地位，使其主动发展、自我发展，充分激发其内生动力。基于此我们提出三方面动力机制优化对策建议。

1. 重视政治力激发，提升多元主体参与民族教育发展的精神驱动

所谓精神驱动，就是以某种精神力量为手段，策动被驱动者的精神觉悟，发掘其内在潜力，激发其行为动机的过程。[3] 精神驱动从提升精神觉悟入手，解决民族地区多元主体参与教育发展的价值引领问题。

政治力作为一种软实力，体现为其追寻强大的发展凝聚力。从政治力看，铸牢中华民族共同体意识是当前民族地区教育发展的关键政治力，只有人民群众把自己的命运与国家的前途命运紧密结合起来，方能形成一种长期的精神感召动力。中华民族命运共同体意识核心是“你中有我，我中有你，谁也离不开谁”，这也就要求我

① 虞嘉琦：《传统的再创造：面向内生发展的民族教育》，载《当代教育与文化》，2018（2），73~78页。

② 王晓娥：《少数民族农村社会发展的内源动力机制探究》，载《贵州民族研究》，2017（5），43~46页。

③ 王晓林：《社会发展机制优化论》，108页，北京，中央民族大学出版社，2007。

们在民族地区加强“五个认同”教育，将团结统一的价值观内化为民族地区各民族共同的心理认同，使国家统一、民族团结、社会和谐成为中华民族意识中最高层次的认同。有学者认为，在社会转型时期，由于价值多元化、民族问题多元复杂，国家认同教育更是关系到国家核心利益。[①] 我国是一个多民族国家，民族文化差异和多元客观存在，但过于强调民族间的差异，并不利于民族间的理解和包容，中华民族多元一体格局应是我们认识民族地区教育发展问题的基本理论基石，这要求我们加强民族文化交流交往交融，加强民族认同，大力促进民族团结。实际上，当前民族地区教育发展存在的问题，更多是区域性具有共性的教育问题，从地域因素考虑民族地区教育发展利益问题本应成为解决民族地区教育发展不平衡不充分的立足点。

实践表明，筑牢中华民族共同体意识需要增强民族地区人民群众“五个认同”意识，这是重视政治力激发、提升多元主体参与民族教育发展精神驱动的关键路径。培养民族地区青少年群体的“五个认同”意识更多需要通过教育途径实现。

第一，进一步加强民族团结教育，提高民族团结教育的实效性。在当今“命运共同体”的话语背景下，民族团结教育正是以国家统一、民族团结、共同繁荣为价值基础，提升多元主体发展凝聚力的政治路径。基于此，笔者认为当前民族团结教育的开展，应重视其价值定位，从教材取向、师资培养、学科融入、办学质量评价体系等方面提高民族团结教育的实效性。从教材取向看，民族团结教育教材内容选择应遵循马克思主义民族观，基于中华民族命运共同体的基本价值认识，彰显中华民族多元一体格局，淡化狭隘的民

① 曾水兵、檀传宝：《国家认同教育的若干问题反思》，载《中国教育学刊》，2013（10），30~33页。

族意识而突出中华民族意识，形成符合不同阶段学生身心发展需要的民族团结教育教材。由于民族团结教育的重要性和复杂性，应由教育行政部门牵头集中力量进行编写，并鼓励民族地区不同学校根据自身实际开发辅助的校本课程。从师资培养看，民族团结教育需要优秀师资加以保障，除了培养培训专门的民族团结教育师资外，应将民族团结教育理念纳入教师培养体系，进一步完善民族团结教育师资培养体系。让教师自身对中华各民族在政治、经济、文化等方面交往交流交融的历史产生共鸣，对 56 个民族“你中有我，我中有你，谁也离不开谁”的命运共同体高度认同。教师群体所彰显的民族团结教育理念和行为将在教育的方方面面对学生产生重要的示范作用。从学科融入来看，实践中民族团结教育不能仅仅局限在某门课程，而是应该贯穿在整个教育教学的方方面面。民族团结教育本身涉及政治、经济、文化等方方面面，民族团结教育要让学生明白我国民族间在分布上的交错杂居、文化上的兼收并蓄、经济上的相互依存、情感上的相互亲近；培养多元一体格局理念，需要从地理、语文、历史、政治乃至音体美等诸多课程内容中得到实践和深化理解。因此，民族地区要发挥主观能动性，结合自身实际，打破学科壁垒，将民族团结教育内容融入不同学科，化整为零，让学生能在不同学科学习中获得民族团结教育的知识、技能和情感。从评价体系来看，民族团结教育要贯彻落实，还需要与学校办学质量评价挂钩的科学评价体系。从当前许多地区民族团结示范校评价的实践活动来看，民族团结教育虽已有较成体系的评价机制，但其引领激励作用并未得到较好发挥。从走向看，将民族团结教育纳入学校办学质量评价统一考核，使其结果同等影响学校、教师工作绩效，应成为我们可以探索的路径。

第二，重视双语教育，提升学生国家认同的情感体验。民族地区双语教育涉及制度保障、教育教学体系改革、教学质量监控、双语教师队伍建设等基本问题。根据国务院《关于加快发展民族教育的决定》(国发〔2015〕46号)要求，民族地区双语教育主要涉及两个方面：一方面是依据法律，遵循规律，结合实际，坚定不移推行国家通用语言文字教育，其目标是“确保少数民族学生基本掌握和使用国家通用语言文字，少数民族高校毕业生能够熟练掌握和使用国家通用语言文字”；另一方面是尊重和保障少数民族使用本民族语言文字接受教育的权利，不断提高少数民族语言文字教学水平。基于中华民族命运共同体的价值引领，当前民族地区双语教育重点和难点都在国家通用语言文字教育基础薄弱方面，围绕民汉双语兼通基本目标，各地在师资培养、教学改革、教材开发等方面做了较为积极的探索实践。但从路径上看，要提升民族地区双语教育的教育实效，更多是要增强学生主体的教育获得感，使其从内心深处认同并主动适应双语教育，进而实现国家认同情感体验的提升。因此，我们建议双语教育政策着力点，应基于多元主体内生发展动力的教育需要，从制度保障层面，进一步为接受双语教育学生提供考试、升学、就业等倾斜和支持，激发民族地区学生双语学习的动力。

2. 重视文化力激发，提升多元主体参与民族教育发展的感召驱动

从文化力看，充分尊重不同地区不同民族的文化发展需要具有较强的导向功能和感召功能，这也反映出民族地区教育发展对民族文化传承教育的价值取向。由于民族文化传承教育主要通过学校平台实践，其实践方式又主要是校本课程开发，因此我们以此为例反思其实践路径。凸显文化力的价值取向是人们对校本课程开发本质和功能的根本看法，也是指导校本课程开发的基本思想和重要理念。有学者认为，课程价值取向是稳定形态的课程价值观的动态表

现，是基于课程发展的实然定位和面向未来的应然指向。[①] 而审视课程价值取向的载体又要基于诸多课程文本资料，从文本中反映其应然的价值诉求，因为这些文本的选定是有其生活土壤的。同样，审视民族地区校本课程开发的应然价值，应考虑课程政策载体所蕴含的独特的地理、文化、历史和社会因素。这些因素使得民族地区校本课程开发必然显现出符合自身特性的价值取向，这种价值取向本身亦是对民族地区教育、经济、文化等多重社会发展要素的理性审视。基于对民族地区校本课程开发“差异性”和“统一性”这两种价值偏误的反思，笔者认为，民族地区校本课程开发既要走具有民族地区教育特色的开发之路，又要考虑到民族地区教育发展的外部性，与其他文化教育资源进行整合互补，体现各民族文化兼容并蓄、相互交融的特征，方能呈现出民族地区校本课程开发的价值和意义。按此逻辑，民族地区校本课程开发价值取向就应该坚持以下几个方面，方能实现文化力的精神驱动作用。

第一，发展民族文化，即民族地区校本课程开发应坚持既要传承民族文化，更要创新民族文化的教育理念。少数民族地区聚居地有自己独特的地理环境、社会条件、民族习俗和宗教信仰，校本课程的开发需要充分利用和反映当地教育特色，与国家课程传播普及性知识形成优势互补，共同作用于学生个体成长发展。但是民族地区校本课程与其他地区不同之处首先在于，在社会转型时期，民族文化面临消逝或转型的现实困境，学校作为传播知识和文化的重要场域，对传承民族文化具有不可推卸的责任。必须强调的是，民族文化传承本身，并不只是文化的简单复制，而是基于社会发展的现实需要对文化的创新和发展，以此使民族文化拥有持久的生命力。

---

① 付安权：《论课程价值取向研究的传统与变革》，载《西北师大学报（社会科学版）》，2013（2），64~69 页。

正如有学者所言，从一个民族人们共同体的生存和发展来说，文化传承实质上是一种文化的再生产，是民族群体的自我完善，是社会中权利和义务的传递，是民族意识的深层次积累，是纵向的“文化基因”复制。[①] 因此，民族地区校本课程开发，不仅是要开展民族文化教育，还要采取有效的措施，积极探索传承民族地区校本课程改革的新路径，通过新媒体技术等教学手段，搭建民族文化传承创新创造更有效率和适切性的平台，使民族地区传统文化的保护和传播有更新、更广阔的发展空间。

第二，弘扬爱国主义精神，即民族地区校本课程开发要彰显以民族团结和国家认同为核心的教育品格。有学者提出，相比国家课程和地方课程，校本课程的独特意义在于“确保国家课程的有效实施，照顾学生的个别差异，促进教师专业能力的持续发展”。[②] 但在实践中，国家课程所蕴含的教育内容和教育意义与校本课程有着一定的差异，国家课程在民族地区的实施难以完全反映民族地区教育的特殊性需要。而挖掘民族地区校本课程资源本身，若更倾向于对本地区本民族文化教育资源的开发利用，这虽然可以增强学生对本民族的认同感，但在民族团结、国家认同教育上却显得较为单薄，过多地强调民族文化差异性并不利于民族间的相互理解。就国家认同而言，笔者认同这样的观点，即从发展的角度看，我们必须把国家认同放在高于民族（族群）认同的地位。因此，应该通过构造中华民族共同的文化基础和文化象征符号的重建，增加民族认同

① 赵世林：《论民族文化传承的本质》，载《北京大学学报（哲学社会科学版）》，2002（3），10~16页。

② 许洁英：《国家课程、地方课程和校本课程的含义、目的及地位》，载《教育研究》，2005（8），32~35页。

与国家认同的重叠内容，以形成统一的中华民族共同体。[①] 笔者认为，民族地区校本课程开发，还需彰显爱国主义教育的价值功能，通过对民族文化教育资源的开发利用，更进一步地提高学生对中华民族文化共同体的深刻认识，增进学生民族团结和国家认同的观念。

第三，契合学生主体需要，即民族地区校本课程开发要树立以生为本，促进学生个性化发展的教育情操。无论是国家课程、地方课程还是校本课程，其内容选择都是基于一定的社会文化基础精心挑选的。这些被挑选的知识受到课程开发者的影响，只有被认为值得传递的知识才能进入这种具有合法性的课程体系。尽管课程内容是知识、技能的主要载体，但笔者认为，课程内容更多显现的是教育观念和社会发展中的教育诉求。因此，一方面，民族地区校本课程开发本身必须考虑民族地区社会发展和文化发展的环境及需要；另一方面，还要契合少数民族学生主体的个性化、多样性发展的教育需求，挖掘和利用好地方性教育资源，为学生提供具有可选择性的校本课程。从这个意义上说，民族地区校本课程开发的价值追求就在于契合学生发展需要，为少数民族学生个性化发展提供可能。而契合学生主体需要的价值追求，则决定了我们在校本课程开发活动中，充分将学生主体的教育权利保障放在首要位置，尊重学生主体的教育权利和发展自由，实现民族地区校本课程开发的社会价值和个人价值的统一。

3. 重视经济力激发，提升民族教育发展利益分配的有效性

人类本身及其社会的生存与发展是依靠无数力的作用来维系及推动的，其中最基础与最综合的力是经济力。[②] 民族教育发展利益

---

① 韩震：《论国家认同、民族认同及文化认同——一种基于历史哲学的分析与思考》，载《北京师范大学学报（社会科学版）》，2010（1），106~113页。

② 杨云辉：《论经济力构成及运行规律》，载《求索》，1995（3），15~17页。

分配涉及多方面，其中备受关注的也是物质利益。在调研中我们也发现，物质利益激发满意度普遍不高，在一定程度上影响了多元主体的参与积极性。凸显经济力激发，就是要承认不同利益主体获取物质利益的正当性和合法性。长期以来，一些地区忽视乡村教师工作待遇，只强调其奉献精神，乡村教师待遇得不到解决，“下不去、留不住、用不上”的问题就会长期存在。而近年来，一些地区不断提升乡村教师工作待遇，得到了较好的教育回报。在贵州安顺某乡村学校，校长这样反映，“近年来工资有很大提高，所以我们教师的稳定性也增强了”；在该校还曾有一名教师放弃了进城机会，其坦言“城里生活压力大，我也舍不得这里的孩子”。教师主体只是民族地区教育发展多元主体之一，作为民族教育发展的参与主体，其自身并不是教育发展的工具，而是发展的支持者、促进者与受益者。一直以来，各领域发展过程中均重视经济利益的激励作用，将其视为动力激发机制的重要组成部分，但在教育发展领域这一问题关注较少。当前，如何实现民族教育发展参与主体的经济利益最优化，是制定有效激励政策的出发点。

健全民族教育内生发展的动力政策激励机制需要经历三个步骤：首先，要明确“谁受益”，即确定民族教育内生发展过程中的受益主体。在民族地区教育发展相关政策设计时，需要把人民群众共享教育发展成果作为基本的教育利益分配出发点，从目的、内容、分配方式等方面进行制度优化，确保教育利益分配的人民性，增强人民群众的教育获得感。当前，民族教育内生发展的利益主体主要是政府、学校、教师和学生、市场、社会组织等。如何通过优化民族教育发展机制满足人民群众自身发展教育需要，为企业提供适切的技术人才，落实学校办学自主权，成为民族教育政策的制定关键。其次，制定民族教育内生发展的经济动力激励机制，这需要厘清不同主体教育物质利益点。具体来说，人民群众关心教育条件和自身教育消费能力，教师关注薪酬、培训途径、福利待遇，企业关心人才质量和教育投入成本，学校关注政府补贴及人才引进政策，政府主体关注资源配置的有效性等。从根本上说，重视经济力激发，是要靠利益协调机制优化得以实现（这点后文会加以阐释），但提升民族教育发展利益分配的有效性，其标准依然是动力机制激发问题。也就是说，只有多元主体认可教育物质利益分配的有效性，其参与动力才能进一步激发。但往往不同主体对教育物质利益关注点并不一致，如家长关心教育条件改善和自身教育经济压力，教师关注工资待遇和工作环境改善等，重视经济力激发，必须承认这一利益分歧现实。

关键在以下几点，一是承认民办教育的独特价值，摒弃对民办教育的体制性歧视，还要提防民办教育公办化倾向①；二是承认教师合法利益，严格按照《中华人民共和国教师法》落实教师工资待遇，对条件艰苦的地方特别是集中连片特困地区乡村教师应进一步提升物质待遇；三是关切人民群众教育负担，采取多种形式缓解其教育经济压力；四是提升政府教育资源配置效率，通过购买服务等治理变革模式探索资源配置高效化的可行路径。当然上述关键点更多还要在后续机制中深化讨论，从动力机制角度提出此问题，主要是强调我们应转变民族地区教育发展观念，正视不同利益主体的经济利益，提升对教育发展利益分配有效性的基本认识。

（二）法治路径优化民族地区教育内生发展的利益协调机制

法治路径在推进民族地区教育治理现代化进程中发挥着极为重要的作为，应成为民族地区教育内生发展利益协调机制优化的最基本诉求。这并不排斥其他路径的合理性，但更凸显法治路径的独特

① 主要指将公立学校按民办学校方式办学，以及按照公办学校方式管理民办学校两种不良倾向。

价值，其体现为能更有效控制多元主体间的教育利益冲突之范围和程度，能有助于形成共同的教育价值观念，能更有效整合形成多元主体的教育合力等。法治路径优化民族地区教育内生发展利益协调机制，主要涉及立法机制优化和法律实施机制优化两个基本问题，以期实现法治路径在平衡各方利益中的最大功效。

1. 法治路径强调彰显民族地区教育立法特色

如前文所言，民族教育利益协调机制的法治化是推动民族教育稳定发展的根本制度保障。我国在中央层面有许多法律法规对民族地区教育发展提供了法律支持，如《中华人民共和国民族区域自治法》第 36 条、37 条对民族自治地区的教育自主权做了明确规定，鼓励民族地区在法律允许范围内，决定本区域的教育规划、招生办法、教育内容等。但中央层面虽然认可民族地区教育发展的特殊性并授予相应变通权，并未对民族地区自主地发展民族教育的具体细节作出规定，因此这给民族地区教育立法留出了发挥空间，民族地区教育立法成为优化民族地区教育内生发展的利益协调机制的关键一环。民族地区教育立法体系既是我国教育法律体系的重要组成部分之一，也是民族地方区域自治体系的基本构成方面，是民族地区教育发展与完善的重要制度保障。民族地区教育立法强调特色立法，是着眼于民族地区教育发展实际和人民群众教育发展诉求的必然选择，充分体现了民族地区教育发展以人为本的价值理念。这有利于教育法律法规在民族地区的进一步实施，也有力地推动了民族地区教育法治建设。可以说，中央与地方教育权力划分是政府治理转型中的关键和难点，民族地区教育发展所面临的复杂局面也不得不让我们思考，怎样才能更好地彰显民族地区教育立法特色，为民族地区教育事业发展提供更有力的制度保障？笔者认为，这需要把握以下三个基本要求。

第一是民族地区教育立法要遵循底线原则，充分体现国家教育立法分权体制的特色性质。尽管民族地区教育立法强调依据民族地区教育发展实际制定和完善教育法律制度，但我国地方立法的本质与西方有较大差别。有学者指出，我国现阶段地方立法这种多层次、多形态、不同权限、不同效力的立法体制，本质上“应属单一制国家在中央统一行使立法权体制下的多元立法权力之分工协调机制”①。在实践中，民族地区教育立法本身体现在两个方面，其一是贯彻落实上位教育法律法规的实施性立法活动，以保障教育法律法规的权威性和适切性；其二是尤其在民族教育缺乏上位专门立法的情况下，创制相关法律促进民族地区教育发展。就第二点而言，将来若中央层面《中华人民共和国少数民族教育法》颁布，一定程度上还会缩小民族地区教育立法的创制性立法空间。因此，无论是基于何种考虑，民族地区教育立法的特色都只是强调依据区域和民族差异性教育诉求，在内容上有所变通，而且这种法律变通，要根据法律规定或国家权力机关授权，在民族地区教育事务对上位相关法律法规本身进行的非原则性变动，是“具体条文的变更，而不能对法律原则和法律基本精神进行变更”。② 如甘孜藏族自治州《施行〈四川省义务教育实施条例〉的变通规定》等，并不会因此而否定上位法律精神。

第二是民族地区教育立法要遵循适度原则，充分彰显教育法律在促进民族地区教育事业发展中的特色功能。民族地区教育发展是多渠道多主体共同努力的结果，教育法律因其权威性和强制性特征可以发挥自身的独特优势。但民族地区教育发展绝不是仅仅依靠立法保障就可以实现的，考虑到法律法规的功能局限性和资源有限

① 桂宇石、柴瑶：《关于我国地方立法的几个问题》，载《法学评论》，2004（5），103~111页。

② 雍海滨：《论民族自治地方立法变通权及其运用》，载《民族研究》，2006（3），13~23页。

性，民族地区教育立法也难以做到细致入微，对民族教育事业的所有事项进行规定。因此，根据法律法规的特点重点关注民族教育核心问题就显得十分必要。这些核心问题在内容上呈现出丰富多彩的民族教育特色，在过程中适应民族地区社会经济发展和文化观念基本实际，充分体现出内容多样、路径民主、观念包容的价值属性。就现状来看，当前民族地区教育立法需要解决四个关键问题：其一是如何建立权责分明的民族教育监督管理体系；其二是明晰民族教育发展权利救济性途径，突破法律落实困境；其三是突出立法内容实践性，着力解决立法内容针对性不强的问题，不能是对上位法律的简单重复或者对其他民族地区教育法律的简单移植；其四是追求立法范围全面性，重视民族自治地区不同民族在教育立法中的权益，实现民族地区教育发展成果的人民平等共享。

第三是民族地区教育立法要遵循实践性原则，充分展现民族地区自身在促进教育事业发展中的特色路径。民族地区教育立法重点思考的是民族地区教育为什么发展、靠谁发展、如何发展等基本问题，这直接呈现在发展路径上。强调民族教育发展的特色路径，就是要通过立法实践性，使得民族地区教育立法符合民族地区教育发展的基本规律、民族地区当前社会经济发展的基本形势、民族地区制度文化观念的基本要求。民族地区教育立法实践性的特色路径，主要应着力于两方面：一方面是实践主体上，既要强调上级和其他地区对民族地区教育事业发展的支持，更要重视民族地区自身教育发展能力的培育和开发；另一方面是实践手段上，既要充分发挥教育法律法规在教育利益资源分配中的强制性作用，还要重视民族地区教育立法在激励多元主体参与民族教育发展的积极作用，通过有效的激励手段促进民族地区教育内生发展。

2. 法治路径强化民族地区教育发展利益协调的法治思维

利益作为一个社会范畴，它实质上是需要主体为了满足自身需要而与需要对象之间关系的体现。[①] 因此，教育利益就可以看作是教育主体及其相关主体从教育过程和结果中获得的、能满足其需求的好处。[②] 以教师的教育利益为例，该利益应包括结果利益和过程利益两个部分，涉及个体的教育教学权利、培训机会、教学资源、个体在教学过程中的感受和幸福度（成就感、荣誉感等）、个体的未来发展收益（包括金钱、政治以及社会地位的提高）等等。而教师的教育利益在《中华人民共和国教师法》等相关法律中得以被确认和保护，同样其他主体教育利益也有相应法律予以明确。这样一来，实际上民族地区教育发展的教育利益产生、分配中所出现的偏差和争端，都有通过法治渠道解决的可能性。有学者认为，教育法的功能不只是维持一定的教育秩序，解决教育中的摩擦和纠纷，其更重要的使命是具有前瞻性地推动教育的发展；要通过法律手段尤其是立法手段改变已有的利益关系结构与利益格局，促进新利益的生成。[③] 我们认为在教育实践中，教育利益关系的协调和规范手段多呈现为道德路径和法治路径。道德路径侧重于教育和引导，对教育利益关系的协调和分配具有滞后性和非强制性，相比之下，法治路径强调法律手段的权威性和强制力，在教育利益关系调整中具有更为直接和显著的作用。[④] 基于此，我们必须充分认识到民族教育利益协调机制的法治思维属性，从以下方面践行法治理念，为民族教育利益机制协调构建提供法治保障。

---

① 张玉堂：《利益论：关于利益冲突与协调问题的研究》，39~44 页，武汉，武汉大学出版社，2001。

② 褚宏启：《教育利益的界定甄别与法律调整——运用法律手段解决教育中的“老大难”问题》，载《教育学报》，2013（4），23~30 页。

③ 褚宏启：《教育利益的界定甄别与法律调整——运用法律手段解决教育中的“老大难”问题》，载《教育学报》，2013（4），23~30 页。

④ 李祥：《教育治理现代化的法治逻辑》，载《现代教育管理》，2017（7），72~77 页。

第一，民族教育利益协调机制的法治思维要求利益主体具有规则至上意识。规则意识是社会发展不可或缺的公民意识，它具有最高的权威性，每个人要在社会生存，必须遵守社会规则。优化我国民族教育利益协调机制同样需要以法为据、以法为尺的法治思维，使教育利益协调机制的“立法、执法、司法领域均能在合法、高效、公平、公正的法治轨道上进行，能全方位、动态地实现”[①] 法治化。当前，我国形成了与民族教育相关的法律体系，包括《中华人民共和国宪法》《中华人民共和国民族区域自治法》《中华人民共和国教育法》《国家中长期教育改革和发展规划纲要（2010—2020年）》《国务院关于加快民族教育的决定》等规范教育的法律、法规和规章，许多民族地区也结合自身实际制定了民族教育相关条例，这均为我国民族地区教育发展提供了制度保障。为此，民族教育利益协调过程中必须遵循法治理念，运用法的原则、规范、精神和逻辑谋划法治型的民族教育利益协调机制，促进全国范围内教育利益配置的整体平衡，从而实现教育利益配置的机制正义，保证民族教育利益分配的顺利推进。

第二，民族教育利益协调机制的法治思维要求利益分配遵循程序正义优先。民族地区教育发展利益是多元的，凸显程序正义价值是要看到其在解决不同利益主体冲突中实现利益平衡和达到社会秩序稳定的独特作用。有学者认为，公共利益作为一个抽象的概念，其在具体的公共决策中实现还要经过程序的选择。[②] 民族地区教育利益分配中的程序正义更强调民族教育相关决策过程、执行过程和

① 曹慧丽、余升淮：《法治思维范式下我国高等教育发展路径探析——以我国高等教育法的修改与完善为视角》，载《南昌大学学报（人文社会科学版）》，2013（3），149~154页。

② 许丽英、谢津粼：《公共政策程序正义与公共利益的实现》，载《学术界》，2007（4），177~181页。

评价过程依照法律法规要求，按照一定方式进行政策选择和行动，确保民族教育发展利益不偏离公共性的教育本质。程序正义是尊重不同利益主体权利的法治体现，也是不同主体利益实现、形成教育发展秩序自觉建构的机制保障。在政府治理转型背景下，我们虽然更关注教育发展的效率问题，但这并不是以损害教育公平和正义为前提条件的。坚持程序正义强调以下几方面：其一，正当程序要求在民族地区教育发展利益协调中应有较为客观公正的分配主体或机制，能作为权威性的分配判断；其二，正当程序要求在涉及相关利益主体民族教育利益分配时应具有参与表达意见的权利，涉及相关主体利益的民族教育决策应采取合适渠道公开相关信息，确保利益主体知情权；其三，正当程序要求民族地区教育发展利益涉及相关主体应有监督权利，在相关利益受损时有法治的权利救济途径。笔者认为，特别是教育行政部门在做出关于多方主体利益协调的重大决策时，必须遵循决策制定的实质正义和程序正义要求，保证不同利益主体在教育决策方面的知情权、参与权，并在具体的利益协调决策结果中体现参与者的意见和利益。

第三，民族教育利益协调机制的法治思维允许利益分配差别原则。民族教育利益协调过程在强调利益分配遵循程序正义的同时，也承认在利益协调过程的合理差别。当然，这里所指差别必须有一个前提条件，即为正当性、合理性。“差别原则”在教育利益协调过程中的主要目的是调节群体间利益或机会的分布，以达到教育平等自由和公民个人价值及社会价值的统一。罗尔斯在《正义论》提及实现分配正义必须坚持平等的自由原则和差别原则。笔者认为，如果教育利益无法做到均衡协调，那么对教育利益的分配就应适合于最少受惠者的最大利益，这就是教育利益协调的“差别原则”。依据这一原则，民族地区和处境不利的一些群体在教育利益分配时获得一定倾斜或优惠政策具有合法性和合理性。而且在民族地区内部，笔者认为其教育利益的分配也应进一步优化机制，实现向处于不利教育状况的人群和地区倾斜，尤其向一些地处边疆、环境恶劣或资源较少的民族区域倾斜，使这些地区的人民群众获得平等的教育发展机会。可见，进一步支持和发展民族地区教育事业，对教育发展条件滞后的地区予以政策倾斜和支持，本身就是采用法治路径构建以权利公平、机会公平、规则公平为主要内容的民族教育利益协调机制的保障体系之一，其最终实现教育资源协调过程中平等与差别的动态平衡，达到民族地区教育发展的实质正义。

第四，完善民族教育利益协调纠纷的法治解决机制。这主要着力于丰富纠纷解决手段，及时、有效地化解各种利益纠纷，其是扫清民族教育内生发展障碍的重要保障。一方面是要完善民族教育内生发展路径中的法律救济机制。特别是针对民族地区教育内生发展过程中较为弱势的群体，应该建立健全司法救济与法律援助体系，保障其受教育权利。例如使用法律援助、法律咨询、费用减免等方式来提高他们的维权能力，真正实现教育利益救济途径中的公平、公正。同时要完善人民调解制度和仲裁制度。人民调解制度是我国重要的利益纠纷调解制度，具有鲜明的中国特色，是诉讼程序之外化解矛盾、消除纷争的重要手段。另一方面，要搭建多元主体参与民族教育利益协调的法治化平台。当前，民族教育利益协调主体集中在政府部门、司法部门，利益协调结构较为单一，这在一定程度上不利于民族教育内生发展利益协调的民主化。笔者认为，在民族教育内生发展机制里强调民族教育利益协调多元主体参与性具有重要价值，多元主体参与民族教育内生发展利益协调作为一种民主、法治的决策和治理体系，符合政府治理现代化的时代诉求，是搭建政府、公众、专家、新闻媒体、社会组织、人民团体等主体共同讨论、共同协商、共同决策民族教育利益协调事务的平台，其旨在优化民族教育内生发展利益协调机制，最终实现民族教育治理的善治目标。实践证明，在民族教育内生发展利益协调的程序中实施多元主体共同参与协调机制，为公众搭建了利益调解沟通平台，使其有机会合法有效表达自己的民族教育利益协调意愿，最大程度地满足各教育参与主体的利益诉求，就可以化解教育资源多元主体间的供需矛盾，充分体现不同教育主体的“主体性”地位。民族地区教育内生发展的多元参与制度设计，既要依托相关法律法规，对多元参与利益协调的内容、程序、方式等层面进行约束规范，还应借助信息技术平台，搭建民族地区教育发展利益协调的沟通渠道，提升公众对民族教育领域相关事务的参与度，从而形成多元主体之间在民族地区教育发展中的分工、联合、协同模式，促进政府在民族教育内生发展利益协调方面与公民、社会组织的良性互动，实现民族教育治理的现代化。

最后，需要强调的是，新时期法治路径强化民族地区教育发展利益协调的法治思维，还要关切到市场主体、学校主体的参与利益。随着民族地区教育管理体制的变革，通过购买民族教育服务优化民族地区教育资源供给渠道将成为一种重要的治理方式。但是，政府主体并不是教育需求的终端使用者，理论上，市场主体应基于学校教育需要提供教育产品，我们只有通过进一步完善制度设计，提升学校主体在政府购买服务中的参与度，方能解决政府购买教育服务中政府偏好替代的需求失真问题。与此同时，政府也要理顺与市场主体、社会组织的关系。由于民族地区教育发展水平较为滞后，市场机制参与力度并不够，在政府治理转型背景下，政府主体有意激励市场主体参与到民族教育发展中来，但一系列的优惠或倾斜措施则可能带来市场供给教育服务行政化、内卷化、功利化等负面问题。创新民族教育治理体系，提升政府教育治理现代化水平，是解决这一问题的关键所在。

（三）科学评价优化民族地区教育内生发展的导引机制

如果说动力机制回答的是“谁来做”，协调机制回答的是“如何做”，导引机制回答的则是“做什么”的问题。依前述，导引机制应着力于教育利益增值，形成合力发展，这强调导引机制在追寻政治、经济、文化和教育效益等多元性效益方面应准确定位；也强调导引机制应从权责利边界界定入手，明晰多元主体的参与利益。与此同时，教育评价作为导引机制的重要一环，要发挥“以评促建”的基本功能；教育评价应与其他导引机制一起，推动民族地区教育内生发展导引机制的科学化发展。

1. 方法导引应着力于教育利益增值，形成合力发展

在前文，我们讨论过民族地区教育发展的导引机制已从最初的政治导引逐渐转向经济导引、文化导引等多元导引综合作用的导引机制，同时这也意味着民族地区教育发展具有政治、文化、经济、教育等多元的目标追求。政府治理转型背景下的民族地区教育发展机制优化，并不局限于不同利益主体利益分配中进行公共选择抑或利益协调。从根本上说，通过方法导引，实现民族地区教育发展的利益增值，实现教育发展利益最大化，是破解利益冲突、形成发展合力的必然选择。这也就是前面所述的力图发挥不同参与主体的参与优势，形成最大优势，构建出“1+1>2”的实践效果。实践中追求合力形成的方法导引存在困境，一是因为民族地区教育发展的政治、经济、文化和教育路径立足点各有不同，教育逻辑、政治逻辑、市场逻辑、文化逻辑等交织在一起形成的诸多矛盾难以解决；二是民族地区教育发展中的多元主体参与，“互通有无”“利益共享”“责任分担”这种理想化的合力难以形成。因此，实现教育利益增值本身需要解决两个基本问题，一是民族地区教育发展机制优化要着力于提升民族地区教育发展的政治效益、文化效益、经济社会效益和教育效益；二是民族地区教育发展机制优化要明晰多元主

体参与的权责利边界，对不同主体的参与贡献予以积极认可。

一方面是民族地区教育发展机制优化要着力于提升民族地区教育发展的政治效益、文化效益、社会经济效益和教育效益。民族地区教育发展效益是综合性的，从政治效益上看，民族地区教育发展机制优化要坚持中国共产党的领导和社会主义办学方向，遵循党的教育方针路线，贯彻落实法律法规精神。就当前来说，筑牢中华民族共同体意识是民族地区教育发展政治效益的落脚点，而我们强调增强“五个认同”，其实质就是要让各族群众牢固树立正确的国家观、民族观、文化观、政党观、制度观。① 民族地区教育发展要把提升学生中华民族共同体意识，使其从思想上和灵魂深处高度认同国家统一、民族团结、共同繁荣的政治理念，这是最核心的政治效益。

从文化效益来看，民族地区各民族具有自身独特的文化资源，民族地区教育发展重视民族文化传承教育，开展民族文化进校园活动，并不是要凸显不同民族间文化的差异性，在更重要的层面，文化效益应追求通过民族文化传承教育，纵向上，不断发展和创新各民族的文化，横向上，让各族学生理解我国作为多民族国家，中华民族文化兼容并蓄的基本特点，增进对不同文化的交流、理解和融合，最终提升中华民族多元一体文化认同。从实践看，民族文化传承教育涉及语言、文艺、民族知识诸多内容，不能局限于学校场域。民族地区教育发展要拓宽民族文化传承、创新、交流及融合的实践场域，吸引更多主体参与其中，提升教育发展的文化效益。

从社会经济效益角度看，民族地区教育发展要服务民族地区社会经济发展。虽然当前民族地区教育发展的地方社会经济发展贡献率逐渐提升，但与教育发达地区相比，教育发展与社会经济发展契

① 杨胜才：《“五个认同”：从思想上增强各民族大团结》，载《中国民族报》，2017-10-27，第5版。

合度依然不高。关注社会经济效益意味着我们要提升民族地区教育服务社会经济发展能力，这涉及各级各类教育的方方面面。例如高等教育阶段，我们一是要强调基于民族地区不同的社会经济发展现实需要，积极改革高等教育人才培养模式，创新高等教育发展思路，特别是基于民族地区实际，创建一批具有高度适切性的应用型专业，为民族地区经济转型和产业升级提供智力支持；二是强调民族地区高等院校要基于区域特色、民族特色充分开展科技服务。在机制上，我们还要思考健全完善民族地区高校产学研协同创新体制机制，充分吸引市场力量、政府力量和其他主体力量参与到其中，实现民族地区高等教育知识技术创新与地方创新战略推进的深度融合。

从教育效益角度看，民族地区教育发展的教育效益包括个体和群体的教育效益。就个体教育效益而言，以政府为主导提供的民族地区教育服务作为一种准公共产品最终应对受教育者产生教育效用。民族地区教育发展机制优化应着力于提升这种效用，一是通过接受教育，实现受教育者个体正确价值观念、良好品行及知识技能的形成；二是通过接受教育，实现受教育者在民族地区的社会生活适应能力，改善其在劳动力市场的收入和地位，从更长远看，提升受教育者在民族地区社会经济发展中的贡献力。无论是前者还是后者，都决定了民族地区教育发展机制优化要从教育教学内容体系、教学方法、教育观念等角度进行科学变革，提升人才培养质量。而就群体教育效益而言，民族地区教育发展还要关切到处于不利地位少数民族的教育发展需要。习近平同志提出："全面建成小康社会，少数民族一个都不能少，一个都不能掉队。"这需要民族地区教育发展提供可持续的智力支持。通过前面数据分析我们发现，虽然许多少数民族受教育水平逐年提升，有一些少数民族受教育年限还超过了全国平均年限，但尚有一些少数民族特别是人口较少民族受教育程度尚处于平均水平之下，民族地区教育发展需要从群体视角提升教育处境不利地区人民群众的教育水平。因此，当前民族地区教育发展的政策倾斜或优惠，还需进一步关注到受教育程度总体不高的这些少数民族群众的教育诉求，提升教育在促进其地方发展中的基础性、先导性作用。

另一方面是民族地区教育发展机制优化要明晰多元主体参与的权责利边界，对不同主体的参与贡献予以积极认可。在前面笔者提及，民族地区教育发展利益协调及增值困境表现最典型的就是多民族地区社会结构和利益格局不断分化，集体行动困境变得较为明显。尽管不同主体高度认同民族地区教育发展的重要意义，但反馈到实践层面，民族地区一些主体等待、观望态度明显，等靠要思想严重。对于“搭便车”心态或者发展意识不强的现象我们要理性对待，不能仅仅归咎于其思想观念落后，还要从多元主体参与的权责利边界划分加以制度确定。

第一是政府主体权责利问题。政府治理转型背景下对政府教育权力的重新整合，目的是要提升政府主体的工作效率。政府主体承担着民族地区教育发展的主导责任，但不同政府主体利益考量依然会存在一定差异。教育发展机制优化着力在政府教育绩效评价上，关键是要破解民族地区教育发展长期性与当前政府教育绩效评价的短期要求之间的冲突。这既要从教育发展长期效益评价政府主体的主导绩效，还要优化不同层级和同级政府不同部门间在民族地区教育发展中的责权关系。

第二是学校主体权责利问题。民族地区学校在教育发展中扮演着非常重要的角色，需要学校主体发挥其主观能动性，因地制宜参与教育发展。实现学校主体责权利边界落实的关键在于办学自主权。相比民族地区高等学校办学自主权落实情况，民族地区中小学校办学自主权保障状况不佳。民族地区教育发展机制优化落脚到学校主体权责利问题，要以推进办学自主权为突破口，从目标、内容、途径、程度等方面加以探索，紧密围绕中小学校主体权责利关系，从自主办学激励机制、放权内容及尺度、办学自主权监督机制、办学自主权运行宏观体制等方面进行变革。在这一方面，一些教育发达地区如上海、青岛等地进行了积极探索，民族地区应积极学习其成功经验，提升民族地区学校参与教育发展的意愿和能力。

第三是社会主体和市场机制权责利问题。实践中这两对主体并不好区分，一般多倾向于志愿主义解释社会组织参与发展、专业主义解读市场机制参与发展问题。笔者将社会组织和市场机制归为一类需要规范的权责利关系，原因在于，无论是出于自愿还是专业，在民族地区教育发展机制中，他们始终难以获得政府、学校等主体那样核心的地位；同时，民族地区教育发展主体无论是社会组织还是市场机制，均处于尚需培育的初级形态，其权责利关系具有较大的雷同性。社会组织和市场机制参与民族地区教育发展的权责利问题应从规范参与机制加以明确，这需要破解三个基本问题。一是参与边界。民族地区教育发展是专业性事项，社会组织与市场机制的参与应具有相应资质，如从事教育培训活动的主体应持证上岗，这在 2018 年国务院《关于规范校外培训机构发展的意见》中得以体现，但目前具体实施要求和执行过程仍待完善。二是参与权利。在允许社会组织和市场机制参与的教育领域，其因具有的专业知识能发挥重要作用，政府治理转型背景下急需就此明晰政府主体与其之间的关系，在教育专业性事项上应予以这些主体相应的权利和法律地位。三是扶持与监督机制。民族地区社会组织和市场机制参与教育发展的土壤尚需培育，政府主体应在办学资源、师资供给等方面予以支持。但要避免社会组织、市场机制内卷化，要凸显其非政府主导的优势特征。同时，社会组织和市场机制参与中的政府主体应承担相应的监督责任，在认可其参与利益、保障其充分参与条件的基础上，对其参与的方向、路径依法监督，提升社会组织和市场机制参与民族地区教育发展的责任感。

2. 民族地区教育发展评价机制应发挥以评促建功能

构建科学的教育发展评价机制作为导引机制的核心问题，主要把握评价主体、评价内容、评价理念三个关键问题。实践中，民族地区教育评价机制的构建得以较多关注，但对评价机制与其他导引机制的联结认识不够，因此以评促建的教育评价根本目的难以达成，通过评价导引实现教育收益增值问题被忽视。追寻民族地区教育发展收益增值的教育评价监督机制，可以归纳为评价监督主体、评价监督过程、评价监督客体三个维度。以此为基础，评价监督主体又可分为内部评价监督（民族地区教育行政部门监督、学校自我评价与监督）、外部评价监督（教育专业协会、相关制度监督）、社会评价监督（社会公众、新闻媒介）三个层面；评价监督过程系统主要是指对民族地区教育内生发展过程中采取的评价监督方法、评价监督指标、评价监督程序三个层面；评价监督的客体主要是指在民族教育内生发展过程中所要评价监督的对象即教育活动的主体、教育活动的过程、教育活动的环境、教育活动的结果等（见图 5-1）。

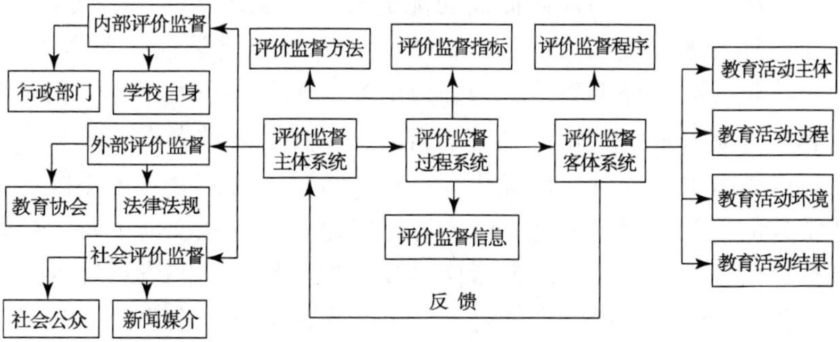

图 5-1　民族地区教育内生发展评价机制优化框架图①

① 参见文庭孝：《科学评价理论体系的构建研究》，载《重庆大学学报》（社会科学版），2008（3）。本图借鉴其中科学评价体系的相关内容及思路。

根据图 5-1，民族地区教育发展的评价机制优化要发挥以评促建功能，其变革重点在以下三方面。

首先，评价机制以评促建功能的发挥要实现评价主体多元化、专业化，关注教育发展方式的科学性。民族地区教育发展收益的多样性及参与主体的多元化，决定其评价主体不能单一化。而在政府治理转型背景下，民族地区教育行政部门难以独立承担评价重任。推动民族地区教育发展评价机制实施主体的多元化、专业化发展，是实现民族地区教育发展方式科学化的必然要求。同时应注意以下两方面：一方面是民族地区教育发展是专业性事项，为确保评价专业性，评价主体中需要加入具备教育评价专业知识的专家学者，或者通过购买评价服务方式，向具有专门评估资质的第三方教育中介组织或机构购买评价服务；另一方面，民族地区教育发展始终把办人民满意的教育作为根本要求，评价主体还应从学校、家长及学术主体角度，全面收集多方对教育发展满意度的评价，积极听取利益相关者意见和建议，这也是推进教育评价民主化的必然要求。

其次，评价机制以评促建功能的发挥要实现评价内容专门化，关注教育发展收益的人民性。民族地区各级各类学校在办学条件、生源质量、办学外部环境、师资力量等方面存有较大差异，相对统一和整齐划一的评价指标难以全面反映不同地区教育发展实际。民族地区教育发展评价机制优化，在评价内容上要充分考虑不同地区和学校的办学实际，实现评价内容专门化。不仅从横向上将学校间进行比较评价，更要从纵向考虑学校办学质量的动态发展实效，同时基于不同地区学校办学的外部环境客观评价其社会声誉和教育收益。这样来看，民族地区教育发展评价机制在内容上，应把教育发展收益是否惠及最广大人民群众作为出发点，既要考虑生源质量、师资基础、办学条件和外部环境，也要考虑地方和学校在提升办学质量方面所做的努力，将民族地区教育发展的质量与已有基础联结起来，实现教育评价专门化，体现教育发展收益人民性。

最后，评价机制以评促建功能的发挥要实现评价理念科学化，关注教育发展目的可持续性。教育发展具有过程长期性、收益迟滞性的特点，民族地区教育发展评价理念科学化，就是应从纵向发展凸显评价的长效性，规避当前存在的短期功利、运动式评价、唯分数论等问题。建立评价长效机制，关注教育过程性评价和可持续发展，就要减轻学校迎评压力，特别是杜绝形式主义的评价风气，将基层学校的关注点从短期收益、直观展示转变到夯实基础、提升质量上来，凸显学校办学内涵的提升，引导学校从简单的绩效考核、学校挂牌、评优评奖等目的中摆脱出来，从纵深方向实现教育评价以评促建基本功能，实现教育发展目的的可持续性。值得一提的是，要将评价工作与学校发展结合起来，需要学校从内生发展视角提升自我发展能力，因此教育发展评价机制还应凸显学校主体在教育评价中的作为，鼓励学校参与或者自我评价。

参考文献

（一）马克思主义经典著作

［1］马克思，恩格斯．马克思恩格斯选集：第1卷．中共中央马克思恩格斯列宁斯大林著作编译局，译．北京：人民出版社，2002.

［2］中共中央马克思恩格斯列宁斯大林著作编译局．列宁选集：第3卷．北京：人民出版社，2012.

［3］邓小平．邓小平文选：第1卷．北京：人民出版社，1994.

［4］习近平．习近平谈治国理政：第1卷，第2卷．北京：外文出版社，2018.

（二）专著

［1］王晓林．社会发展机制优化论．北京：中央民族大学出版社，2007.

［2］吴遵民．教育政策学入门．上海：上海教育出版社，2010.

［3］李国春．民族发展与民族平等论．昆明：云南大学出版社，2009.

［4］郑长德．中国少数民族地区经济发展报告（2015）：“一带一路”与民族地区的发展．北京：中国经济出版社，2016.

［5］张文显．法理学．北京：高等教育出版社，2011.

［6］安德鲁·海伍德．政治学．张立鹏，译．北京：中国人民大学出版社，2007.

［7］威尔·金里卡．自由主义、社群与文化．应奇，葛水林，译．上海：上海译文出版社，2005.

［8］李祥，陈恩伦．民族地区教育优先发展法律保障研究．北京：中国社会科学出版社，2016.

［9］刘会强．发展观的范式变革．上海：上海社会科学院出版社，2010.

［10］汪习根．法治社会的基本人权：发展权法律制度研究．北京：中国人民公安大学出版社，2002.

［11］陈向义．物本与人本：发展理论的迷失与重建．上海：上海交通大学出版社，2008.

［12］布坎南．民主过程中的财政．唐寿宁，译．上海：上海三联书店，1992.

［13］胡家勇．政府职能转变与政府治理转型．广州：广东经济出版社，2015.

［14］杰夫·惠迪，莎莉·鲍尔．教育中的放权与择校：学校、政府和市场．马忠虎，译．北京：教育科学出版社，2003.

［15］张玉堂．利益论：关于利益冲突与协调问题的研究．武汉：武汉大学出版社，2001.

［16］孟立军．新中国民族教育政策研究．北京：科学出版社，2010.

［17］林耀华．民族学通论．北京：中央民族大学出版社，2014.

［18］阿瑟·奥肯．平等与效率．王奔洲，译．北京：华夏出版社，1987.

［19］王晓林．社会发展机制优化论．北京：中央民族大学出版社，2007.

［20］费孝通．中华民族多元一体格局．修订本．北京：中央民族大学出版社，2014.

（三）期刊论文

［1］李祥，胡雪芳．论民族地区教育优先发展政策的转型及其实现．西北民族大学学报（哲学社会科学版），2015（4）：177~183.

［2］王鉴．我国少数民族教育跨越式发展战略研究．西北师大学报（社会科学版），2004（1）：102~107.

［3］胡鞍钢，温军．社会发展优先：西部民族地区新的追赶战略．民族研究，2001（3）：12~23.

［4］王勤，谢仁权．西部地区民族教育跨越式发展的思考．贵州民族研究，2006（4）：140~146.

［5］吴仕民．民族教育的跨越式发展论略．中国民族教育，2002（6）：11~13.

［6］陈慧．生态观下的民族教育研究：差异教学之诉求．黑龙江民族丛刊，2008（5）：161~164.

［7］邱耕田，唐爱军．论社会发展的三种机制．北京大学学报（哲学社会科学版），2016，53（6）：5~18.

［8］贾高建．社会发展过程中的五种主要机制探析．中共中央党校学报，2001（3）：23~29.

［9］李忠杰．论社会发展的动力与平衡机制．中国社会科学，2007（1）：4~15.

［10］孙绵涛，康翠萍．教育机制理论的新诠释．教育研究，2006（12）：22~28.

［11］赵必华．建立教育目的导引机制初探．安徽师范大学学报（人文社会科学版），2001（3）：443~447.

［12］孙百才，张善鑫．我国发展少数民族教育的重大举措与主要经验．西北师大学报（社会科学版），2009，46（1）：79~85.

［13］唐兴军，齐卫平．治理现代化中的政府职能转变：价值取向与现实路径．社会主义研究，2014（3）：83~90.

［14］袁年兴．民族共生发展的形成理路及运作机制．学术探索，2009（2）：76～81.

［15］许丽英，谢津粼．公共政策程序正义与公共利益的实现．学术界，2007（4）：177～181.

［16］钱宁．文化建设与西部民族地区的内源发展．云南大学学报（社会科学版），2004（1）：38～46.

［17］郝天聪，石伟平．全面深化改革语境下的职业教育研究：近年中国职业教育研究热点问题分析．教育研究，2018，39（4）：80～89.

［18］吴愈晓．中国城乡居民的教育机会不平等及其演变（1978—2008）．中国社会科学，2013（3）：4～21.

［19］张旺．城乡教育一体化：教育公平的时代诉求．教育研究，2012，33（8）：13～18.

［20］何立华，陈沅．民族地区教育发展的城乡差距及其影响因素分析：基于2002—2013年省际教育面板数据．民族教育研究，2017，28（6）：87～94.

［21］常金栋，李玲．西部民族地区城乡义务教育一体化发展的实证研究：基于H省的调研．民族教育研究，2012，23（2）：50～54.

［22］赵希，张学敏．我国民族八省区教育经费投入回顾与前瞻：基于2005—2014年的数据分析．教育发展研究，2016，36（17）：1～9.

［23］金炳镐．论民族发展规律．西南民族大学学报（人文社科版），2007（2）：7～13.

［24］严庆．解读我国一项特殊的民族教育政策：举办内地西藏班（校）．民族研究教育，2005（2）：23～27.

［25］李光勇．本土非政府组织与少数民族地区社会资本的构

建——以凉山彝族妇女儿童发展中心为例．内蒙古社会科学（汉文版），2010，31（2）：64～68.

［26］赵淼．民族地区基础教育发展之现状、问题与对策：以贵州省三都水族自治县为例．民族教育研究，2016，27（6）：77～84.

［27］黎平辉．资源开发与文化传承：西部民族地区农村学前教育内生型发展模式探究．民族教育研究，2014，25（1）：100～104.

［28］叶飞．从“外源型”均衡走向“内生型”均衡：论城乡教师资源均衡发展路径．教育理论与实践，2013，33（2）：29～32.

［29］王小琴，么加利．灾后重建背景下羌族传统文化教育内生力研究．贵州民族研究，2013，34（2）：48～52.

［30］郑长德．中国民族地区自我发展能力构建研究．民族研究，2011（4）：15～24.

［31］郭宏，张华荣．我国人力资源强国建设的现实基点及路径选择．东南学术，2014（6）：104～111.

［32］周真刚．从“支援边缘”到“自生中心”：“一带一路”视域下西部大开发的经济地理空间．广西民族研究，2017（4）：166～173.

［33］杜明峰，范国睿．社会组织参与教育：机制与策略．教育研究，2017，38（2）：60～64.

［34］党秀云，谭伟．民族地区社会组织参与基层社会治理的路径选择．新视野，2016（1）：48～53.

［35］陆春萍．西北少数民族地区社会组织发展的特点与治理．西北师大学报（社会科学版），2014，51（3）：135～138.

［36］许杰．教育治理中的学校主体建构．教育科学研究，2015（11）：19～23.

［37］陈雨亭．学校成为教育变革主体：趋势与要素分析．中国教育学刊，2013（7）：31～34.

[38] 马志颖．少数民族文化校本课程的内涵解读与功能探析．教育评论，2012（1）：111~113.

[39] 李祥，刘莉．民族地区职业教育政策四十年：历程回顾与趋势展望．终身教育研究，2018，22（3）：11~16.

[40] 陈恩伦．我国民族地区地方教育立法的经验及问题．内蒙古社会科学（汉文版），2016，37（4）：160~164.

[41] 涂青林．论地方立法的地方特色原则、实现难点及其对策．人大研究，2013（6）：32~37.

[42] 余雅风．教育立法必须以教育的公共性为价值基础．北京师范大学学报（社会科学版），2005（1）：30~39.

[43] 王琼雯．地方立法的地方特色及其实现之道．行政与法，2008（6）：115~117.

[44] 陈国刚．论设区的市地方立法权限：基于《中华人民共和国立法法》的梳理与解读．学习与探索，2016（7）：81~86.

[45] 张淑芳．地方立法客体的选择条件及基本范畴研究．法律科学，2015，33（1）：79~88.

[46] 刘钢柱．加强地方政府立法程序建设问题研究．国家行政学院学报，2016（11）：71~75.

[47] 于春洋，李瑞君．论民族利益与国家利益．广西民族研究，2013（1）：18~24.

[48] 杨成钢，闫东东．质量、数量双重视角下的中国人口红利经济效应变化趋势分析．人口学刊，2017，39（5）：25~35.

[49] 董前程．协商民主能否成为可能：自由、平等与理性之于协商民主．西南政法大学学报，2009，11（2）：124~129.

[50] 甘健侯，赵波，李艳红．“互联网+民族教育”的内涵、价值及实现路径．学术探索，2016（2）：141~145.

[51] 黄承伟，覃志敏．精准扶贫与国家扶贫治理体系建构．

中国延安干部学院学报，2015，8（1）：131~136.

［52］李祥．论民族地区教育优先发展的基本内涵及其法律保障．民族教育研究，2016，27（3）：5~11.

［53］郑新蓉，王学男．少数民族理科学习困境的因素分析．教育学报，2015，11（1）：63~70.

［54］何菊莲，袁永逸，李军．教育对经济发展方式转变的贡献：测量与评价——来自全国的经验证据（1995—2014）．教育与经济，2017（2）：10~18.

［55］徐莲．民族团结教育的政治性考量和文化性对策．贵州民族研究，2018，39（7）：209~212.

［56］马正亮．我国少数民族人口发展状况分析．贵州大学学报（社会科学版），2013，31（2）：80~89.

［57］孙华．基于问题导向的我国高校对口支援政策分析．上海交通大学学报（哲学社会科学版），2010，18（3）：83~90

［58］张善鑫．民族教育发展：优惠政策、经验与展望——新中国民族教育发展回顾．民族教育研究，2009，20（5）：5~10.

［59］姜波．让民族地区校本课程建设更“接地气”．中国民族教育，2016（Z1）：75~76.

［60］陈月明丹．少数民族地区实施校本多元文化课程初探．民族教育研究，2004（1）：11~15.

［61］索桂芳．基于区域的校本课程开发推进策略研究．课程教材教法，2016，36（4）：71~75.

［62］贾勇宏．教育政策执行中的村民与地方政府利益博弈——以中西部6省区农村中小学布局调整为例．教育科学，2008（2）：29~33.

［63］罗云，武建鑫．民族地区教育现代化评价指标体系研究．教育发展研究，2015，35（1）：43~47.

[64] 张进清，张宏宇．边境民族地区县域教育发展规划研究:以广西边境民族地区C县为例．民族教育研究，2017，28（6）：12～19.

[65] 肖小虹．贵州经济增长与教育投入的实证分析．财经问题研究，2010（8）：119～122.

[66] 解垩．高等教育对经济增长的贡献：基于两部门内生增长模型分析．清华大学教育研究，2005（5）：74～80.

[67] 朱志勇，向思．凤凰为何不还巢？——“少数民族高层次骨干人才计划”毕业生违约个案研究．清华大学教育研究，2013，34（1）：110～117.

[68] 郑长德．2000年以来中国少数民族受教育程度变化的族际比较研究．西南民族大学学报（人文社会科学版），2014，35（5）：176～180.

[69] 张环宙，黄超超，周永广．内生式发展模式研究综述．浙江大学学报（人文社会科学版），2007（2）：61～68.

[70] 吴康宁．政府部门超强控制：制约教育改革深入推进的一个要害性问题．南京师大学报（社会科学版），2012（5）：6～11.

[71] 胡伶．地方教育行政部门的职能转变：基于公共治理视角的分析．教育发展研究，2010，30（6）：14～20.

[72] 褚宏启．教育治理：以共治求善治．教育研究，2014，35（10）：4～11.

[73] 曹慧丽，余升淮．法治思维范式下我国高等教育发展路径探析：以我国高等教育法的修改与完善为视角．南昌大学学报（人文社会科学版），2013，44（3）：149～154.

[74] 陈振明．加强公共服务提供机制与方式的研究．东南学术，2007（2）：69～76.

[75] 史华楠．教育管办评分离中政府“元治理”的属性与路径．中国教育学刊，2016（10）：26～32.

[76] 曹堂哲．当代中国政府治理现代化的核心进展研究：兼论改革开放以来中国治理发展的阶段性特性．广东行政学院学报，2018，30（5）：5～14.

[77] 陈良雨．教育治理现代化视阈下政府能力陷阱研究．教育发展研究，2015，35（12）：11～15.

[78] 金东海．论我国民族教育自主管理政策的实践与完善．兰州大学学报（社会科学版），2004（3）：128～132.

[79] 褚宏启．教育利益的界定甄别与法律调整：运用法律手段解决教育中的“老大难”问题．教育学报，2013，9（4）：23～30.

[80] 雍海滨．论民族自治地方立法变通权及其运用．民族研究，2006（3）：13～23.

[81] 马忠才，郝苏民．外源式扶贫的局限：对民族地区扶贫实践的反思．北方民族大学学报（哲学社会科学版），2012（1）：55～59.

[82] 钱宁．文化建设与西部民族地区的内源发展．云南大学学报（社会科学版），2004（1）：38～46.

[83] 孙杰远．文化共生视域下民族教育发展走向．教育研究，2011，32（12）：64～67.

[84] 邓磊，杜爽．我国供给侧结构性改革：新动力与新挑战．价值理论与实践，2015（12）：18～20.

[85] 韩震．论国家认同、民族认同及文化认同：一种基于历史哲学的分析与思考．北京师范大学学报（社会科学版），2010（1）：106～113.

[86] 杨小云．试论协调中央与地方关系的路径选择．中国行政管理，2002（3）：63～64.

[87] 毛寿龙，景朝亮．近三十年来我国政府职能转变的研究综述．天津行政学院学报，2014，16（3）：12～18.

[88] 朱祥贵，聂武莲．少数民族受教育权的基础理论探析．民族教育研究，2009，20（4）：5~9.

[89] 宋海彬，许仁顺．少数民族教育的民族性与少数民族受教育权保障的国家义务．甘肃政法学院学报，2015（2）：43~50.

[90] 胡艳桢．党的领导是少数民族教育科学发展的根本保证：促进伊犁哈萨克自治州民族教育科学发展的思考．中共伊犁州委党校学报，2012（4）：73~75.

[91] 杨东平．教育公平是一个独立的发展目标——辨析教育的公平与效率．教育研究，2004（7）：26~31.

[92] 虞嘉琦．传统的再创造：面向内生发展的民族教育．当代教育与文化，2018，10（2）：73~78.

[93] 王晓娥．少数民族农村社会发展的内源动力机制探究．贵州民族研究，2017，38（5）：43~46.

[94] 曾水兵，檀传宝．国家认同教育的若干问题反思．中国教育学刊，2013（10）：30~33.

[95] 付安权．论课程价值取向研究的传统与变革，西北师大学报（社会科学版），2013，50（2）：64~69.

[96] 赵世林．论民族文化传承的本质．北京大学学报（哲学社会科学版），2002（3）：10~16.

[97] 许洁英．国家课程、地方课程和校本课程的含义、目的及地位．教育研究，2005（8）：32~35.

[98] 杨云辉．论经济力构成及运行规律．求索，1995（3）：15~17.

[99] 桂宇石，柴瑶．关于我国地方立法的几个问题．法学评论，2004（5）：103~111.

（四）硕博论文

[1] 马成斌．民族地区“空壳小学”问题研究．兰州：西北

民族大学硕士学位论文，2017.

［2］潘启富．中国民族地区教育行政制度研究．北京：中央民族大学博士学位论文，2006.

［3］刘建军．对口支援政策研究：以广东省对口支援哈密地区为例．乌鲁木齐：新疆大学硕士学位论文，2007.

［4］师诺．内生发展：现代教育技术融入边境民族地区薄弱学校的路径研究．重庆：西南大学硕士学位论文，2015.

［5］孙翠香．学校变革主体动力研究．上海：华东师范大学博士学位论文，2010.

［6］王庆贝．“少数民族高层次骨干人才计划”十年成效分析（2006—2016）．重庆：西南大学硕士学位论文，2017.

［7］黄林芳．教育发展机制论．上海：复旦大学博士学位论文，2005.

（五）统计年鉴

［1］国家统计局人口和就业统计司．中国人口和就业统计年鉴（2011）．北京：中国统计出版社，2011.

［2］国家统计局人口和就业统计司．中国人口和就业统计年鉴（2017）．北京：中国统计出版社，2017.

［3］教育部财务司．中国教育经费统计年鉴（2016）．北京：中国统计出版社，2017.

［4］国家统计局农村社会经济调查司．中国县域统计年鉴（2013）．北京：中国统计出版社，2013.

［5］国家统计局社会科技和文化产业统计司．中国社会统计年鉴（2013）．北京：中国统计出版社，2013.

［6］国家民委．中国民族统计年鉴（2016）．北京：中国统计出版社，2017.

［7］国家统计局．中国统计年鉴（2010）．北京：中国统计出

版社，2011.

［8］教育部发展规划司．中国教育统计年鉴（2016）．北京：中国统计出版社，2017.

（六）网站

［1］中国教育科学研究院：http：//www. nies. net. cn.

［2］国家统计局：http：//data. stats. gov. cn.

［3］国家民委网站：http：//www. seac. gov. cn.

［4］教育部：http：//www. moe. gov. cn.

［5］贵州省教育厅网站：http：//www. gzsjyt. gov. cn.

［6］广西壮族自治区教育厅网站：http：//www. gxedu. gov. cn.

［7］云南省教育厅网站：http：//www. ynjy. cn.

［8］贵州民宗委网站：http：//www. gzmw. gov. cn.

［9］广西壮族自治区民委网站：http：//www. gxmw. gov. cn.

［10］云南民族宗教网：http：//www. ynethnic. gov. cn.

［11］少数民族高层次骨干人才信息网：http：//www. mzgg8. cn.

［12］中国统计数据库 http：//www. shujuku. org.

（七）外文文献

［1］Ruth Arber，“Race，Ethnicity and Education in Globalised Times”，Springer Netherlands，2008.

［2］Prakash Shah，“Law and Ethnic Plurality：Socio-legal Perspectives”，Brill，2007.

［3］Ratna Ghosh，Abdi，“Education and the Polities of Difference — Canadian Perspective”，Toronro：Canadian Scholar's Press，2004.

［4］Will Kymlicka，“Contemporary Political Philosophy：An Introduction（Second Edition）”，Oxford University Press，2001.

［5］Franeis Paul Prueha，“Documents of the United States Indian Policy”，Lincoln University of Nebraska Press，2000.

[6] Will Kymlicka, "Multicultural Citizenship: A Liberal Theory of Minority Rights", Oxford University Press, 1995.

[7] Coleman. J. S. "Equality of Educational Opportunity", U. S. Government Printing Office, 1967.

索　引

后　记

《民族地区教育发展机制优化研究》一书是笔者所主持的国家社科教育学青年项目“政府治理转型背景下民族地区教育发展机制优化研究”的最终研究成果，这项国家课题也是笔者读博期间对民族地区教育发展问题关注的延续。2015 年立项后，得到了课题组成员的积极支持，研究持续了三年。2018 年底项目最终完成提交的那一刹那，笔者更是内心百感交集。

光阴似箭，日月如梭，2015 年 6 月博士毕业返校，7 月就接到申报全国教育规划课题的通知。笔者与韦心勤等几位老师商议，决定发挥地方优势，在大家已有研究基础上继续聚焦民族教育治理问题研究。课题成功立项后，团队成员通过三年的努力，在《民族教育研究》《宁夏社会科学》《四川师范大学学报》等刊物累计发表学术论文 12 篇，人大复印全文转载 3 篇，新华文摘论点摘编 1 篇，多篇论文也在民族教育相关学术会议作会议发言交流，取得良好效果。

回想研究持续的三年，感慨颇多。研究能如期完成，需要感谢的人很多。一是感谢课题组老师们的大力支持，尤其是韦心勤老师长期以来对项目数据采集分析方面的积极支持，书稿撰写过程中她也参与了大量工作。本书也即是我与韦心勤老师合作完成的。二是感谢我的导师孙霄兵教授、周安平教授和陈恩伦教授，诸位恩师严谨的学术态度、求真的学术精神对笔者影响颇深，笔者与民族教育研究的缘分也是导师引导的结果。三是感谢我的研究生王璐琪、黄欢、刘莉、韩秋茹等同学，研究中许多数据的收集、整理和分析离不开他们的辛勤付出。此外，笔者还要感谢课题开题、中期检查和结题评审的各位专家，感谢民族出版社给我书稿反复校对的康厚桥老师，各位专家的宝贵意见对本书的修改完善至关重要。贵州师范大学教育学院对本书出版进行了资助，在此一并感谢。

本研究虽已按要求完成各项任务，结题等级为“良好”，但就研究本身而言，尚有一些问题需后续研究厘清。同时，本研究在参阅借鉴前人研究成果时，严格遵守学术规范，但难免挂一漏万，敬请学界同仁批评指正。在书稿即将出版之际，欣闻在此基础上申报的全国教育规划项目“民族地区教育内生发展的理论逻辑与实践路径研究”获批立项，这对我们继续深入进行民族地区教育发展问题研究是又一次的激励。结题不是研究的终点，而是又一个起点，既然选择了远方，就注定风雨兼程。感谢民族教育研究团队，学术成长之路，我们携手同行。

李　祥

2019 年 7 月 18 日于贵阳东山